中论

中国佛学经典宝藏

10

韩廷杰 释译

星云大师总监修

人民东方出版传媒
东方出版社

图书在版编目（CIP）数据

中论 / 韩廷杰 释译. —北京：东方出版社，2019.9
（中国佛学经典宝藏）
ISBN 978-7-5060-8559-5

Ⅰ.①中… Ⅱ.①韩… Ⅲ.①中观派—佛经②《中论》—注释③《中论》—译文 Ⅳ.① B944.1

中国版本图书馆 CIP 数据核字（2015）第 267850 号

本书中文简体字版权由上海大觉文化传播有限公司独家授权出版
中文简体字版专有权属东方出版社

中　论
（ZHONG LUN）

释 译 者：韩廷杰
责任编辑：王梦楠　杨　灿
出　　版：东方出版社
发　　行：人民东方出版传媒有限公司
地　　址：北京市东城区朝阳门内大街 166 号
邮　　编：100010
印　　刷：华睿林（天津）印刷有限公司
版　　次：2019 年 9 月第 1 版
印　　次：2025 年 3 月第 6 次印刷
开　　本：880 毫米 × 1230 毫米　1/32
印　　张：19.75
字　　数：349 千字
书　　号：ISBN 978-7-5060-8559-5
定　　价：98.00 元
发行电话：（010）85924663　85924644　85924641

版权所有，违者必究
如有印装质量问题，我社负责调换，请拨打电话：（010）85924602　85924603

《中国佛学经典宝藏》
大陆简体字版编审委员会

主任委员：赖永海

委　　员：(以姓氏笔画为序)

　　　　　王月清　王邦维　王志远　王雷泉

　　　　　业露华　许剑秋　陈永革　吴根友

　　　　　徐小跃　龚　隽　葛兆光　温金玉

　　　　　彭明哲　程恭让　鲁彼德　董　群

　　　　　潘少平　潘桂明　魏道儒

总序

星云

自读首楞严,从此不尝人间糟糠味;
认识华严经,方知已是佛法富贵人。

诚然,佛教三藏十二部经有如暗夜之灯炬、苦海之宝筏,为人生带来光明与幸福,古德这首诗偈可说一语道尽行者阅藏慕道、顶戴感恩的心情!可惜佛教经典因为卷帙浩瀚、古文艰涩,常使忙碌的现代人有义理远隔、望而生畏之憾,因此多少年来,我一直想编纂一套白话佛典,以使法雨均沾,普利十方。

一九九一年,这个心愿总算有了眉目。是年,佛光山在中国大陆广州市召开"白话佛经编纂会议",将该套丛书定名为《中国佛教经典宝藏》[①]。后来几经集思广

[①] 编者注:《中国佛教经典宝藏》丛书,大陆出版时改为《中国佛学经典宝藏》丛书。

益，大家决定其所呈现的风格应该具备下列四项要点：

一、启发思想：全套《中国佛教经典宝藏》共计百余册，依大乘、小乘、禅、净、密等性质编号排序，所选经典均具三点特色：

1. 历史意义的深远性
2. 中国文化的影响性
3. 人间佛教的理念性

二、通顺易懂：每册书均设有原典、注释、译文等单元，其中文句铺排力求流畅通顺，遣词用字力求深入浅出，期使读者能一目了然，契入妙谛。

三、文简意赅：以专章解析每部经的全貌，并且搜罗重要的章句，介绍该经的精神所在，俾使读者对每部经义都能透彻了解，并且免于以偏概全之谬误。

四、雅俗共赏：《中国佛教经典宝藏》虽是白话佛典，但亦兼具通俗文艺与学术价值，以达到雅俗共赏、三根普被的效果，所以每册书均以题解、源流、解说等章节，阐述经文的时代背景、影响价值及在佛教历史和思想演变上的地位角色。

兹值佛光山开山三十周年，诸方贤圣齐来庆祝，历经五载、集二百余人心血结晶的百余册《中国佛教经典宝藏》也于此时隆重推出，可谓意义非凡，论其成就，则有四点可与大家共同分享：

一、佛教史上的开创之举：民国以来的白话佛经翻译虽然很多，但都是法师或居士个人的开示讲稿或零星的研究心得，由于缺乏整体性的计划，读者也不易窥探佛法之堂奥。有鉴于此，《中国佛教经典宝藏》丛书突破窠臼，将古来经律论中之重要著作，做有系统的整理，为佛典翻译史写下新页！

二、杰出学者的集体创作：《中国佛教经典宝藏》丛书结合中国大陆北京、南京各地名校的百位教授、学者通力撰稿，其中博士学位者占百分之八十，其他均拥有硕士学位，在当今出版界各种读物中难得一见。

三、两岸佛学的交流互动：《中国佛教经典宝藏》撰述大部分由大陆饱学能文之教授负责，并搜录台湾教界大德和居士们的论著，借此衔接两岸佛学，使有互动的因缘。编审部分则由台湾和大陆学有专精之学者从事，不仅对中国大陆研究佛学风气具有带动启发之作用，对于台海两岸佛学交流更是帮助良多。

四、白话佛典的精华集萃：《中国佛教经典宝藏》将佛典里具有思想性、启发性、教育性、人间性的章节做重点式的集萃整理，有别于坊间一般"照本翻译"的白话佛典，使读者能充分享受"深入经藏，智慧如海"的法喜。

今《中国佛教经典宝藏》付梓在即，吾欣然为之作序，并借此感谢慈惠、依空等人百忙之中，指导编修；吉广舆等人奔走两岸，穿针引线；以及王志远、赖永海等大陆教授的辛勤撰述；刘国香、陈慧剑等台湾学者的周详审核；满济、永应等"宝藏小组"人员的汇编印行。由于他们的同心协力，使得这项伟大的事业得以不负众望，功竟圆成！

《中国佛教经典宝藏》虽说是大家精心擘划、全力以赴的巨作，但经义深邃，实难尽备；法海浩瀚，亦恐有遗珠之憾；加以时代之动乱，文化之激荡，学者教授于契合佛心，或有差距之处。凡此失漏必然甚多，星云谨以愚诚，祈求诸方大德不吝指正，是所至祷。

一九九六年五月十六日于佛光山

原版序
敲门处处有人应

《中国佛教经典宝藏》是佛光山继《佛光大藏经》之后,推展人间佛教的百册丛书,以将传统《大藏经》精华化、白话化、现代化为宗旨,力求佛经宝藏再现今世,以通俗亲切的面貌,温渥现代人的心灵。

佛光山开山三十年以来,家师星云上人致力推展人间佛教,不遗余力,各种文化、教育事业蓬勃创办,全世界弘法度化之道场应机兴建,蔚为中国现代佛教之新气象。这一套白话精华大藏经,亦是大师弘教传法的深心悲愿之一。从开始构想、擘划到广州会议落实,无不出自大师高瞻远瞩之眼光,从逐年组稿到编辑出版,幸赖大师无限关注支持,乃有这一套现代白话之大藏经问世。

这是一套多层次、多角度、全方位反映传统佛教文化的丛书,取其精华,舍其艰涩,希望既能将《大藏经》

深睿的奥义妙法再现今世,也能为现代人提供学佛求法的方便舟筏。我们祈望《中国佛教经典宝藏》具有四种功用:

一、是传统佛典的精华书

中国佛教典籍汗牛充栋,一套《大藏经》就有九千余卷,穷年皓首都研读不完,无从赈济现代人的枯槁心灵。《宝藏》希望是一滴浓缩的法水,既不失《大藏经》的法味,又能有稍浸即润的方便,所以选择了取精用弘的摘引方式,以舍弃庞杂的枝节。由于执笔学者各有不同的取舍角度,其间难免有所缺失,谨请十方仁者鉴谅。

二、是深入浅出的工具书

现代人离古愈远,愈缺乏解读古籍的能力,往往视《大藏经》为艰涩难懂之天书,明知其中有汪洋浩瀚之生命智慧,亦只能望洋兴叹,欲渡无舟。《宝藏》希望是一艘现代化的舟筏,以通俗浅显的白话文字,提供读者遨游佛法义海的工具。应邀执笔的学者虽然多具佛学素养,但大陆对白话写作之领会角度不同,表达方式与台湾有相当差距,造成编写过程中对深厚佛学素养与流畅白话语言不易兼顾的困扰,两全为难。

三、是学佛入门的指引书

佛教经典有八万四千法门,门门可以深入,门门是无限宽广的证悟途径,可惜缺乏大众化的入门导览,不易寻觅捷径。《宝藏》希望是一支指引方向的路标,协助十方大众深入经藏,从先贤的智慧中汲取养分,成就无上的人生福泽。

四、是解深入密的参考书

佛陀遗教不仅是亚洲人民的精神归依,也是世界众生的心灵宝藏。可惜经文古奥,缺乏现代化传播,一旦庞大经藏沦为学术研究之训诂工具,佛教如何能扎根于民间?如何普济僧俗两众?我们希望《宝藏》是百粒芥子,稍稍显现一些须弥山的法相,使读者由浅入深,略窥三昧法要。各书对经藏之解读诠释角度或有不足,我们开拓白话经藏的心意却是虔诚的,若能引领读者进一步深研三藏教理,则是我们的衷心微愿。

大陆版序一

《中国佛教经典宝藏》是一套对主要佛教经典进行精选、注译、经义阐释、源流梳理、学术价值分析,并把它们翻译成现代白话文的大型佛学丛书,成书于二十世纪九十年代,由台湾佛光文化事业有限公司出版,星云大师担任总监修,由大陆的杜继文、方立天以及台湾的星云大师、圣严法师等两岸百余位知名学者、法师共同编撰完成。十几年来,这套丛书在两岸的学术界和佛教界产生了巨大的影响,对研究、弘扬作为中国传统文化重要组成部分的佛教文化,推动两岸的文化学术交流发挥了十分重要的作用。

《中国佛学经典宝藏》则是《中国佛教经典宝藏》的简体字修订版。之所以要出版这套丛书,主要基于以下的考虑:

首先,佛教有三藏十二部经、八万四千法门,典籍浩瀚，博大精深，即便是专业研究者，穷其一生之精力，恐也难阅尽所有经典，因此之故，有"精选"之举。

其次，佛教源于印度，汉传佛教的经论多译自梵语；加之，代有译人，版本众多，或随音，或意译，同一经文，往往表述各异。究竟哪一种版本更契合读者根机？哪一个注疏对读者理解经论大意更有助益？编撰者除了标明所依据版本外，对各部经论之版本和注疏源流也进行了系统的梳理。

再次，佛典名相繁复，义理艰深，即便识得其文其字，文字背后的义理，诚非一望便知。为此，注译者特地对诸多冷僻文字和艰涩名相，进行了力所能及的注解和阐析，并把所选经文全部翻译成现代汉语。希望这些注译，能成为修习者得月之手指、渡河之舟楫。

最后，研习经论，旨在借教悟宗、识义得意。为了将其思想义理和现当代价值揭示出来，编撰者对各部经论的篇章品目、思想脉络、义理蕴涵、学术价值等所做的发掘和剖析，真可谓殚精竭虑、苦心孤诣！当然，佛理幽深，欲入其堂奥、得其真义，诚非易事！我们不敢奢求对于各部经论的解读都能鞭辟入里，字字珠玑，但希望能对读者的理解经义有所启迪！

习近平主席最近指出："佛教产生于古代印度，但传入中国后，经过长期演化，佛教同中国儒家文化和道家文化融合发展，最终形成了具有中国特色的佛教文化，给中国人的宗教信仰、哲学观念、文学艺术、礼仪习俗等留下了深刻影响。"如何去研究、传承和弘扬优秀佛教文化，是摆在我们面前的一个重要课题，人民东方出版传媒有限公司拟对繁体字版的《中国佛教经典宝藏》进行修订，并出版简体字版的《中国佛学经典宝藏》，随喜赞叹，寥寄数语，以叙因缘，是为序。

二〇一六年春于南京大学

大陆版序二

依空

身材高大、肤色白皙、擅长军事的亚利安人,在公元前四千五百多年从中亚攻入西北印度,把当地土著征服之后,为了彻底统治这里的人民,建立了牢不可破的种姓制度,创造了无数的神祇,主要有创造神梵天、破坏神湿婆、保护神毗婆奴。人们的祸福由梵天决定,为了取悦梵天大神,需要透过婆罗门来沟通,因为他们是从梵天的口舌之中生出,懂得梵天的语言——繁复深奥的梵文,婆罗门阶级是宗教祭祀师,负责教育,更掌控了神与人之间往来的话语权。四种姓中最重要的是刹帝利,举凡国家的政治、经济、军事、文化等等都由他们实际操作,属贵族阶级,由梵天的胸部生出。吠舍则是士农工商的平民百姓,由梵天的膝盖以上生出。首陀罗则是被踩在梵天脚下的土著。前三者可以轮回,纵然几世轮转都无法脱离原来种姓,称为再生族;首陀罗则连轮回的因缘都没有，为不生族，生生世世为首陀罗，子孙也倒霉跟着宿命，无法改变身份。相对于此，贱民比首陀罗更为卑微、低贱，连四种姓都无法跻身其中，只能从事挑粪、焚化尸体等最卑贱、龌龊的工作。

出身于高贵种姓释迦族的悉达多太子，为了打破种姓制度的桎梏，舍弃既有的优越族姓，主张一切众生皆平等，成正等觉，创立了佛教僧团。为了贯彻佛教的平等思想，佛陀不仅先度首陀罗身份的优婆离出家，后度释迦族的七王子，先入山门为师兄，树立僧团伦理制度。佛陀更严禁弟子们用贵族的语言——梵文宣讲佛法，而以人民容易理解的地方口语来演说法义，这就是巴利文经典的滥觞。佛陀认为真理不应该是属于少数贵族、知识分子的专利或装饰，而应该更贴近普罗大众，属于平民百姓共有共知。原来佛陀早就在推动佛法的普遍化、大众化、白话化的伟大工作。

佛教从西汉哀帝末年传入中国，历经东汉、魏晋南北朝、隋唐的漫长艰巨的译经过程，加上历代各宗派祖师的著作，积累了庞博浩瀚的汉传佛教典籍。这些经论义理深奥隐晦，加以书写的语言文字为千年以前的古汉文，增加现代人阅读的困难，只能望着汗牛充栋的三藏十二部扼腕慨叹，裹足不前。

如何让大众轻松深入佛法大海，直探佛陀本怀？佛光山开山宗长星云大师乃发起编纂《中国佛教经典宝藏》。一九九一年，先在大陆广州召开"白话佛经编纂会议"，订定一百本的经论种类、编写体例、字数等事项，礼聘中国社科院的王志远教授、南京大学的赖永海教授分别为中国大陆北方与南方的总联络人，邀请大陆各大学的佛教学者撰文，后来增加台湾部分的三十二本，是为一百三十二册的《中国佛教经典宝藏精选白话版》，于一九九七年，作为佛光山开山三十周年的献礼，隆重出版。

六七年间我个人参与最初的筹划，多次奔波往来于大陆与台湾，小心谨慎带回作者原稿，印刷出版、营销推广。看到它成为佛教徒家中的传家宝藏，有心了解佛学的莘莘学子的入门指南书，为星云大师监修此部宝藏的愿心深感赞叹，既上契佛陀"佛法不舍一众"的慈悲本怀，更下启人间佛教"普世益人"的平等精神。尤其可喜者，欣闻现大陆出版方东方出版社潘少平总裁、彭明哲副总编亲自担纲筹划，组织资深编辑精校精勘；更有旅美企业家鲁彼德先生事业有成之际，秉"十方来，十方去，共成十方事"之襟怀，促成简体字版《中国佛学经典宝藏》的刊行。今付梓在即，是为序，以表随喜祝贺之忱！

二〇一六年元月

目 录

题　解　001
经　典　015
   1　卷一　017
      观因缘品第一　017
      观去来品第二　047
      观六情品第三　066
      观五阴品第四　074
      观六种品第五　085
      观染染者品第六　095
   2　卷二　106
      观三相品第七　106
      观作作者品第八　147
      观本住品第九　159
      观然可然品第十　173
      观本际品第十一　193
      观苦品第十二　200
      观行品第十三　209
      观合品第十四　231

3 卷三 243
　　观有无品第十五 243
　　观缚解品第十六 259
　　观业品第十七 275
　　观法品第十八 315
　　观时品第十九 348
　　观因果品第二十 357
　　观成坏品第二十一 381

4 卷四 412
　　观如来品第二十二 412
　　观颠倒品第二十三 436
　　观四谛品第二十四 460
　　观涅槃品第二十五 500
　　观十二因缘品第二十六 528
　　观邪见品第二十七 535

源　流 575

解　说 589

附　录 595

　　1 《中论》序 597
　　2 《中论》序 599
　　3 藏要本《中论》序 601

参考书目 605

《中论》是印度佛教中观学派最主要的理论著作，中国佛教三论宗完全继承了中观学派的理论体系，所以《中论》也是三论宗所依据的最主要论典。

　　《中论》是略称，全称《中观论》。三论宗创始人吉藏（公元五四九——六二三年）所著《三论玄义》对"中"字进行了详细解释，"中"即中道，中道以诸法实相为其意义，以佛教正法为其意义，佛教正法远离一切语言所表达的意思，也远离一切往生的生死世界和无往生的涅槃境界，所以一切事物的实相是"空"，是远离一切偏斜的中道，这种中道实相是言亡虑绝的，无法用俗人的语言名称对此进行表达，一切事物的实相是非中非不中，为了对众生进行教诲，勉强安个名称叫"中"。因中而有偏，因偏而有中，中和偏相待而成立，互为因缘，所以说偏是为了让人们理解中，说中是为了认识偏。正如说俗谛是为了让人认识真谛，说真谛是为了让人认识俗谛。

《三论玄义》区分为四种中：一中意谓只有中道是清净道；所谓二中即世谛中和真谛中；三中即世谛中、真谛中、非真非俗中；所谓四中就是对偏中、尽偏中、绝待中、成假中。以中道实相对治大乘和小乘学人的偏病，这就是对偏中。把大乘和小乘学人的偏病断除清净，这就是尽偏中。中道本来是为了对治偏病，偏病既然已经对治清净，中道也就不能成立了，此时的境界，既不是偏，也不是中，无法用语言文字进行表达，为了使众生脱离三界轮回而达涅槃，勉强安个名字叫作"中"，这就是绝待中。有和无都是假名，非有非无是中道，为了说明非有非无而说有和无，这种成立于有、无假名的中道，称为成假中。就成假中而言，有单、复、疏、密、横、竖等义，有或无是单假，非有或非无是单中，有和无是复假，非有非无是复中，有和无是疏假，非有非无是疏中。本来不是有而说有是密假，本来是假有而说不有是密中，疏就是横，密就是竖。

《大乘玄论》卷五对观、论二字进行了详细解释，所谓"观"就是观辨于心，"论"就是宣说于口。由于中道实相而生正确观点，对这些正确观点进行宣讲就是"论"。《大乘玄论》卷五认为：中、观、论三字无定，也可以称为"观中论"或"论中观"。正确的观点智慧能够认识中道实相，把这种中道实相宣讲出来就是"论"，这就是"观中论"。"论"只能论述中道实相的正确观点，这就是"论中观"。

中观又称为正观，《大乘玄论》卷五对正观解释如下："我观如来，前际不来，后际不去，中亦不住，如此观者，名为正观。"[①] 所以中道实相就是正观。"论"以论辨为其意义，意思是把话说彻底，如果不把正确观点讲清楚讲彻底，就会产生各种邪见，使人忧虑重重。因为中就是正，所以"中观论"又可以称为"正观论"。

关于中、观、论三个字的关系，"中"是根本，因为中道实相而生正确的观点智慧，这就是"观"，对这些正确观点进行宣讲就称为"论"。吉藏认为这三个字有两种次第。佛和菩萨对众生进行教化的次第就是"中观论"，众生接受佛和菩萨教诲的次第是"论中观"。当佛和菩萨对众生进行教化的时候，因为中道是三世十方诸佛和菩萨所走的道路，所以首先说"中"；由中道而生佛和菩萨的正确观点，所以然后说"观"；佛和菩萨把这些正确观点讲出来就是"论"。所以最后讲"论"。当众生接受佛和菩萨教化的时候，众生因为"论"而认识中道，因中道而生正观。

佛和菩萨都有自行、化他二德，自行即自己的觉悟，化他是使他人觉悟，由中道实相而生正观，这就是自行。"论"是化他，佛和菩萨对众生进行教化必须具备三个条件：一、中道实相之理，二、由中道实相之理而生的正观，三、由正观而宣讲的"论"。中道实相是境，正观是智慧，如论而行就是"观"，如行而说就是"论"，所以立中、观、论三个字。

要讲这三个字的相同点，三个字都可以称为"中"，都可以称为"观"，都可以称为"论"。为什么都可以称为"中"呢？因为中道实相不偏不倚，所以这种道理称为"中"。因为中道实相而生正观，这种正观不偏不倚，也可以称为"中"。由于中道和正观而宣讲"论"，这种"论"也是不偏不倚的，也可以称为"中"。

为什么都可以称为"观"呢？因为"中"是万事万物的真实相状，"观"是认识万物实相的智慧，"论"是事物的假名。这就像三种般若一样，"中"是实相般若，"观"是观照般若，"论"是文字般若。

为什么都可以称为"论"呢？"论"是起主动作用的能论，"中"和"观"是起被动作用的所论，也可以称为"论"。

就这三个字的区别而言，中道实相不偏不倚，所以称为"中"，智慧认识事物不受任何阻碍，所以应当称为"观","论"是写成文字的佛法教义。

"中观论"又称为"正观论","正"可以分为二种：体正和用正。既不是真谛，又不是俗谛，这就是体正。这种真谛应用在俗谛上，就是用正。因为一切事物的本性，既不能说，又不能想，无所谓真谛、俗谛，所以称之为"体"。没有任何偏斜错误，故视之为正，这就是体正。因为中道实体没有名相，不可用语言进行表达，众生无法理解，既不是有，也不是无，勉强称之为真谛、俗谛，这就是"用"，这种真谛应用在俗谛上，也没有偏斜错误，故视之为"正"，这就是用正。

从另一个侧面来看问题，"正"又可以分为三种：对于偏斜的毛病来说，称之为"正"，此即对偏正；把偏斜的毛病彻底对治清净，这就称为尽偏正；偏斜的毛病既然已经除掉，"正"也不需要保留了，既不是偏，也不是正，勉强安个名字叫作"正"，这就是绝待正。

对于"观"和"论"的解释与"正"相同，由于佛教真理本体正确，产生正确的观点，这称为体观。凭借真谛和俗谛的应用，产生二谛的观点，称为用观。所以，"观"具有体观和用观二种。"观"由心加以辨别，为众生如实演说佛教真理的本体，称为体观。如果演说佛教真理本体的应用，就称为用观。所以，"论"具有体论和用论二种。观、论也和"正"一样，也有对偏、尽偏、绝待三种。

如果从通论和别论来分,《中论》属于通论,因为《中论》的前二十五品破斥对大乘教的迷惑,阐明大乘教的道理;后二品破斥对小乘教的迷惑,阐明小乘教的道理;最后结尾部分又归结到大乘,所以《中论》不是小乘论,而是大乘论。以上划分是根据青目释。印顺法师的《中观论颂讲记》有不同的意见,他认为前二十五品说明苦、集、灭三谛,后二品说明道谛。

世间万物虽然都是假名,但领会其主要用途,共分四种:因缘假、随缘假、对缘假、就缘假。如果辨别非常深奥的因缘意义,就是因缘假,如真、俗二谛,因空而有,因有而空,空、有互为因缘,这就是因缘假。随顺众生的根缘,因人而宜地说法,这就是随缘假。为了对治常而说无常,为了对治无常而说常,这就是对缘假。外道认为世间万物都是实际存在的,佛和菩萨对此进行探究,最终结果是空,这就是就缘假。就四假来说,《中论》多用就缘假。

除《中论》《中观论》《正观论》三名以外,《中论》还有以下名称:

一、《中颂》(Mādhyamika kārikā)。龙树原著为颂文,现存梵文本是二十七品四四九颂,中译本为二十七品四四五颂。所以人们把龙树原著称为《中颂》,因为本颂是注释的根本,所以《中颂》又称为《根本中颂》(Mūlamādhyamika-Kārikā)。

二、《般若根》。因为《中论》阐述《般若经》的根本思想。

三、《般若灯论》(Prajñāradīpa-mūla-mādhyamika)。此名来源于清辨著《般若灯论释》,慧颐在其序文中曾经指出《般若灯论》之名的来由,因为无分别智像灯一样有寂照之功。

《中论》的版本主要如下:《碛砂藏》本、《嘉兴藏》本、《续藏经》本、《大正藏》本、《高丽藏》本、《龙藏》本和《藏要》本。其中《藏要》本最佳,除对校汉文本以外,还对校过藏文本和梵文本,准确度最高,所以本书以《藏要》本为底本。

《中论》的疏释主要如下:吉藏的《中观论疏》十卷,清辨著、唐·波罗颇蜜多罗译《般若灯论释》十五卷,安慧著、宋·惟净等译《大乘中观释论》九卷,无著著、元魏·瞿昙般若流支译《顺中论》二卷。除此之外,还有藏文的《无畏论》等。

作者龙树(Nāgārjuna)又称为龙胜、龙猛,音译那伽阿顺那,华严宗创始人法藏(公元六四三——七一二年)著《十二门论宗致义记》对这个名字进行过考察。那伽(Nāga)译为龙,这是大家公认的,阿顺那

（Arjuna）玄奘译为猛。法藏问过唐朝来华的印度僧人大原，据说印度传说古代有位猛士叫阿顺那，所以玄奘译为龙猛。还有另外一种解释：印度有树名阿顺那，因为在这种树下诞生，所以译为龙树。相传为马鸣弟子迦毗摩罗尊者之弟子，有鸠摩罗什翻译的《龙树菩萨传》流行于世，但神话色彩太浓。

龙树的生活年代大约是公元三世纪，出身于南印度婆罗门种姓，自幼聪明过人，在乳哺之中就诵读"四吠陀"[②]各四万偈，每偈三十二字，并能通达其义。年幼时即已著名，通晓天文地理、图纬秘谶，及各种道术和世间艺能。

后来因为认识到贪欲是痛苦的根本，是各种祸患的根源，所以出家受戒学小乘佛教，九十日中诵三藏尽。为了寻求佛经而入雪山，在一座塔的老比丘处得到很多大乘经典。对龙树思想影响较大的有九部经：《八千般若颂》《法华经》《普曜经》《楞伽经》《华严经》《一切如来金刚三业最上秘密大教王经》《月灯三昧经》《金光明经》《十地经》。

经过学习以后，龙树走出南印度，来到中印度弘扬大乘佛法，多次与外道辩论获胜。晚年又回到南印度。憍萨罗国引正王原信仰婆罗门教，后经龙树教化而改信佛教。龙树得到引正王的多方护持，这位国王在黑峰山建伽蓝供养龙树，此间龙树收提婆（Deva，约公元三世纪）为弟子。龙树施妙药使引正王数百岁不死，王子无法继承王位，故设法加害龙树，要求龙树把头施给自己，因此龙树自刎身亡，死于龙树山。

龙树是印度佛教中观学派的创始人，是佛教史上深具影响的人物，著作甚丰，号称千部论主，但有不少是伪其名，确属龙树著作的，只有十三部。③

释者青目（Pingala，音译宾伽罗），生活年代约为公元三世纪，属婆罗门种姓，生平事迹不详。他为《中颂》作的注释流传最广，影响最大，《中论》已经成为龙树原著《中颂》和青目注释的代名词，其影响如此之大，很可能是由于罗什以精美的语言最先译成汉文，实际上青目的注释并不十分理想，有不少古代佛教大师曾对其注释提出批评，如僧叡的《中论序》说："其人虽信解深法，而辞不雅中。其中乖阙烦重者，法师皆裁而裨之。"④ 由此可见，鸠摩罗什法师在翻译的时候，曾对青目释文进行过删减，以后的吉藏、昙影等都曾经对青目释文提出过批评。

译者鸠摩罗什（公元三四四——四一三年）是梵文Kumārajīva 的音译，另有鸠摩罗什婆、鸠摩罗耆婆等译称，往往略称为罗什或什，意译童寿。家世国相，祖父达多，父鸠摩罗炎（Kumārāyana）是印度人，将嗣相位

题解　011

的时候而出家，东度葱岭，龟兹王听说后，让其二十岁的妹妹耆婆（jīva）嫁给他，后生罗什，鸠摩罗什之名是合父母名而成。

罗什于七岁出家，从师学"毗昙"，九岁随母来到罽宾，向罽宾王的从弟槃头达多法师学《中阿含》和《长阿含》，与外道辩论获胜，受到罽宾王的厚遇。十二岁随母回到龟兹，后至沙勒，为沙勒王讲《转法轮经》，在此学习《一身六足论》[5]，并学外道经典。当时莎车国的两位大乘师在沙勒，罗什从其学习《中论》《百论》《十二门论》等大乘经典。二十岁在王宫受具足戒，从卑摩罗叉学《十诵律》，并教化其师槃头达多改学大乘。当时其母离开他到印度去了。

此时，罗什声望很高，深受道安法师（公元三一四——三八五年）和前秦苻坚王的赏识。公元三七九年，苻坚派遣大将吕光讨伐龟兹，打败龟兹后得到罗什，并强迫罗什与龟兹王的女儿结婚。吕光携罗什于归国途中，获悉苻坚已被姚兰杀害，即自称王于凉州。僧肇（公元三八四——四一四年）听说后，赶来凉州，向罗什学习大乘佛教。

弘始三年（公元四〇一年）五月，罗什来到长安，姚兴待以国师，请住西明阁和逍遥园翻译佛经，并请僧契、僧迁、法钦、道流、道恒、道标、僧肇等八百多人协助，共译《摩诃般若波罗蜜经》《小品般若波罗蜜经》《金刚般若波罗蜜经》《妙法莲华经》《维摩诘经》《思益梵天所问经》《阿弥陀经》《大智度论》《中论》《百论》《十二门论》《十住毗婆沙论》《十诵律》等三十二部三百余卷，此据僧祐著《出三藏记集》卷十四，费长房著《历代三宝记》载为九十八部四百二十五卷。成为中国佛经四大译师[6]之一，其翻译数量和质量仅次于玄奘，名列第二。

玄奘的译籍以唯识为主，罗什的译籍以中观为主，所以被三论宗推为中土初祖。除译经之外，罗什还著有《实相论》《金刚经注》《维摩经注》，除残缺不全的《维摩经注》以外，其余二书皆佚。罗什还有答慧远问若干篇，后人辑为《鸠摩罗什法师大义》，亦称《大乘义章》，主要弘扬性空理论。

鸠摩罗什的弟子很多，号称三千，其中最突出的是十哲：僧䂮、僧肇、僧叡、道融、道生、昙影、慧严、慧观、道恒、道标，前八人称为"八俊"；僧肇、僧叡、道融、道生称为"四圣"。

注释：

① 北京刻经处本，第四十八页。

② 四吠陀：吠陀是梵文 veda 的音译，婆罗门教最古的经典文献，约成书于公元前二千至前一千年，最古的"吠陀"本集有四部：《梨俱吠陀》亦称《赞颂明论》，是对自然神的颂诗；《夜柔吠陀》亦称《祭祀明论》，分黑、白二种；《沙摩吠陀》亦称《歌颂明论》，是祭祀用的歌曲；《阿闼婆吠陀》是咒语巫术集。

③ 见蓝吉富著《汉译本中论初探》，收于张曼涛主编《现代佛教学术丛刊》第四十八集。

④《大正藏》第三十册，第一页。

⑤ 一身六足论：说一切有部的主要论典，"一身"是指《发智论》，"六足"是《集异门足论》《法蕴足论》《施设足论》《识身足论》《品类足论》《界身足论》。

⑥ 中国佛经的四大译师是：罗什、真谛、玄奘、不空。

经典

1　卷一

观因缘品第一

原典

龙树菩萨造　梵志[1]青目释[2]
姚秦三藏法师鸠摩罗什译

观因缘品[3]第一

不生亦不灭[4]，不常[5]亦不断[6]，
不一亦不异，不来亦不出。
能说是因缘[7]，善灭诸戏论[8]。
我稽首[9]礼佛，诸说中第一。

问曰：何故造此论？

答曰：有人言万物从大自在天⑩生，有言从韦纽天⑪生，有言从和合生⑫，有言从时生⑬，有言从世性生⑭，有言从变化生⑮，有言从自然生⑯，有言从微尘生⑰。有如是谬堕于无因、邪因、断、常等邪见，种种说我、我所，不知正法。

佛欲断如是等诸邪见，令知佛法，故先于声闻⑱法中说十二因缘⑲，又为已习行有大心堪受深法者，以大乘法说因缘相，所谓一切法不生不灭、不一不异等，毕竟空⑳无所有。如《般若波罗蜜》㉑中说：佛告须菩提㉒，菩萨㉓坐道场㉔时观十二因缘，如虚空不可尽。

佛灭度㉕后，后五百岁，像法㉖中人根转钝，深著诸法，求十二因缘、五阴㉗、十二入㉘、十八界㉙等决定相，不知佛意，但著文字，闻大乘法中说毕竟空，不知何因缘故空，即生见疑，若都毕竟空，云何分别有罪福报应等？如是则无世谛㉚第一义谛㉛。取是空相，而起贪著，于毕竟空中生种种过。龙树菩萨为是等故造此《中论》。

不生亦不灭，不常亦不断，不一亦不异，不来亦不出。能说是因缘，善灭诸戏论。我稽首礼佛，诸说中第一。以此二偈赞佛已，则已略说第一义。

注释

① **梵志**：梵文 Brāhmacārin 的意译，原为婆罗门教的四时期之一，意谓志求梵天之法者，后为出家人的总称。

② 青目释，《碛砂藏》本原无此五字，《藏要》本根据《高丽藏》本加。后卷俱同。

③ 观因缘品，《碛砂藏》本原作《破因缘品》，《藏要》本根据吉藏的《中观论疏》改，后品例同。

④ **不生亦不灭**：据《藏要》本校注，这二首序颂与梵文本相同，与藏译本稍异，据藏译本，应为"不灭亦不生"等。

⑤ **常**：即常见，亦称有见，佛教反对的二边见之一。认为人之身心过、现、未三时常住不灭，永无间断。

⑥ **断**：即断见，亦称无见，佛教反对的二边见之一。认为人之身心死后断灭，不再续生。

⑦ **因缘**：因是使事物产生的内因，缘是外在条件，亲生为因，疏助为缘，因力强，缘力弱。

⑧ **戏论**：梵文 Prapañca 的意译，不符合佛教义理的错误言论。吉藏著《中观论疏》卷一，把戏论分为二种：一爱论，由贪爱心引起的各种言论；二见论，即断见和常见。

⑨ **稽首**：与和南同义，佛教的一种礼拜形式。

⑩ **大自在天**：梵文 Maheśvara 的意译，音译摩醯湿伐罗，印度教毁灭神湿婆（Śiva）的一个称号。印度教认为毁灭之后必然要创造，所以大自在天也有创造功能，世间万物都是他创造的，虚空是头，地是身，水是尿，山是屎，一切众生是腹中虫，风是命，火是暖，罪福是业。

⑪ **韦纽天**：梵文 Viṣṇu 的音译，另译毗纽、毗瑟笈等，印度教的三大神之一，生于劫初大水中，有一千头两千手四臂，从其脐中生大莲花，莲花上有大梵天，梵天心生八子，八子生天地人民。

⑫ **有言从和合生**：如地、水、火、风四大和合生万物，父母和合生众生。

⑬ **有言从时生**：有一种外道称为时外道，亦称时散外道。认为时间是万物的生因。

⑭ **有言从世性生**：这是冥初外道的主张。这种外道以其神通力见八万劫事，自此以前冥然不知，认为这一冥为万法之始，称为冥初。以一切世间为本性，故称世性。

⑮ **有言从变化生**：这种主张分为四种：（一）神通变，如变石为玉；（二）性自变，如少变老；（三）遇缘变，如水遇寒则变为冰；（四）有的外道认为另有别的

变法，如虎变为人、鹿变成佛等。

⑯ **有言从自然生**：无因外道认为万事万物自然而有，不从因生。

⑰ **有言从微尘生**：有的外道认为至妙之色圆而且常，聚则成身，散则归本，天、人等六道都是由此而生。

⑱ **声闻**：梵文Śrāvaka的意译，意谓直接听闻佛陀言教而得觉悟者，原指佛在世时的弟子，后与缘觉、菩萨并称为三乘。以修学四谛为主，最高果位是阿罗汉，最终目的是达无余涅槃。

⑲ **十二因缘**：包括无明、行、识、名色、六处、触、受、爱、取、有、生、老死十二支。每两支之间顺序成为一对因果关系，构成过去、现在、未来三世轮回，由无明、行二支作为过去世的因，识、名色、六处、触、受五支则成为现在世的果；由爱、取、有三支作为现在因，生、老死则为未来果，这就是三世两重因果。

⑳ **空**：梵文Śūnya的意译，音译为舜若，佛教认为世间万物都是因缘和合而生，刹那生灭，没有质的规定性和独立实体，假而不实，所以称之为空。

㉑ **《般若波罗蜜》**：即《大般若波罗蜜多经》，略称为《大般若经》《般若经》等。唐玄奘译于显庆五年（公元六六〇年）到龙朔三年（公元六六三年），六百卷。

㉒ **须菩提**：梵文Subhūti的音译，另译须浮帝、须

扶提等,意译善现、善见等,古印度拘萨罗国舍卫城人,属婆罗门种姓,出家后为释迦牟尼佛的十大弟子之一。以论证"诸法性空"著称。

㉓ **菩萨**:梵文Bodhisattva的音译,菩提萨埵之略,意译觉有情、道众生等,与声闻、缘觉并称为"三乘"。

㉔ **道场**:梵文Bodhimaṇḍa的意译,意谓成就佛道的场所,佛教徒修行学道的场所,隋炀帝于大业九年(公元六一三年)把全国的佛教寺庙都改名为道场。

㉕ **灭度**:梵文Nirvāṇa的意译,涅槃的异名,意谓灭障度苦,命终证果。

㉖ **像法**:佛教三时(正法、像法、末法)之一。即相似于正法的佛法,相传像法时期为一千年。

㉗ **五阴**:即色、受、想、行、识五蕴,亦称五众。

㉘ **十二入**:亦称十二处,包括眼、耳、鼻、舌、身、意六根和色、声、香、味、触、法六境。

㉙ **十八界**:包括六根、六境和六识。

㉚ **世谛**:亦称俗谛、世俗谛等,是佛教对世俗人所讲的真理。

㉛ **第一义谛**:亦称真谛、胜义谛,对佛教圣人所讲的真理。

译文

没有生，也没有灭；没有常，也没有断；

没有同一，也没有相异；没有来，也没有出。

佛说这"八不"的因缘，是为了善加灭除各种戏论。

我向佛顶礼，"八不"在佛的教诲中居第一位。

问：为什么要造这部《中论》呢？

答：有人说世间万物是从大自在天而生，有人说是从韦纽天而生，有人说是从和合而生，有人说是从时间而生，有人说是从世性而生，有人说是从变化而生，有人说是从自然而生，有人说是从微尘而生，这些谬论堕落于无因、邪因、断见、常见等各种各样的邪见，说有我和我所，不知道正确的佛法。

佛为了断除这种种邪见，使之知晓佛法，所以首先在小乘声闻法说十二因缘，又为已经学习修行过佛法并能够接受深奥佛法者，以大乘教法说因缘之相，即"世间万物没有生，也没有灭；没有同一，也没有相异"等，毕竟是空，不是实有。如《般若经》的《无尽品》所说：佛告诉须菩提，菩萨坐道场时要观十二因缘，其理趣如虚空一样无穷无尽。

佛涅槃后五百年，像法时期的人们，根机变得迟钝，深刻执着各种事物，认为十二因缘、五蕴、十二入、十八界等相肯定是实有，不懂得佛教真义，只是执着文字，听到大乘佛法的毕竟空，不知道为什么空，由此产生怀疑：如果是毕竟空，为什么会有罪福报应之别呢？这就是不知有俗谛和真谛。执取空相，生起贪着，在毕竟空中犯各种各样的过失，龙树菩萨因此种种缘故而造这部《中论》。

没有生，也没有灭；没有常，也没有断；没有同一，也没有相异；没有来，也没有出。佛说这"八不"的因缘，是为了善加灭除各种戏论。我向佛顶礼！"八不"在佛的各种教诲中居第一位。用这二首诗赞颂佛陀以后，就已经简略说明了佛法的第一义谛。

原典

问曰：诸法①无量，何故但以此"八事"②破？

答曰：法虽无量，略说"八事"则为总破一切法。不生者，诸③论师种种说生相，或谓因果一④，或谓因果异，或谓因中先有果，或谓因中先无果，或谓自体生，或谓他生，或谓共生，或谓有生，或谓无生。

如是等说生相皆不然，此事后当广说。生相决定不可得，故不生。不灭者，若无生，何得有灭？以无生无灭故，余六事亦无。

问曰：不生不灭已总破一切法，何故复说六事？

答曰：为成不生不灭义故。有人不受不生不灭而信不常不断，若深求不常不断即是不生不灭。何以故？法若实有，则不应无，先有今无是即为断，若先有性是即为常，是故说不常不断即入不生不灭义。

有人虽闻四种破诸法，犹以四门成诸法，是亦不然。若一，则无缘；若异，则无相续。后当种种破，是故复说不一不异。

有人虽闻六种破诸法，犹以来、出成诸法。来者，言诸法从自在天、世性、微尘等来；出者，还去至本处。

复次，万物无生。何以故？世间现见故。世间眼见劫⑤初谷不生。何以故？离劫初谷今谷不可得。若离劫初谷有今谷者则应有生，而实不尔，是故不生。

问曰：若不生，则应灭？

答曰：不灭。何以故？世间现见故。世间眼见劫初谷不灭，若灭，今不应有谷，而实有谷，是故不灭。

问曰：若不灭，则应常？

答曰：不常。何以故？世间现见故。世间眼见万物不常，如谷芽时种则变坏，是故不常。

问曰：若不常，则应断？

答曰：不断。何以故？世间现见故。世间眼见万物不断，如从谷有芽，是故不断，若断不应相续。

问曰：若尔者，万物是一？

答曰：不一。何以故？世间现见故。世间眼见万物不一，如谷不作芽，芽不作谷，若谷作芽，芽作谷者，应是一，而实不尔，是故不一。

问曰：若不一，则应异？

答曰：不异。何以故？世间现见故。世间眼见万物不异，若异者，何故分别谷芽、谷茎、谷叶，不说树芽、树茎、树叶？是故不异。

问曰：若不异，应有来？

答曰：无来。何以故？世间现见故。世间眼见万物不来，如谷子中芽无所从来，若来者，芽应从余处来，如鸟来栖树，而实不尔，是故不来。

问曰：若不来，应有出？

答曰：不出。何以故？世间现见故。世间眼见万物不出，若有出，应见芽从谷出，如蛇从穴出，而实不尔，是故不出。

注释

① **法**：梵文 Dharma，音译达磨。有二意：一佛法，二事物，包括一切物质现象和精神现象。此中用第二意。

②**八事**：即前述八不：不生亦不灭，不常亦不断，不一亦不异，不来亦不出。

③诸，《碛砂藏》本原作"谓"，《藏要》本根据《高丽藏》本改。

④或谓因果一，《藏要》本校注称："《无畏》别释八不有二大段，第二段就异宗辨，初数论因果一，胜论因果异，大略同此，次生论计名有实，此本无文。"

⑤**劫**：梵文Kalpa的音译，劫波之略，意谓极其久远的时节。

译文

问曰：各种事物无数无量，为什么只以"八不"进行破除呢？

答曰：事物虽然是无数无量，概略说"八不"就可以总破一切事物。关于不生的问题，各派论师有各种说生起的状态之说，如数论派主张因果一体；如胜论派说因果异体；或如上座部佛教认为因中先有果；或如大众部认为因中无果。有的外道主张自体生，即世性生；有的外道主张他生，即主张万物从大自在天生；耆那教主张共生，即和合生；说一切有部主张有生；大众部主张无生。

这种种生起之相的说法都不对,这事以后当会详细解说。生相肯定是没有的,所以说不生。关于不灭的问题,如果没有生的话,怎能有灭呢?因为没有生,也没有灭,其余六事常、断、一、异、来、出也没有。

问:不生不灭已能总破一切事物,为什么又说六事呢?

答:这是为了成立不生不灭的义理。数论、胜论、耆那教等不接受不生不灭,而相信不常不断。如果深刻推求,不常不断就是不生不灭。为什么呢?如果事物是真实存在的,就不应当是无,先有今无就是断。如果事物形成以前就存有自性,这就是常,实际上并非如此,所以说不常不断,就能悟入不生不灭之义。

有人虽然听闻破除生、灭、断、常四法,但以一、异、来、出四门成就各种事物,这也不对。如果认为事物同一,就不会有缘;如果认为事物异体,就不会有相续。以后应当逐一破除,所以又说不一不异。

有人虽然听闻破除生、灭、常、断、一、异六法,仍然以来、出成就各种事物。所谓"来"是各种事物从自在天、世性、微尘等来;所谓"出"是说还恢复到本处。

进一步说,万事万物没有生。为什么呢?因为在人世间现实可见。人世间亲眼见到劫初谷不生。为什么呢?因为没有劫初谷就不会有今天的谷,如果没有劫初谷而有今天的谷，就应当有生，但实际上并不是这样的，所以说没有生。

问：如果没有生，则应当有灭了？

答：没有灭。为什么呢？因为在人世间现实可见。在人世间亲眼见到劫初谷不灭，如果有灭，今天就不应当有谷，但实际上有谷，所以说没有灭。

问：如果没有灭，则应当有常了？

答：没有常。为什么呢？因为在人世间现实可见。在人世间亲眼见到了事物没有常，如谷生芽时种子则变坏，所以说没有常。

问：如果没有常，则应当有断了？

答：没有断。为什么呢？因为在人世间现实可见。在人世间亲眼见到万物没有断，如从谷生芽，所以说没有断。如果有断，就不应当相续。

问：如果是这样的话，万物应当是一体了？

答：不是一体。为什么呢？因为在人世间现实可见。在人世间亲眼见到万物不是一体，如谷不能作为芽，芽不能作为谷。如果把谷作为芽，把芽作为谷，就应当是一体，但实际并非如此，所以说不是一体。

问：如果不是一体，则应当是异体了？

答：不是异体。为什么呢？因为在人世间现实可见。在人世间亲眼见到万物不是异体，如果是异体的话，为什么分别说谷芽、谷茎、谷叶，而不说树芽、树茎、树叶呢？所以说不是异体。

问：如果没有异，则应当有来了？

答：没有来。为什么呢？因为在人世间现实可见。在人世间亲眼见到万物没有来，如谷子中的芽不是从任何地方来，如果有来的话，芽应当是从其余的地方来，就像鸟飞栖于树上，但实际上并不是这样，所以说没有来。

问：如果没有来，则应当有出了？

答：没有出。为什么呢？因为在人世间现实可见。在人世间亲眼见到万物没有出，如果有出的话，应当见到芽从谷出，就像蛇从洞穴出来一样，但实际上并不是这样，所以说没有出。

原典

问曰：汝虽释不生不灭义，我欲闻造论者所说。

答曰：诸法不自生[1]，亦不从他生[2]，

不共[3]不无因[4]，是故知无生。

不自生者，万物无有从自体生，必待众因[5]。复次，若从自体生，则一法有二体：一谓生，二谓生者。若离余因从自体生者，则无因无缘，又生更有生生，则

无穷。

自无故,他亦无。何以故?有自故有他,若不从自生,亦不从他生。共生则有二过,自生他生故。若无因而有万物者,则为是常,是事不然。无因则无果,若无因有果者,布施⑥、持戒⑦等应堕地狱⑧,十恶⑨、五逆⑩应当生天,以无因故。

注释

① **自生**:这是数论外道的主张,因为数论主张因果处于同一本体。

② **他生**:这是胜论外道的主张,因为胜论主张因果异体。

③ **共**:这是耆那教的主张,因为这个教主张因果亦一亦异。

④ **无因**:这是自然外道的主张,因为他们认为万事万物自然而有,是无因而生。

⑤ 因,《碛砂藏》本此字下原衍"缘"字,《藏要》本根据《中观论疏》改。

⑥ **布施**:梵文 Dāna 的意译,略称为施,音译檀那。六度之一,称为施度(Dānapāramitā),分为三种:(一)财施,即布施财物;(二)法施,即弘扬佛的教

法；（三）无畏施，使众生无所畏惧。

⑦ **戒**：梵文 Śīla 的意译，音译尸罗。佛教徒遵守的戒律，六度之一，称为戒度（Śīapāramitā），有五戒、八戒、十戒、具足戒等。

⑧ **地狱**：梵文 Naraka 的意译，音译那洛迦。六道轮回的极苦处，佛教认为有八大地狱，亦称八热地狱：等活地狱、黑绳地狱、众合地狱、号叫地狱、大叫地狱、炎热地狱、大热地狱、阿鼻地狱。

⑨ **十恶**：佛教所说的十种恶业：杀生、偷盗、邪淫、妄语、两舌、恶口、绮语、贪欲、瞋恚、邪见。

⑩ **五逆**：即五逆罪，五种极逆于理的罪恶。又称为无间业罪，因为犯五逆罪者要下无间地狱。五逆罪如下：杀父、杀母、杀阿罗汉、出佛身血、破和合僧。

译文

问：你（青目）虽然解释了不生不灭的意思，我想听造论者龙树所说的论点。

答：万事万物不是自生，也不是从他而生，也不是自他共生，也不是无因而生，由此可知无生。

所说的不自生，是说万事万物没有从自体而生，必须等待各种因缘。而且，如果是从自体而生，则一个事物就有二个自体：一是生，二是生者。如果没有其余的因而从自体产生，则没有因，也没有缘，而且生又有生产生，这就犯无穷的过失。

由于自生不成立，他生也不能成立。为什么呢？因为有自才有他，如果不从自生，也就不从他生。自他共生则有二重过失，因为有自生过和他生过。如果说无因而有万物，则一切恒常不变，实际上这是不可能的。没有因就没有果，如果是没有因而有果，那么布施、持戒等应当下地狱，行十恶、五逆者应当生天，因为无因的缘故。

原典

　　复次，如诸法自性①，不在于缘中，
　　　　以无自性②故，他性亦复无。
　　诸法自性不在众缘中，但众缘和合故得名字。自性即是自体，众缘中无自性，自性无故不自生。自性无故他性亦无。何以故？
　　因自性有他性，他性于他亦是自性，若破自性，即破他性，是故不应从他性生。若破自性、他性，即破共义。无因则有大过，有因尚可破，何况无因？于四句③中生不可得，是故不生。

注释

① **自性**：梵文 Svabhāva 的意译，亦称冥性、胜性，即事物独立存在的本性，佛教认为没有自性，所以是空。

② 性，《碛砂藏》本原作"生"，《藏要》本根据《中观论疏》改。

③ **四句**：即"诸法不自生，亦不从他生，不共不无因，是故知无生"。

译文

而且，如果各种事物的自性不存在于缘中，因为没有自性，他性也没有。

各种事物的自性不存在于各种缘中，但各种缘和合在一起，即得名字。自性就是自体，各种缘中没有自性。因为没有自性，所以不能自生。因为没有自性，他性也没有。为什么呢？

因为自性而有他性，他性对于其他事物来说也是自性，如果破除了自性，也就破除了他性，所以说事物不应当从他性生。如果破除了自性他性，也就破除了共性。至于说无因，则生大的过失，因为有因尚且可破，更何况无因呢？在前述四句中可知生不可得，所以说没有生。

原典

问曰：阿毗昙①人言诸法从四缘生，云何言不生？何谓四缘？

因缘次第缘②，缘缘③增上缘④，

四缘生诸法，更无第五缘。

一切所有缘皆摄在四缘，以是四缘万物得生。因缘名一切有为法⑤；次第缘除过去、现在阿罗汉⑥最后心⑦、心数法⑧，余过去现在心、心数法；缘缘、增上缘一切法。

答曰：果为从缘生？为从非缘生？

是缘为有果？是缘为无果？

若谓有果，是果为从缘生？为从非缘生？若谓有缘，是缘为有果为无果？二俱不然。何以故？

因是法生果，是法名为缘。

若是果未生，何不名非缘？⑨

诸缘无决定。何以故？若果未生，是时不名为缘。但眼见从缘生果，故名之为缘。缘成由于果，以果后缘先故，若未有果，何得名为缘？如瓶，以水、土和合故有瓶生，见瓶故知水、土等是瓶缘。若瓶未生时，何以不名水、土等为非缘？是故果不从缘生。缘尚不生，何况非缘？

复次，果先于缘中，有无俱不可，

先无为谁缘？先有何用缘？

缘中先非有果非无果？若先有果，不名为缘，果先有故。若先无果，亦不名为缘，不生余物故。

注释

① **毗昙**：梵文 Abhidharma 的音译，阿毗昙之略，意译为对法、论等，虽然泛指佛教论藏，但一般认为特指小乘佛教说一切有部的《一身六足论》《俱舍论》《大毗婆沙论》等。

② **次第缘**：即等无间缘，前念灭，后念生，前后等同，中无间隔，前念为后念让位，起开道作用。

③ **缘缘**：即所缘缘，是认识的对象。

④ **增上缘**：对事物的产生起促进作用，不起阻碍作用。

⑤ **有为法**：梵文 Samskrtadharma 的意译。"有为"意谓造作，"法"意谓事物。有为法与无为法相对，是因缘和合形成的事物，有生、住、异、灭四大特征。

⑥ **阿罗汉**：梵文 Arhat 的音译，亦称阿罗诃，略称罗汉。小乘佛教修行的最高果位。阿罗汉果又称为无极果、无学果，有三义：（一）杀贼，意谓阿罗汉已经杀

尽一切烦恼之贼；（二）应供，应当受到天神和人的供养；（三）不生或无生，意谓已经进入涅槃，不再生死轮回。

⑦ **心**：即心法（Cittadharma），一切精神现象的总称，即识。

⑧ **心数法**：即心所法（Cittasamprayuktasamskāra-dharma），相应于心法而起的心理活动和精神现象。心所法必须具备三义：（一）永远依心而起，（二）与心相应，（三）系属于心。

⑨ 本偈破除数论外道和大乘唯识学派，因为他们主张先有因后有果，因中有果。

译文

问：阿毗昙人说万事万物从四缘而生，为什么说不生呢？什么是四缘呢？

因缘、等无间缘、所缘缘、增上缘，这四缘能使各种事物产生，除这四缘以外，再没有第五缘。

所有的一切缘，都包括在这四缘当中，因为这四缘，能使万事万物得以产生。因缘称为一切有为法；等无间缘是除过去、现在阿罗汉最后的心法、心所法以外，其余过去、现在的心法、心所法；所缘缘和增上缘包括一切事物。

答：果是从缘生呢？是从非缘生呢？这种缘是有果呢？还是无果呢？

如果说有果，这果是从缘生呢？还是从非缘生呢？如果说有缘，这缘是有果呢？还是无果呢？这两种意见都不对。为什么呢？

因为此一事物生果，此一事物称为缘。如果这种果没有产生，为什么不称为非缘呢？

各种缘都不肯定。为什么呢？假若果还没有产生，这时候就不称为缘。但亲眼见到从缘生果，所以称之为缘。成为缘是由于果，因为果在后因在前，假若没有果，为什么称为缘呢？例如瓶，因为水、土和合，所以有瓶产生，因为见到瓶，才知道水、土等是瓶的缘。假若瓶还没有产生的时候，为什么不把水、土等称为非缘呢？所以，果不是从缘产生。有缘尚且不生，何况非缘呢？

而且，在果还没有产生以前，说缘中有果无果都不对；假若说在果还没有产生以前，说缘中无果，给谁当缘呢？假若说在果还没有产生以前，缘中有果，何必再用缘呢？

缘中事先非有果非无果呢？假若说事先有果，就不称为缘，因为果事先已经存在了。假若说事先无果，也不称为缘，因为它不产生其余的事物。

原典

问曰：已总破一切因缘，今欲闻一一破诸缘。

答曰：若果非有生，亦复非无生，

亦非有无生，何得言有缘？

若缘能生果，应有三种：若有、若无、若有无。如先偈中说，缘中若先有果，不应言生，以先有故。若先无果，不应言生，以先无故，亦缘与无缘同故。

有无亦不生者，有无名为半有半无，二俱有过，又有与无相违，无与有相违，何得一法有二相？如是三种求果生相不可得故，云何言有因缘？次第缘者：

果若未生时，则不应有灭，

灭法何能缘？故无次第缘。

诸心、心数法于三世中次第生，现在心①、心数法灭与未来心作次第缘，未来法未生，与谁作次第缘？若未来法已有即是生，何用次第缘？现在心、心数法无有住时，若不住，何能为次第缘？若有住，则非有为法。何以故？一切有为法常有灭相故。若灭已则不能与作次第缘，若言灭法犹有则是常，若常，则无罪福等。若谓灭时能与作次第缘，灭时半灭半未灭，更无第三法名为灭时。

又佛说一切有为法念念灭，无一念时住，云何言现在法有欲灭未欲灭？② 汝谓一念中无是欲灭未欲灭③，则破自法，汝阿毗昙说有灭法④，有不灭法⑤，有欲灭法，有不欲灭法。欲灭法者，现在法将欲灭；未欲灭者，除现在将欲灭法，余现在法及过去、未来、无为法⑥是名不欲灭法，是故无次第缘。缘缘者：

　　如诸佛所说，真实微妙法⑦。
　　于此无缘法，云何有缘缘？

佛说大乘⑧诸法，若有色无色⑨，有形无形⑩，有漏无漏⑪有为无为等诸法相⑫，入于法性⑬，一切皆空，无相无缘⑭，譬如众流入海，同为一味，实法可信，随宜所说不可为实，是故无缘缘⑮。增上缘者：

　　诸法无自性，故无有有相。
　　说有是事故，是事有不然。⑯

经说十二因缘是事有故是事有，此则不然。何以故？诸法从众缘生故，自无定性。自无定性故，无有有相。有相无故，何得言是事有故是事有？是故无增上缘，佛随凡夫分别有无故说缘。

复次，略广因缘中，求果不可得。
　　因缘中若无，云何从缘出？
略者于和合因缘中无果，广者于一一缘中亦无果。若略广因缘中无果，云何言果从因缘出？

复次，若谓缘无果，而从缘中出，

是果何不从，非缘中而出？⑰

若因缘中求果不可得，何故不从非缘出？如泥中无瓶，何故不从乳中出？

复次，若果从缘生，是缘无自性，

从无自性生，何得从缘生？

果不从缘生，不从非缘生，

以果无有故，缘非缘亦无。

果从众缘生，是缘无自性，若无自性则无法，无法何能生？是故果不从缘生。不从非缘生者，破缘故说非缘，实无非缘法，是故不从非缘生。若不从二生，是则无果，无果故，缘非缘亦无⑱。

注释

① 心，《碛砂藏》本原无此字，《藏要》本根据《中观论疏》加。

② 以上三句见《维摩经》卷二：汝今即时亦生亦老亦死。《无量义》云：又复观察一切诸法即时生、住、没。

③ **欲灭未欲灭**：此指有为法，一念生时便有二义：一者始生，二者将灭。将灭之法称为欲灭，始生之法称为不欲灭。

④ **灭法**：已经过去的事物。

⑤ **不灭法**：未来的事物和无为法。

⑥ **无为法**：梵文 Asaṃskṛtadharma 的意译，与有为法相对，是非因缘和合形成、无生灭变化的绝对存在。

⑦ **真实微妙法**：诸法实相即毕竟空，没有各种戏论的颠倒错误。凡夫无法理解，只有佛教圣人才能理解。

⑧ **大乘**：梵文 Mahāyāna 的意译，音译摩诃衍那。乘（yāna）意谓乘载，这是公元一世纪左右形成的佛教派别，谓能运载无量众生从生死苦海此岸到达菩提涅槃彼岸，贬称以前的部派佛教为小乘佛教，认为他们是小根机者，不能成就大事业。小乘佛教只承认释迦牟尼佛，大乘认为有三世十方诸佛；小乘佛教修行三十七道品，只求个人解脱；大乘修六度，主张普度众生。

⑨ **有色无色**：有色是色法，无色是心法和无为法，有色是常见，无色是断见。中观主张见色不执着于有，闻空不执着于无。主张以真、俗二谛观察万事万物，行非空非有中道。

⑩ **有形无形**：形指形色，如方圆质碍等，无形指无色，即无漏心相。

⑪ **有漏无漏**：漏，是梵文 Āsrava 的意译，烦恼的异名，意谓流露烦恼。有流、住二义：由于烦恼业因，众生不断从眼、耳、鼻、舌、身、意六疮门流出不净，造成新的业因，使众生流转生死。由于业因，使众生留

住三界,不能摆脱轮回。所以有漏是世间法,包括人、天等,无漏是摆脱生死轮回的出世间法。

⑫ **法相**:事物的相状、性质等《般若经》的《序品》认为法相与法性同义,唯识把遍计所执、依他起、圆成实三自性和五位百法等称为法相,所以唯识宗又称为法相宗。

⑬ **法性**:事物的真实性质,与实相、真如、空、法界、法身等同义。

⑭ **无相无缘**:无相是没有所缘的外相,即没有客观外境。无缘是没有能缘的心识。无相无缘是境智双亡。

⑮ **无缘缘**:佛说法有如实、方便二种,无缘缘是如实说,有缘缘是随宜方便说。

⑯ **说有是事故,是事有不然**:此句为十二因缘之"此有故彼有"的异译。"有是事"指因,"是事有"指果。

⑰ 本偈破毗昙的第五缘,因为破斥四缘以后,毗昙以外道的世性为第五缘。前文讲过只有四缘,没有第五缘。所以把毗昙所说的第五缘列为非缘,果不从非缘出。

⑱ **缘非缘亦无**:这是本段的总结,毗昙主张一切事物从因缘、次第缘、缘缘、增上缘四缘生,此称为缘。外道主张一切事物从自性、他性、共性、无因而生,此称非缘。本段破斥了佛教内部的不同派别,也破斥了外道。

译文

问：已经从总的方面破除一切因缘，现在想听逐一破除各种缘。

答：果于缘中不是先有而生，也不是先无而生，也不是亦有亦无而生，怎能说有缘呢？

假若缘能生果，应当有三种：或是有，或是无，或是亦有亦无。如前偈所说，假若缘中先有果，不应说生，因为事先已经有果了。假若事先无果，不应当说生，因为先前无果，又因为有缘和无缘相同。

若说亦有果亦无果也不是生，亦有亦无称为半有半无，有、无二种都有过失，而且有与无相违逆，无与有相违逆，怎么能说一个事物具有有、无二相呢？这三种推求果生之相都不能成立，怎能说有因缘呢？所说次第缘者：

后念的次第果法，假若还没有生起的时候，则不应当说有灭心为缘。灭法怎么能为缘呢？所以没有次第缘。

各种心法、心所法在过去、现在、未来三世中按次第产生，现在的心法、心所法灭，给未来的心法、心所法作次第缘，未来的事物还没有产生，给谁作次第缘呢？假若未来的事物已经有了，这就是生，哪里还用得着次第缘呢？现在的心法、心所法没有暂住的时候，假若不是暂住,哪里还用得着次第缘呢?假若有暂住,就不是有为法。为什么呢?因为一切有为法永远具有灭相。如果已经灭了,就不能作次第缘,假若灭除的事物还是有,这就是常见,假若是常,就没有罪福报应等。如果灭除的时候能够作次第缘,灭的时候半灭半不灭,再没有第三种事物称为灭时。

而且,佛说一切有为法念念灭,没有一念能暂住,怎能说现在的事物有欲灭、未欲灭呢?你们说一念中没有欲灭、未欲灭,这就破除了你们自己的教法,你们阿毗昙人说有灭法,有不灭法,有欲灭法,有不欲灭法。所谓欲灭法,是现在的事物将要灭除;所谓未欲灭法,除现在的将欲灭法,其余的现在法和过去法、未来法、无为法称为不欲灭法,所以没有次第缘。所说所缘缘者:

如佛所说的真如实相的微妙法性,于此毕竟空中没有所缘的法相可说,怎么会有所缘缘呢?

佛所说的各种大乘教法,不管是有色无色,有形无形,有漏无漏,有为无为等各种事物之相,悟入法性以后,一切都是空,没有外境之相,也没有能缘的心识,就像各条河流归入大海一样,都同为一味。佛说法有如实、方便二种,无缘缘是如实说,有缘缘是随宜方便说。应当相信如实说的法性,不能认为随宜所说是真实的，所以说没有所缘缘。所说的增上缘者：

因为各种事物没有自性，所以没有真实的定相，所以说实有此因而有实彼果是不对的。

佛经说十二因缘，由于有因而有果，此事并非如此。为什么呢？因为各种事物都是从众缘而生，自己没有定性。因为自己没有定性，所以没有定相，因为没有定相之因，怎能说由因而有果呢？所以没有增上缘，佛随顺凡夫的虚妄分别有和无而说缘。而且，或者总略看，或者详广看，求果的实体皆不可得，既然因缘中无果，怎能说从缘中生出果呢？

所谓略者，是说在和合因缘中无果；所谓广者，是说一一缘中也没有果。不管是总略看，还是详广看，因缘中都没有果，怎能说果从因缘出呢？

而且，如果承认了缘中无果，而又说果从缘出，这果为什么不从非缘出呢？

如果从因缘中求果不可得，为什么不从不是缘的东西出果呢？犹如泥中无瓶，为什么不从乳中出瓶呢？

再说，某些人说的果从缘生起，这种是没有自性的。从无自性的东西而生，怎能说有真实果法是从缘而生呢？

果不是从缘生，也不是从非缘生。所生的真实果法根本就没有，能生的缘、非缘也没有。

有人认为果从众缘而生，这种缘没有自性。没有自性，就没有真实的事物。既然没有真实的事物，又怎么能生呢？所以说果不是从缘而生。所说的不从非缘生者，把缘破除以后，就说非缘。实际上并没有非缘之法，所以说不是从非缘而生。因为不是从缘、非缘而生，因此没有缘所生果。因为没有果，所以缘、非缘也没有。

观去来品第二

原典

观去来品[①] 第二

问曰：世间眼见三时[②]有作，已去、未去、去时[③]，以有作故，当知有诸法。

答曰：已去无有去，未去亦无去，

离已去未去，去时亦无去。

已去无有去，已去故，若离去有去业[④]，是事不然。未去亦无去，未有去法故。去时名半去半未去，不离已去、未去故。

注释

① **观去来品**：《藏要》本校注称："《无畏》、佛护均作《观去未去去时品》。"本品只破去，不破来，因为去和来都是一种运动，只是立足点不同而已。本品来意有三。一、因机不同，众生闻法，根有利钝，利根者闻破因缘便悟，钝根者需要一再破除才能明了。二、消除外人的疑惑，破去来为成无生，恐外人疑：因谢是去，果续是来，故须破之。三、为了破除五种人的执着：（一）俗人，见从此到彼，反彼还此，乃至寒往暑来等；（二）外道，认为万物从自在天等而来，还去至本处等；（三）五百部，虽知十二因缘，而计定有，不达法空，从未来来至现在，从现在走到过去；（四）成实师，虽了因缘而不知本性空寂，从无明流来入三界，反原而去；（五）学大乘人，虽知空寂而拨无罪福，摄论师认为六道众生从本识中来。

② **三时**：即过去时、现在时、未来时。

③ **去时**，《藏要》本校注称："《顺中论》译为现去，是也。"

④ **业**：梵文 Karma 的意译，音译羯磨。分身业、口业、意业三种。身业是行为，口业是言语，意业是众生的思想活动。

译文

问：在人世间亲眼见到三时有流动起灭，即已去时、未去时和去时。因为有流动起灭，应当知道有各种事物。

答：已去没有去，未去也没有去，离开已去、未去，去时也没有去。

已去没有去，因为"去"这种动作已经过去了。如果说离开去而有"去"这种动作，这实际上是不可能的。未去也没有去，因为没有"去"这种动作。去时称为半去半不去，因为它离不开已去、未去。

原典

问曰：动处则有去，此中有去时。

非已去未去，是故去时去。

随有作①业处，是中应有去，眼见去时中有作业。已去中作业已灭，未去中未有作业，是故当知去时有去。

答曰：云何于去时，而当有去法？

若离于去法，去时不可得。

去时有去，是事不然。何以故？离去法去时不可得。若离去法有去时者，应去时中有去，如器中有果。

复次，若言去时去，是人则有咎。

离去有去时，去时独去故。

若谓已去、未去中无去，去时实有去者，是人则有咎。若离去法有去时，则不相因待。何以故？若说去时有去，是则为二，而实不尔，是故不得言离去有去时。

复次，若去时有去，则有二种去。

一谓未去时，二谓去时去。

若谓去时有去，是则有过，所谓有二去：一者因去有去时，二者去时中有去。

问曰：若有二去，有何咎？

答曰：若有二去法，则有二去者，

以离于去者，去法不可得。

若有二去法，则有二去者。何以故？因去法有去者故。一人有二去，二去者，此则不然，是故去时亦无去。

注释

① 作，《藏要》本校注称："《无畏》原作动，次同。"

译文

外人问：正动身的地方有"去"，在这动身的刹那中就有去时。这不是已去，也不是未去，所以说是去时去。

随着正动身之际，在这一刹那当中应当有去，因为亲眼见到去时中有"去"这动作。已去中"去"这种动作已经灭除，未去中没有"去"这种动作，由此应当知道去时有去。

论主答：怎么能说在去时应有"去"这种动作呢？假若没有"去"这种动作，去时就不能成立。

认为去时有去，这是不对的。为什么呢？离开"去"这种动作，去时不能成立。如果说离开"去"这种动作而有去时，就应当说去时中有去，如器皿中有果一样。

而且，如果有人说去时有去，这人就要犯很大的错误。因为他认为离开去法有去时，认为去时是离开去法而独立存在的。

如果认为已去、未去中没有去，去时中真实存有去法，这人就要犯很大的错误。如果离开去法有去时，去时、去法就不是互相依赖而存在。为什么呢？如果说去时有去，就有去时、去法二种，但实际上并不是这样，所以不能说离开去法有去时。

而且，假若去时有去，就应当有二种去：一是因去法而有去时的去，二是去时中的动作那个去。

假若说去时有去，这就有过失，因为有二去：一是因为有去法而有去时，二是去时中有"去"这个动作。

问：如果说有二去，这有什么错误呢？

答：如果承认有二个去法，就得承认有二个去者。但是离开去者，去法不能成立。

假若有二个去法，就有二个去者。为什么呢？因为有去法而有去者。一人有二去，说有二去是不对的，所以说去时也没有去。

原典

问曰：离去者无去法可尔，今三时中定有去者①。

答曰：若离于去者，去法不可得。

以无去法故，何得有去者？②

若离于去者，则去法不可得，今云何于无去法中，言三时定有去者？

复次，去者则不去，不去者不去，

离去不去者，无第三去者。

无有去者。何以故？若有去者，则有二种，若去者若不去者，离是二无第三。

问曰：若去者去，有何咎？

答曰：若言去者去，云何有此义？

若离于去法，去者不可得。

若谓定有去者用去法，是事不然。何以故？离去法去者不可得故。若离去者定有去法，则去者能用去法，而实不尔。

复次，若去者有去，则有二种去，

一谓去者去，二谓去法去。③

若言去者用去法，则有二过，于一去者中而有二去：一以去法成去者；二以去者成去法。去者成已然后用去法，是事不然。是故先三时中，谓定有去者用去法，是事不然。

复次，若谓去者去，是人则有咎。

离去有去者，说去者有去。

若人说去者能用去法，是人则有咎，离去法有去者。何以故？说去者用去法，是为先有去者后有去法，是事不尔。复次，若决定有去有去者，应有初发④，而于三时求发不可得。何以故？

已去中无发，未去中无发，

去时中无发，何处当有发？

何故三时无发？

未发无去时，亦无有已去，

是二应有发，未去何有发？

无去无未去，亦复无去时，

经典·1 卷一——观去来品第二 053

一切无有发,何故而分别?

若人未发,则无去时,亦无已去;若有发当在二处,去时已去中,二俱不然。未去时未有发故,未去中何有发?发无故无去,无去故无去者,何得有已去、未去、去时?

注释

①今三时中定有去者,《藏要》本校注称:"《无畏》次云:依此而有去法,成上文也。"

②此偈《藏要》本校注称:"番、梵前后半颂互倒,惟《无畏》、佛护牒颂同此。"

③本偈《藏要》本校注称:"六本(藏译《中论本颂本》、藏译《无畏论》、藏译《中论疏》、汉文《中观释论》、汉文《般若灯论》、梵本月称注《中论疏》)此颂皆在次一颂后,文意更顺,今译疑误。"

④发:动足成步名去,去则为果,发与静相待而立,所以发为因。

译文

问:如果没有去者就没有去法,这是对的。在过去、现在、未来三时中肯定有去者。

答：如果离于去者，去法是不可得的。因为没有去法，怎能有去者呢？

假若没有去者，则去法是不可得的，现在怎能在没有去法的情况下，说三时肯定有去者呢？

而且，去者没有去，既然已经称为去者，何必再加一个"去"呢？不去者更没有去，离开去者和不去者，没有第三种去者。

没有去者。为什么呢？假若有去者，即有二种，或是去者，或是不去者，离开去者、不去者这二种，没有第三种。

问：如果说有去者，这有什么错误呢？

答：假若说去者能去，怎么会有这种意思呢？假若离于去法，去者是不可得的。

如果说肯定有去者御用去法，这是不对的。为什么呢？离开去法，去者是不可得的。假若离开去者肯定有去法，去者就能御用去法，但实际上并非如此。

而且，假若一定说去者能去，就应当有二种去，一是去者的去，二是去法的去。

如果说去者御用去法，就犯二种过失，于一去者中有二种去：一以去法成就去者，二以去者成就去法。去者成就以后，然后御用去法，但实际上并非如此。所以在三时中假定说有去者御用去法，实际上并非如此。

而且，若说去者有去，这人就犯很大的过失。以为没有去法而有去者，这才说去者有去。

假若有人说去者御用去法，这人就犯很大的错误，以为离开去法而有去者。为什么呢？说去者御用去法，是以为先有去者，后有去法，实际上并不是这样。而且，假若肯定有去有去者，应当有最初的发动，但于过去、现在、未来三时寻求发动而不可得。为什么呢？

已去中没有发动，未去中没有发动，去时中没有发动，什么地方应当有发动呢？

为什么说三时中没有发动呢？

未曾发动的时候没有去时，也没有已去。如果说有发动，在这已去、去时二者中应当有发动，但实际上没有。未去哪里会有发动呢？

没有已去的发，也没有未去的发，也没有去时的发，在一切时中都没有发，为什么还要分别已去、未去、去时呢？

假若人还没有发动的时候，就没有去时，也没有已去。如果有发动，应当是在去时、已去二处，但实际上去时、已去中都没有发动。因为未去的时候还没有发动，未去中哪里会有发动呢？因为没有发动，所以没有去；因为没有去，所以没有去者。哪里会有已去、未去、去时呢？

原典

问曰：若无去无去者，应有住①、住者？②

答曰：去者则不住，不去者不住。

离去不去者，何有第三住？

若有住有住者，应去者住，若不去者住，若离此二应有第三住，是皆不然。去者不住，去未息故，与去相违名为住。不去者亦不住。何以故？因去法灭故有住，无去则无住，离去者不去者更无第三住者。若有第三住者，即在去者不去者中③，以是故不得言去者住。

复次，去者若当住，云何有此义？

若当离于去，去者不可得。④

汝谓去者住，是事不然。何以故？离去法去者不可得。若去者在去相，云何当有住？去住相违故。

复次，去未去无住，去时亦无住，

无有行止法⑤，皆同于去义。

若谓去者住，是人应在去时、已去、未去中住，三处皆无住，是故汝言去者有住，是则不然。如破去住⑥法，行止亦如是。行者如从谷子相续至芽、茎、叶等，止者谷子灭故，芽、茎、叶灭，相续故名行，断故名止。又如无明⑦缘诸行乃至老死是名行，无明灭故，诸行等灭，是名止。

注释

①**住**：事物的相续状态。世间有二种住：一是未住，二是本住。不去称为住，这种住称为本住，又称为去前住。未住是去停止后的住，又称为去后住。

②上二句《藏要》本校注称："《无畏》原作应有去者住。"这种发问有三义：（一）外人虽然知道无去，但不知道无住；（二）外人想以住证明有去；（三）有无相待而立，外人想以无去证明有住。如果无住成立，就破除了中观的"空"论。所以（二）、（三）是外人的救。

③即在去者不去者中，《藏要》本校注称："《无畏》原云：应计彼是去者或非去者，亦如二者破。今译脱略。"

④本偈《藏要》本校注称："此顺梵本，番本译文前后半颂互倒，惟佛护牒颂同此。"

⑤**行止法**：行即生死，是流转生死的意思；止是涅槃，是消除生死流转的意思。

⑥住，《藏要》本校注称："勘《无畏》，此住字衍文。"

⑦ **无明**：梵文 Avidyā 的意译，意谓不懂得因缘等佛教义理。

译文

问：假如没有去、去者，应当有住、有住者？

答：去者没有住，不去也没有住。离开去者和不去者，怎能有第三种住呢？

如果有住有住者，就应当有去者住或不去者住。假若离开去不去二种，应当有第三种住。这些都不对，去者没有住，因为去还没有止息，与去相违才称为住。不去者也没有住。为什么呢？因为"去"这个动作灭除才能有住，没有去就没有住，离开去者和不去者，再没有第三种住。假若有第三种住者，肯定在去者不去者当中，所以不能说去者住。

而且，去者假若应当住，哪里有这种道理呢？若是当来离于去法，去者就不可得。

你们所说的去者住，这是不对的。为什么呢？离于去法，去者是不可得的。假若去者在去之相，怎能应当有住呢？因为去和住相违逆。

而且，已去和未去是没有住的，去时也没有住，所有的行止法，都同于去义而不可得。

如果说去者有住，这人应当住于去时、已去、未去当中，但去时、已去、未去三处都没有住，所以你说去者有住，这不对，就像破除去住之法一样，行止法也是这样。行者如从谷子相续至生芽、茎、叶等，止如谷子灭，芽、茎、叶也灭，由于相续而称为行，因断称为止。又如无明缘行，乃至老死，此称为行，因为无明灭除，所以诸行等灭，这称为止。

原典

问曰：汝虽种种门破去、去者、住、住者，而眼见有去、住。[1]

答曰：肉眼所见不可信。若实有去、去者，为以一法成，为以二法成？二俱有过。何以故？

去法即去者，是事则不然；

去法异去者，是事亦不然。

若去法去者一，是则不然，异亦不然。

问曰：一异有何咎？

答曰：若谓于去法，即为是去者。

作者及作业，是事则为一。

若谓于去法，有异于去者。

离去者有去，离去有去者。

如是二俱有过②。何以故？若去法即是去者，是则错乱破于因缘，因去有去者，因去者有去。又去名为法，去者名人，人常去法无常，若一者则二俱应常，二俱应无常，一中有如是等过。若异者则相违，未有去法应有去者，未有去者应有去法，不相因待，一法灭应一法在，异中有如是等过。

复次，去去者是二，若一异法成。

二门俱不成，云何当有成？

若去者去法有，应以一法成，应以异法成？二俱不可得。先已说无第三法成，若谓有成，应说因缘。无去无去者，今当更说。

因去知去者，不能用是去。

先无有去法，故无去者去。

随以何去法知去者？是去者不能用是去法。何以故？是③去法未有时，无有去者，亦无去时、已去、未去。如先有人有城邑得有所趣，去法去者则不然，去者因去法成，去法因去者成故。

复次，因去知去者，不能用异去。

于一去者中，不得二去故。

随以何去法知去者？是去者不能用异去法。何以故？一去者中二去法不可得故。

复次，决定有去者，不能用三去。

不决定去者，亦不用三去。

去法定不定，去者不用三。

是故去去者，所去处皆无。

决定者名实有，不因去法生，去法名身动，三名未去、已去、去时。若决定有去者，离去法应有去，不应有住，是故说决定有去者，不能用三去。若去者不决定，不决定名本实无，以因去法得名去者，以无去法故不能用三去。因去法故有去者，若先无去法则无去者，云何言不决定去者用三去？如去者，去法亦如是。

若先离去者决定有去法，则不因去者有去法，是故去者不能用三去法。若决定无去法，去者何所用？如是思维观察去法、去者，所去处是法皆相因待。因去法有去者，因去者有去法，因是二法则有可去处，不得言定有，不得言定无，是故决定知三法虚妄空无所有，但有假名，如幻如化④。

注释

①据吉藏著《中观论疏》本卷四，此间有四意：（一）汝虽巧难，我不能答，而道理终有，以眼见故；（二）若三时中无，眼不应见，今既眼见，则不应无；（三）何故见有不见无；（四）汝口说无，我眼见有，眼

见是实，口说难信。

② 如是二俱有过，《藏要》本校注称："《无畏》无释文。"

③ 是，《藏要》本校注称："原刻下衍去字，依丽刻及番本删。"

④ 如幻如化，《藏要》本校注称："《无畏》原作如旋火轮。"

译文

问：你虽然以种种门类破除去、去者、住、住者，但人们亲眼见到有去、有住。

答：肉眼所见的不可相信。假若真的有去，有去者，是以一法成立呢？还是以二法成立呢？这二种意见都有过失。为什么呢？

如果说去法就是去者，这不对；如果说去法与去者相异，这也不对。如果说去法和去者是一体，这不对；说去法、去者异体，这也不对。

问：说去法、去者一体或异体，这有什么错误呢？

答：如果说去法就是去者，是一体相即，这就犯了作者及作业为一的过失。

如果说去法与去者相异，认为离去者而有去法，这就是离去法而有去者了。

这样讲去、去者是一或异，这两种意见都有过失。为什么呢？如果说去法就是去者，这就发生错乱，破坏于因缘，即因去法而有去者，或因去者有去法。而且，去是法，去者是人，人是常，去法是无常。如果说去者、去法是一体，则去法、去者都应当是常，或者说二者都应当是无常。认为二者一体有这么多过失。如果说二者异体，则二者互相违逆。没有去法而应当有去者，没有去者应当有去法，使二者不相因待，一法灭除，另一法应当存在。如果说二者异体就有这么多过失。

而且，如果去法与去者是二，说它由一法成立呢，还是由异法成立呢？从这二门进行观察，都不得成立。怎么能说有去法、去者的成立呢？

假若说有去者、去法，应当以一法成呢，还是以异法成呢？从这二门进行观察都不得成立。先前已经讲过，没有第三法可以成立。如果说有法可以成立，应当说是因缘。现在应当进一步说明没有去，也没有去者。

因为去法而知道有去者，不能用因中的这个去法。在因去而有去者的去法中，去法在先，没有去者所用的去法，所以没有去者去。

按照你们的意见，以哪种去法知道有去者呢？这个去者不能用这个去法。为什么呢？这个去法没有的时候，没有去者，也没有去时、已去、未去。例如必须先有人后有城，才能说人要去城，去法和去者不是这样，因为去者因去法而成立，去法因去者而成立。

而且，假若说因去法而知道有去者，去者不能用另外的去法，因为在一个去当中，不能说有二个去法。

按照你们的意见，以什么去法知道有去者呢？这个去者不能用另外的去法。为什么呢？因为在一个去者中不能用二个去法。

而且，如果肯定有去者，不能用已去、未去、去时三去。如果不肯定有去者，也不能用已去、未去、去时三去。

不管去法肯定还是不肯定，去者都不能用已去、未去、去时的三去。所以去法、去者和所去的处所都是空。

如果肯定去有去者，这称为实有，不是因去法而生去者，去法称为身动。颂文的"三"称为未去、已去、去时。如果肯定有去者，离开去法应当有去，不应当有住，所以说肯定有去者，不能用已去、未去、去时的三种去。如果去者不肯定，不肯定称为本来实际上是无，因为去法而称为去者，因为没有去法，所以不能用已去、未去、去时的三种去。因为有去法，所以有去者，如果本来没有去法，就没有去者，怎能说不肯定有的去者用已去、未去、去时的三种去呢？如说去者那样，去法也是这样。

如果事先离开去者肯定有去法,就不是因去者而有去法,所以说去者不能用已去、未去、去时的去法。如果肯定没有去法,去者用什么呢?经过这样的思维和观察,知道去法、去者、所去的处所都是相待而成立。因为去法而有去者,因为去者而有去法,因为有去者、去法才有可去的处所,不能说肯定有,不能说肯定无,所以肯定知道去法、去者、去处都是虚妄执着,都是空,都是无所有,只有假名,如梦境、水月、空花那样虚幻不实。

观六情品第三

原典

观六情品[①] 第三

问曰:经[②] 中说有六情[③],所谓:

眼耳及鼻舌,身意等六情,

此眼等六情,行色等六尘[④]。

此中眼为内情,色为外尘,眼能见色,乃至意为内情,法为外尘,意能知法。

答曰:无也[⑤]。何以故?

是眼则不能，自见其己体。

若不能自见，云何见余物？

是眼不能见自体⑥。何以故？如灯能自照，亦能照他。眼若是见相，亦应自见，亦应见他，而实不尔，是故偈⑦中说：若眼不自见，何能见余物？

注释

①观六情品，《藏要》本校注称："番作《观处品》，梵作《观见等处品》，《释》《灯》作《观六根品》。"本品来意有四：（一）因机不同，认为所入之理皆唯实相，而能入之门非一，故上就去来动静四仪破迷惑显实相，此就六根除烦恼发正观，因根机不同，故说法亦异；（二）因外人不受前义，前二品明八不，如果从始至终都能理解，就能知道诸法皆空，但外人对此不理解，认为如果一切事物都是空，为什么佛经说有十二入呢？所以需要破六情；（三）前只破"所"，本品应当破"能"，前品外人举世间眼见，论主只破所去来，还没有破除能见之眼，所以需要再破能见之眼，以便于说明实相；（四）专为固执六情者说，有七种人固执六情。

②经：梵文Sūtra的意译，音译素怛览，佛教三藏之一，即佛说的经藏。外人开头引经是为了证明六情

实有。经既说实有，必是实有。若破实有，就是破经，破经就是破佛。

③ **六情**：即眼、耳、鼻、舌、身、意六根，"情"即情识，因为六根是六识的所依。外人建立六情的目的还是为了成立去来，如果去来能够成立，世间的一切都能成立，中观的"空"就会随之破除。

④ **六尘**：六识所缘的色、声、香、味、触、法六种外境。六尘又称为六衰，因为六尘使善法衰灭；又称为六欲，因为六尘使人有所欲望。

⑤ **无也**：依俗谛说，有六情；依真谛说，无六情。论主为了申明佛经正义，所以说无六情。

⑥ **是眼不能见自体**，《藏要》本校注称："《无畏》释云：以不见自体故，见亦无自性也。"

⑦ **偈**：梵文Gatha的意译，音译伽陀，佛经中的诗体。

译文

问：佛经中说有六根，即：

眼、耳、鼻、舌、身、意六情，这眼等六情缘色等六尘。

这里的眼为内情，色为外尘，眼能看见色。以至于意为内情，法为外尘，意能知道法。

答：没有六情。为什么呢？

这种眼根自己不能看见自己的本体，假若它自己不能看见自己，怎能见到其余的东西呢？

这种眼根不能看见自己的本体。为什么呢？如灯那样不仅自己能照到自己，也能照到其他的东西。假若眼能见到外境之相，也应当见到它自己，也应当见到其他的东西。但实际上并非如此，所以偈颂说假若眼不能看见自己，怎能见到其余的东西呢？

原典

问曰：眼虽不能自见，而能见他，如火能烧他，不能自烧。①

答曰：火喻则不能，成于眼见法，
　　　　去未去去时，已总答是事。

汝虽作火喻，不能成眼见法，是事《去来品》中已答。如已去中无去，未去中无去，去时中无去，如是已烧、未烧、烧时俱无有烧，如是已见、未见、见时俱无见相。

复次，见若未见时②，则不名为见，
　　　　而言见能见，是事则不然。

眼未对色则不能见，尔时不名为见，因对色名为见，是故偈中说未见时无见，云何以见能见？复次，二处俱无见法。

　　见不能有见[3]，非见亦不见，
　　若已破于见，则为破见者。

见不能见，先已说过故。非见亦不见，无见相故，若无见相，云何能见？见法无故见者亦无。何以故？若离见有见者，无目者亦应以余情见。若以见见则见中有见相，见者无见相，是故偈中说若已破于见，则为破见者。

复次，离见不离见，见者不可得。

　　以无见者故，何有见可见？

若有见，见者则不成。若无见，见者亦不成。见者无故，云何有见可见？若无见者，谁能用见法分别外色？是故偈中说：以无见者故，何有见可见？

复次，见可见无故，识等四法[4]无。

　　四取[5]等诸缘，云何当得有？

见可见法无故，识、触、受、爱四法皆无。以无爱故，四取等十二因缘分亦无。

复次，耳鼻舌身意，声及闻者等，

　　当知如是义，皆同于上说。

如见可见法空，属众缘故无决定；余耳等五情、声等五尘当知亦同见可见法，义同故不别说。

注释

① 此问是外人的救,有四种救:(一)毗昙救说:灯之能所俱是色入,故能自他俱照,眼能见是眼入,所见是色入,故见他不见自;(二)成论师救说:眼能见是识,所见是色,故见他不见自;(三)外道和小乘犊子部救说:人是能见,色是所见,人是不可见,色是可见,故见他不见自;(四)数论外道救说:能烧是火,所烧是柴,故火不能自烧,而能烧他。

② 见若未见时,《藏要》本校注称:"勘番、梵,若少有不见时。"

③ 见不能有见,《藏要》本校注称:"番、梵作非见性,次同。"

④ **识等四法**:即识、触、受、爱四法,因为毗昙认为眼、色和合生识,然后以触和根、尘生苦、乐、舍三受,受以后生爱。虽然也产生其余的心所法,但受、爱是三界三毒主,故偏说之。

⑤ **四取**:即欲取、见取、戒禁取、我语取。对色、声、香、味、触五境贪欲取着称为欲取。对五蕴虚妄计度而取我见、边见等称为见取。戒取是外道执取狗戒、牛戒等非理戒禁。我语取是取着于我见、我慢等的说法。

译文

问：眼虽然不能自见，但能见其他的东西，如火能烧其他东西而不能烧自己一样。

答：用火作比喻不能成立眼能见东西，在前文说已去、未去、去时没有去的时候，已经从总的方面回答了这个问题。

你虽然用火作比喻，仍然不能成就眼之能见法，这个问题在《去来品》中已经回答了。如说已去中没有去，未去中没有去，去时中也没有去，由此看来，已烧、未烧、烧时都没有烧。由此看来，已见、未见、见时都没有见相。

而且，在见还没有见色的时候，不称为见。但还要说见能见，这就不对了。

在眼还没有对色的时候，就不能有见，这时候就不称为见。因为眼对色的时候才称为见，所以偈中说未见的时候没有见，对色时又怎么能称为见呢？而且，眼处、人处都没有见法。

说它是见性，尚且不能成立有见色的功能，非见也不能见。假若已经破除了见，也就破除了见者。

眼见不能见，前面已经说过了。非见也不能见，因为没有见相。假若没有见之形相，怎能说见呢？因为没有见法，见者也没有。为什么呢？假若离见法有见者，无眼者也应当以其余的五情见。若单以见法见，则见法中自有见之形相。见者则无有见相，所以偈中说：假若已经破除了见法，就已经破除了见者。

而且，不管是离见还是不离见，见者皆不可得。因为没有见者，哪里会有见和可见呢？

若自眼有见，见者就不能成立。若自眼无见，见者也不能成立。因为没有见者，怎能有能见和可见呢？假若没有见者，谁能用见法分别外色呢？所以偈中说：因为没有见者，哪里会有能见和可见呢？

而且，因为没有能见和可见，识、触、受、爱四法也没有，四取等各种缘，怎么会应当有呢？

因为没有能见法和可见法，识、触、受、爱四法都没有。因为没有爱，四取等十二因缘之流转苦果也没有。

而且，眼、耳、鼻、舌、身、意，声及闻者等，应当知道也是这个意思，都同上文所说。

如能见之眼和可见之色法都是空，因为是各种因缘和合，所以没有固定的真实性；其余的耳等五根和声等五尘，应当知道也和能见之眼和可见之色法相同。因为意义相同，所以不必另加解说。

观五阴品第四

原典

观五阴品^① 第四

问曰：经说有五阴，是事云何？

答曰：若离于色^②因，色则不可得。

若当离于色，色因不可得。

色因者如布因缕，除缕则无布，除布则无缕，布如色，缕如因。

注释

①观五阴品：《藏要》本校注称："番、梵作《观蕴品》，《释》作《观五蕴品》。"本品来意有四：（一）因机不同，如前所说；（二）再申经义，前明入、界空，此明五阴空；（三）体用不同，前二品只破人、法之用，此品破人、法之体；（四）开合不同，前后不同，大小不同。

②色：梵文 Rūpa 的意译，大体相当于物质，有变坏、质碍等特点，可以分为三种：（一）显色，颜色、

明暗等；（二）形色，长短、高低等；（三）表色，身体的伸屈坐卧等。

译文

问：佛经说有五阴，这是怎么回事？

答：假若离开色法的因，色果是不可得。假若离开色果法，色因也是不可得。

这里所说的色因，犹如布因缕一样，除缕则无布，除布则无缕，布犹如色，缕犹如因。

原典

问曰：若离色因有色有何过？

答曰：离色因有色，是色则无因。

无因而有法[1]，是事则不然。

如离缕有布，布则无因，无因而有法，世间所无有。

问曰：佛法[2]、外道[3]法、世间法[4]中皆有无因法，佛法有三无为[5]，无为常故无因。外道法中虚空、时、方、识[6]、微尘、涅槃[7]等，世间法虚空、时、方等，是三法无处不有，故名为常。常故无因，汝何以说无因法世间所无？

答曰：此无因法但有言说，思维分别则皆无。若法从因缘有，不应言无因，若无因缘则如我说。

问曰：有二种因：一者作因⑧，二者言说因。是无因法无作因，但有言说因⑨，令人知故。

答曰：虽有言说因，是事不然。虚空如《六种》中破，余事后当破。复次，现事尚皆可破，何况微尘等不可见法？是故说无因法世间所无。

注释

① 法，《碛砂藏》本原作"色"，《藏要》本根据《高丽藏》本改。

② **佛法**：佛为开示众生所说的教法，共八万四千法门。

③ **外道**：佛教以外的其他宗教哲学派别，外道种类说法不一，主要指佛教产生时的六师外道和九十六种外道。

④ **世间法**：相当于四谛中的苦、集二谛，欲、色、无色三界的有情众生，由于惑业因缘而轮回受苦。

⑤ **三无为**：小乘佛教主张有三种无为法：虚空无为、择灭无为和非择灭无为。虚空无为（Ākāśasaṃskṛta），这种无为法就像虚空一样无边无际，永无变易，没有任何阻碍，可以容纳一切色法。择灭无为（Pratisaṃkhyānirodhāsaṃskṛta）是通过智慧的简择力而达到的涅槃境界。非择灭无为（Apratisaṃkhyānirodhās-ā-saṃskṛta）是不通过智慧的简择力而达到的涅槃境界。

⑥ 识，《高丽藏》本为"神"。

⑦ 涅槃：梵文 Nirvāna 的音译，意译为圆寂、灭度等，佛教修行的最终目的，是一种解脱生死轮回的境界。

⑧ 作因：即生因，生果之因。

⑨ 言说因：即了因。由于对方的启发，再加上自己的努力，对事物终有了悟，此称了因。

译文

问：假若离色因而有色果，这有什么过失呢？

答：若离色因而有色果，这色果就是无因。不待因缘而有的东西，这是不可能。

就如离缕有布一样，布就是无因，无因而有的东西，这在人世间是不存在的。

问：佛法、外道法和世间法中都有无因法。佛法中有三种无为法，因为无为法是永恒的，所以说无因。外道法中的虚空、时、方、识、微尘、涅槃等，世间法的虚空、时、方等，这三法没有任何地方不存在，所以称为常。因为常，所以说无因，你为什么说无因法在世间不存在呢？

答：这种无因法只是言说而已，若切实思量分别，这一切都不存在。如果某一事物从因缘而有，不应当说无因，如果说无因缘，就同我以上所说。

问：有二种因：一是作因，二是言说因。这无因法没有作因，只有言说因，使人们知道。

答：虽然有言说因，但实际上并非如此。虚空如《六种品》中所破，其余的事物以后应当破除。而且，现见的事物尚且都可以破除，更何况微尘等不可见的东西呢？所以说无因法在世间是不存在的。

原典

问曰：若离色有色因，有何过？

答曰：若离色有因，则是无果因。

若言无果因，则无有是处。

若除色果但有色因者，即是无果因。

问曰：若无果有因有何咎？

答曰：无果有因世间所无[1]。何以故？以果故名为因，若无果云何名因？复次，若因中无果者，物何以不从非因生？是事如《破因缘品》中说②，是故无有无果因。

复次，若已有色者，则不用色因。

若无有色者，亦不用色因。

二处有色因则不然，若先因中有色，不名为色因。若先因中无色，亦不名为色因。

注释

① 无果有因世间所无，《藏要》本校注称："《无畏》原作少分亦无。"

② 是事如《破因缘品》中说：见《破因缘品》的一个偈："若谓缘无果，而从缘中出，是果何不从非缘中而出？"

译文

问：假若说离开色而有色因，这有什么过失呢？

答：若说离开色法的果，而有色法的因，这就成了无果的因。假若说无果的因，这是绝对错误的。

假若没有色果法，只有色法因，这因就是无果的因。

问：假若说没有果而有因，这有什么错误呢？

答：无果有因之物在人世间是不存在的。为什么呢？因为有果，所以称为因。若全无果，怎能称为因呢？而且，假若说因中无果，一切万物为什么不从非因中生呢？这事已如前文《破因缘品》中所说。所以说没有无果的因。

而且，若因中已有色，则不须有色因，若因中无色，又何有色因？

二处有色因则非如此，若先前因中有色法，则不名因中有色因，若先前因中无色法，当然也无色因的存在。

原典

问曰：若二处俱不然，但有无因色①，有何咎？

答曰：无因而有色，是事终不然。

是故有智者②，不应分别色。

若因中有果，因中无果，此事尚不可，何况无因有色？是故言无因而有色，是事终不然，是故有智者不应分别色。分别名凡夫，以无明爱染贪着色，然后以邪见③生分别戏论，说因中有果无果等。今此中求色不可得，是故不应分别。

复次，若果似于因，是事则不然。

果若不似因，是事亦不然。

若果与因相似，是事不然，因细果粗故，因果色力等各异，如布似缕则不名布④，缕多布一，故不得言因果相似。若因果不相似，是亦不然，如麻缕不成绢，粗缕无细布，是故不得言因果不相似。二义不然，故无色无色因。

受阴⑤及想阴⑥，行阴⑦识阴⑧等，
其余一切法，皆同于色阴。

四阴及一切法亦应如是思维破。今造论者欲赞美空义，故而说偈：

若人有问者，离空而欲答，
是则不成答，俱同于彼疑。
若人有难问，离空说其过，
是不成难问，俱同于彼疑。

若人论义时各有所执，离于空义而有问答者，皆不成问，俱亦同疑。如人言瓶是无常，问者言何故无常？答言从无常因生故，此不名答。何以故？因缘中亦疑，不知为常为无常，是为同彼所疑。

问者若欲说其过，不依于空而说诸法无常，则不名问难。何以故？汝因无常破我常，我亦因常破汝无常。若实无常，则无业报，眼、耳等诸法念念灭，亦无有分别。有如是等过，皆不成问难，同彼所疑。若依空破常者，则无有过。何以故？此人不取空相故。是故若欲问答，常应依于空法，何况欲求离苦寂灭相者？

注释

①**但有无因色**：外道主张邻尘圆而是常，不从因生，所以称为无因。毗昙主张七微尘无因。成实师认为有中折之不尽，细更有细，因复有因，穷源无尽，所以是无因。

②**是故有智者**，《藏要》本校注称："四本皆无此语。"

③**邪见**：梵文Mithyādrsti的意译，否定因果报应的错误见解。

④**如布似缕则不名布**，《藏要》本校注称："《无畏》以谷种与谷果为喻。"

⑤**受阴**：五阴或五蕴之一，相当于感受。

⑥**想阴**：五阴之一，相当于思想。

⑦**行阴**：五阴之一，是一切物质现象和精神现象的生起和变化活动。

⑧**识阴**：五阴之一，相当于小乘佛教的六识和大乘佛教的八识。

译文

问：若先有果、先无果二处都不对，只有无因色，这有什么错误呢？

答：若说无因而有色，这事终究是不对的。所以有理智的人，不应当分别色法。

假若说因中有果，因中无果，此事尚不可得，更何况无因而有色呢？所以说无因而有色，这事终究是不对的，所以说有理智的人不应当分别色法。若生分别，则称为凡夫，以无明爱染贪着色法，然后以邪见产生分别戏论，而说因中有果无果等。现在在这有因无因中都是求因不可得，所以不应当分别有色、无色。

而且，假若说色果相似于色因，这是不对的。若说色果与色因不相似，这也是不对的。

如果说色果与色因相似，这是不对的，因为色因细色果粗，色因和色果之力等各不相同，犹如缕与布相似，但不称为布，因为缕是多个，而布是一个，所以不能说因果相似。如果说因果不相似，这也不对，如麻缕织不成手绢，因为粗缕织不成细布，所以不能说因果不相似。以上二义都不对，所以说没有色，也没有色因。

受蕴和想蕴、行蕴、识蕴等，其余的一切事物，都同于上文破色蕴所破。

受、想、行、识四蕴和其余的一切事物，也应当这样思维而破除干净。现在造这部《中论》，是为赞美空的义理，所以说如下之偈：

比如有人向你请问，你离开空义去答复他，这不能成为答复，你和他一样坠于疑惑当中。

如果有人想难问其他人，假若离开空义而说他人之过，这是不能成为难问的，也会同他一样坠于疑惑里。

假若人们在讨论问题的时候，各有自己的观点主张，如果是离开空义而有所问答，这都不成其为问答，也都坠于疑惑。比如有人说瓶是非永恒的，问者说为什么是非永恒的？回答说：因为瓶是从非永恒的因所生。这不能成为答复。为什么呢？因为对因缘也有疑惑，不知道这因缘是永恒的，还是非永恒的，所以回答问题的人和提问题的人都坠于疑惑。

难问者假若说对方的过错，不依据空义而说各种事物都是非永恒的，这就不能成为难问。为什么呢？你因用无常而破我常，我也可以用常破除你的无常。假若说确实是非永恒的，就不会有业报，眼、耳等各种事物念念生灭，也没有分别。有这么多过失，都不能成为问难，和对方一样坠于疑惑。假若依据空的意思破除永恒，就没有过失。为什么呢？因为此人不取毕竟空相而破外道。所以世间若想问答，尚且应当永远依于毕竟空法，更何况想求至道，欲出离苦海而达涅槃的人呢？

观六种品第五

原典

观六种品^①第五

问曰：六种各有定相^②，有定相故，则有六种。

答曰：空相未有时，则无虚空法。

若先有虚空，即为是无相。

若未有虚空相先有虚空法者，虚空则无相。何以故？无色处名虚空相。色是作法无常，若色未生，未生则无灭，尔时无虚空相，因色故有无色处，无色处名虚空相。

注释

① 观六种品：《藏要》本校注称："四本作《观六界品》，以下《无畏论》卷二。"本品来意有七：（一）前破

有，此破空；（二）前破末，此破本；（三）前破有为，此破无为；（四）免无因果疑，恐外人见前品破因果，便认为无因果同虚空，所以本品破虚空；（五）恐众生取空相；（六）破谬解，很多佛经都引虚空为喻，惑者不能彻底理解，便认为虚空实存；（七）六种不同于五阴。

②六种各有定相：六种即地、水、火、风、空、识。地以坚为相，水以湿为相，火以热为相，风以动为相，空以虚为相，识以了别为相，此相不可更移，所以说各有定相。

译文

问：六种各有固定之相，因为有定相，所以有六种。

答：在空相还没有的时候，就不会有虚空法。如果先前已有虚空存在，就应当是没有无碍相。

假若说没有虚空之标相先有虚空法，虚空就是无相。为什么呢？无住色处称为虚空相，住色是作法无常，如果住色还没有产生，没有生就没有灭，这时候就没有虚空相，因住色而有无住色处，无住色处称为虚空相，所以称为无相。

原典

问曰：若无相有虚空有何咎？

答曰：是无相之法，一切处①无有。

于无相法中②，相则无所相。

若于常无常法中求无相法不可得，如论者言是有是无云何知？各有相故，生、住、灭③是有为相，无生、住、灭是无为相，虚空若无相，则无虚空。若谓先无相后相来相者是亦不然，若先无相则无法可相。何以故？

有相无相中，相则无所住。

离有相无相，余处亦不住。

如有峰有角，尾端有毛，颈下垂壶，是名牛相。离是相则无牛，若无牛是诸相无所住，是故说于无相法中相则无所相。有相中相亦不住，先有相故，如水相中火相不住，先有自相故。复次，若无相中相住者则为无因，无因名为无法而有相，相可相常相因待故。离有相无相更无第三处可相，是故偈中说离有相无相余处亦不住。

复次，相法无有故，可相法亦无，

可相法无故，相法亦复无。

相无所住故则无可相法，可相法无故相法亦无。何以故？因相有可相，因可相有相，共相因待故。

是故今无相，亦无有可相。

离相可相已，更亦无有物。

于因缘中本末推求相可相决定不可得，是二不可得，故一切法皆无。一切法皆摄在相、可相二法中，或相为可相，或可相为相，如火以烟为相，烟亦复有相。

注释

① **一切处**：此指一切有为法和无为法。

② 于无相法中，《藏要》本校注称："番、梵云：既无无相物，相复何所转？"

③ **生、住、灭**：有为法的四大特征，"生"是产生，"住"是事物的持续状态，"灭"是事物的毁灭。一般认为，有为法有四相：生、住、异、灭。"异"是事物的变化。

译文

问：如果无相而有虚空，这有什么过失呢？

答：这种无相之法，在有为法和无为法的一切处都没有。在无相法之中，能相就没有所相了。

假若在常法和无常法中，寻求无相法皆不可得，如果别人在论述这个问题的时候，是有为法，还是无为法，这怎么知道呢？因为它们各有自己的体相，比如说：生、住、灭是有为法的相，无生、住、灭是无为法的相，假若虚空无相就不会有虚空。如果说先前无相，后因除住相而来虚空相，这也不对。如果先前本来无相，就没有东西显现象。为什么呢？

在有相和无相当中，相都无所住。离开有相和无相，没有其余处所可以作为能相的所住。

比如说：有峰有角，尾端有毛，颈下垂壶，这称为牛相。离开这样的相就没有牛，如果没有牛，这诸多外相就没有所住，所以说在无相法中能相没有所相，在有相法中相也不能住，因为事先已经有相，比如说在水相中火相不能住，因为事先已经有了水的自相。而且，假若说在无相中有相住着，这就成为无因，无因称为无法而有相，能相和可相永远相待而成立。离开有相和无相外，更没有第三处可以称为相，所以偈颂中说离开有相和无相以外，其余的处所也不能住着。

而且，因为没有能相法，可相的虚空法也没有。因为没有可相的虚空法，能相的无碍法也没有。

因为虚空本体之能相没有所住，则众生心内没有可显之虚空相法，因为众生内心之可显空相法既然是没有的，则虚空之本体相法也没有。为什么呢？因为有虚空的本体相，所以有众生心内的可显相，因为有众生心内的可显相，所以有虚空的本体相，二者交互，共相因依对待。

所以说：现今没有相法，也没有可相法。离开这相和可相法以外，再没有其他的东西。

在因缘法中始终推求，相和可相肯定是不存在的。因为相和可相二者不可得，所以一切事物都是不存在的。因为一切事物都包括在相、可相二法当中，或因能相而为可相，或因可相而为能相，如火体以烟为可相，烟体又有可相。

原典

问曰：若无有有，应当有无。①

答曰：若使无有有②，云何当有无？

有无既已无，知有无者谁？

凡物若自坏，若为他坏，名为无。无不自在，从有而无，是故言："若使无有有，云何当有无？"眼耳见闻尚不可得，何况无物？

问曰：以无有故，无亦无，应当有知有无者。

答曰：若有知者，应在有中，应在无中？有无既破，知亦同破。

是故知虚空，非有亦非无。

非相非可相，余五③同虚空。

如虚空种种求相不可得，余五种亦如是。

问曰：虚空不在初不在后，何以先破？

答曰：地、水、火、风众缘和合故易破，识以苦、乐因缘故，知无常变异，故易破，虚空无如是相，但凡夫悕望为有，是故先破。复次，虚空能持四大④，四大因缘有识，是故先破根本，余者自破。

问曰⑤：世间人尽见诸法是有是无，汝何以独与世间相违言无所见？

答曰：浅智见诸法，若有若无相，

是则不能见，灭见安隐⑥法。

若人未得道，不见诸法实相⑦，爱见⑧因缘故种种戏论，见法生时谓之为有，取相言有，见法灭时谓之为断，取相言无。智者见诸法生即灭无见，见诸法灭即灭有见，是故于一切法虽有所见，皆如幻如梦，乃至无漏道⑨见尚灭，何况余见？是故若不见灭见安隐法者，则见有见无。

注释

① **若无有有，应当有无**：这问义有五：（一）前所破者是小乘，如"毗昙"执虚空是有法，"成实"执虚空是无法；（二）此问由前偈末句生，外人见论主言"更亦无有物"，于是便谓无此诸物，故得此空；（三）因有被破，而后执无；（四）不知执无是障碍佛道根本；（五）舍俗而执真，谓虚空是二谛所摄，前言有者是世谛虚空，今言无者是真谛虚空。

② 《藏要》本校注称："有无番、梵作有物无物。"

③ **余五**：本偈的前三句是破虚空，所以"余五"是指六种除虚空以外的其余五种：地、水、火、风、识，分别以坚、湿、暖、动、了别为相。

④ **四大**：梵文 Caturmahā bhūta 的意译，又称为四界，指地、水、火、风四种构成色法的基本元素。因为它们能够造作一切色法，所以称为"能造四大"，被造作的色法称为"四大所造"。这四大的属性分别是坚、湿、暖、动，其作用分别是持（保持）、摄（摄集）、熟（成熟）、长（生长）。因为世间万物和人体都是由四大构成的，所以是无常的，是虚幻不实的，众生必然受苦。

⑤ 问曰，《藏要》本校注称："《无畏》无此问答。"

⑥ **安隐**：与"安稳"同义，意谓身安心稳，不为五

浊八苦所危，所以称为安。日倒暴风不能动，所以称为稳。

⑦ **实相**："实"意谓非常虚妄之义，"相"为无相。与"真如"、"生性"等同义。

⑧ **爱见**：迷事之惑称为爱，迷理之惑称为见。如贪欲瞋恚等为迷事之惑，我见、邪见等为迷理之惑。

⑨ **无漏道**：二道之一，声闻、缘觉、菩萨三乘人离烦恼垢染的戒、定、慧三学，相当于四谛中的道谛，分为见道、修道、无学道三种。

译文

问：如果不存在有，则应当存在无。

答：假若没有实在的自性有，哪里会有实在的自性无呢？既然有、无已经没有了，谁还能知道有和无呢？

一切事物如果是自己破坏，或为他人破坏，都称为无。但是无不能自有，从有之对待而有，所以偈颂说："如果不存在有法，哪里会有无法呢？"而且，亲眼见亲耳闻的事物尚且求有求无不可得，更何况本来就没有的事物呢？

问：因为不存在有，所以也不存在无，这是没错，但是应当有能知有和无的人。

答：假若有能知者，应当在有呢，还是应当在无呢？既然有、无已经破除，知也应当同样破除。

所以应当知道，虚空不是有，也不是无。不是相，也不是可相，其余的五种和虚空相同。

如上文以来，关于虚空从种种方面求相皆不可得，以是而推，则其余五种也是这样。

问：虚空在六种当中，不在最先，也不在最后，为什么要首先破除呢？

答：地、水、火、风四大是众多因缘和合而成，所以容易破。因为识大是以了别苦、乐为其因缘，又知道它是无常变异，所以说容易破。虚空没有如是等相，但一般人希望为有，所以要首先破除，而且，虚空能够总持四大，由四大因缘和合而后有识在其中，所以首先破除根本，其余各种就会随之自破。

问：世俗人总是以为各种事物是有，虚空是无，为什么只有你的看法与一般人不同，而说非有非无呢？

答：只有肤浅智慧的俗人，或见到各种事物的实有自相，或见到各种事物的实无自相，所以他们见不到灭除妄见的安稳寂静的涅槃法。

当人们还没有得到佛道的时候，就看不见各种事物的实相，但由于爱有爱无的因缘，就形成各种各样的戏论，见幻法和合产生的时候就认为是有，这完全是由于妄心生起取相而说有，见幻法分离散灭的时候，就认为是断，这完全是由于妄心舍取相而说无。有肤浅智慧的人们看见各种事物产生，就灭除了无见，看见各种事物灭除，就灭除了有见。所以智者虽然亲眼看到各种事物，认为它们都如梦如幻一样，乃至无漏中道正见尚且灭除，更何况其余的一切有无诸见呢？所以不见诸法实相者，不见灭除邪见的安稳涅槃法者，肯定是见有见无。

观染染者品第六

原典

观染染者品① 第六

问曰：经说贪欲②、瞋恚③、愚痴④是世间根本，贪欲有种种名，初名爱⑤，次名著，次名染⑥，次名淫欲，次名贪欲，有如是等名字，此是结使⑦，依止众生，众生名染者，贪欲名染法⑧。有染法染者故，则有贪欲，余二亦如是。有瞋则有瞋者，有痴则有痴者。以此三毒⑨因缘起三业⑩，三业因缘起三界⑪，是故有一切法。

答曰：经虽说有三毒名字，求实不可得。何以故？

若离于染法，先自有染者。
因是染欲者，应生于染法。
若无有染者[12]，云何当有染？
若有若无染，染者亦如是。

若先定有染者，则不更须染，染者先已染故。若先定无染者，亦复不应起染，要当先有染者，然后起染，若先无染者，则无受染者。染法亦如是。若先离人定有染法，此则无因，云何得起似如无薪火？若先定无染法，则无有染者，是故偈中说："若有若无染，染者亦如是。"

注释

①**观染染者品**：《藏要》本校注称："番、梵作《观贪贪者品》。"本品来意有八：（一）前破身，此破心；（二）前破果，此破因；（三）前破法，此人、法双泯；（四）从上品末句生，上品长行末云：取相言有，取相言无，取相就是烦恼，烦恼就是染法，所以本品要进行破除；（五）破凡夫与烦恼相应，破外道、二乘、大乘人的断烦恼，说明烦恼是空；（六）免起重烦恼；（七）遍释方等忏悔义；（八）破除俗人、外道、内学等的执着。

② **贪欲**：贪爱世间之色欲、财宝等而无厌，是产生各种痛苦的根本。

③ **瞋恚**：往往简化为瞋，梵文 Krodha 的意译，音译讫罗驮。是三毒（贪、瞋、痴）之一，所以又称为瞋毒，对于痛苦和产生痛苦的条件感到憎恨忿怒，使身心热恼，所以又称为瞋火，能够产生各种恶业。

④ **痴**：梵文 Moha 的意译，三毒之一，与无明同义，意谓愚昧无知，不明事理。是一切烦恼业的所依。

⑤ **爱**：十二因缘之一，意谓贪爱，是轮回的根本。一般来说有三种爱：（一）境界爱，临终时对于眷属、家财等的贪爱；（二）自体爱，临终时对自己身体的爱着；（三）当生爱，临终时对于当来生处的爱着之心。

⑥ **染**：即染垢、染污，是不洁不净的意思，意谓执着之妄念和所执着的事物。

⑦ **结使**：结和使都是烦恼的异名，"结"意谓系缚身心，结成苦果。"使"意谓驱使众生，在三界轮回不息。一般认为有九结十使，九结如下：爱结、恚结、慢结、痴结、疑结、见结、取结、悭结、嫉结。十使如下：贪欲、恚欲、无明、慢、疑、身见、边见、邪见、见取见、戒取见。

⑧ **染法**：与无明相应而起的事物，三界所有的事物都称为染法，"染"意谓染污，染污真性，使之不净，

所以称为染法。

⑨ **三毒**：即贪、瞋、痴三不善根，又称为三垢、三火，被列为根本烦恼之首，因为此三毒害众生，所以称为三毒。

⑩ **三业**：业是梵文 Karma 的意译，音译羯磨，意谓行为。此中三业是：（一）福业，即可招乐果的善业；（二）非福业，可招苦果的欲界恶业；（三）不动业，属于色界和无色界的禅定意业。

⑪ **三界**：梵文 Triloka，佛教把世界分为欲界、色界和无色界，欲界是具有贪欲、淫欲的众生所居。色界位于欲界之上，在此居住的众生已离食、淫二欲，但所居住的宫殿等仍然离不开色（物质）。无色界位于色界之上，为无形色众生所居。

⑫ 者，《碛砂藏》本原作"法"，《藏要》本根据《高丽藏》本和藏文本改。

译文

问：佛经说贪欲、瞋恚、愚痴是世间烦恼的根本，贪欲有各种各样的名称，如见一物，最初生起想念，这称为爱。然后其心起追求之意，这就称为着。然后，产生缠绵深固之意，这就称为染。继而狂心发动，这就称为淫欲。然后想据为己有，这就称为贪欲。有这么多名字，这就是结使。它们依止众生，众生称为染者，贪欲称为染法，因为有染法、染者，所以有贪欲。其余的瞋、痴二毒也是这样。有瞋法则有瞋者，有痴法则有痴者。因为有这三毒，所以生起三业；因为有这三业，而使众生在三界轮回，所以有一切事物。

答：佛经虽然有三毒的名字，但从六方面推求，实际上是不存在的。为什么呢？

假若离开染法，已经先自有了染者。因为，若先有了染欲者，这应当说是生于染法。

假若没有染者，那当来又怎么有染法呢？这是假若有染或无染的问题，关于染者的问题，也是这样。

假若先肯定有染者，就不需要再染了，因为染者先前已经染过了。如果先前肯定没有染者，当来也不该生起染法。如果应当先有染者，然后才能生起染法。如果先前没有染者，就不会有受染者。染法也是这样。如果事先离开人而肯定有染法，这就是无因，怎能生起呢？这就好像是没有柴的火一样。如果先前肯定没有染法，没有染法就没有染者，所以偈颂这样说："或假若有染，或假若无染，关于染者的问题，也是这样。"

原典

问曰：若染法、染者，先后相待生，是事不可者，若一时生有何咎？

答曰：染者及染法，俱成则不然。

染者染法俱，则无有相待。

若染法、染者一时成则不相待，不因染者有染法，不因染法有染者，是二应常，以无因成故。若常则多过，无有得解脱①法。复次，今当以一、异法破染法、染者②。

染者染法一，一法云何合？

染者染法异，异法云何合？

染法、染者若一法合，若以异法合？若一则无合。何以故？一法云何自合？如指端不能自触。若以异法合是亦不可。何以故？以异成故③，若各成竟不须复合，虽合犹异。复次，一异俱不可。何以故？

若一有合者，离伴应有合。

若异有合者，离伴亦应合。

若染、染者一强名为合者，应离余因缘④而有染、染者。复次，若一亦不应有染、染者二名，染是法，染者是人，若人、法为一是则大乱。若染、染者各异而言合者，则不须余因缘而有合，若异而有合者，虽远亦应合。

注释

① **解脱**：梵文 Mokṣa 的意译，"解"为解除惑业之系缚，"脱"为脱离三界轮回的痛苦，所以解脱是涅槃的别称。

② 今当以一异法破染法染者，《藏要》本校注称："《无畏》原云：若二法俱生者，是一是异皆不成。"

③ 以异成故，《藏要》本校注称："《无畏》原作是异性故。"

④ **余因缘**：人是染余，染是人余，根、尘生染，也是余因缘。

译文

问：假若染法、染者，先后相待而生，这种事情是不可能的。如果是同一时间产生，这有什么过失呢？

答：染者和染法，同时成立是不可能的。染者、染法同时而有，就没有二法相依待而成立的因果性了。

如果染法、染者同时成立，这就没有二法相依待的因果性，不因为有染者而有染法，也不因为有染法而有染者，如是这样的话，染者、染法二者应当是永恒的，因为它们是无因而成。如果是永恒则有多种过失，就不会得到解脱。而且，现在应当以一、异法破除染法和染者。

如果染者、染法一体，一体法怎么能合呢？如果说染者、染法异体，异体法怎么能合呢？

染法、染者是以一法合呢，还是以异法合呢？如果是一体，就没有合。为什么呢？一个东西怎么能自己合呢？犹如指尖自己不能触及自己一样。如果以异体法相合，这也不可能。为什么呢？因为各异自成，如果各自成立完毕，则不需要再合，虽然合在一起，仍然是异体。而且，一、异都不可能。为什么呢？

如果染法、染者是一体而有合，离开伴侣应当有和合。如果二者异体有和合，离开伴侣也应当和合。

如果染法、染者一体，勉强称为和合，应当是离开其余的因缘而有染法和染者。而且，如果是一体，也不应当有染法、染者二名，染是法，染者是人，假若人、法一体则成大乱。如果染法、染者各异而说和合，则不须要根、尘等其余因缘而有和合，假若近异而有和合，虽东、西远离也应当和合。

原典

问曰：一不合可尔，眼见异法共合。

答曰：若异而有合，染染者何事？

是二相先异，然后说合相。

若染、染者先有决定异相而后合者，是则不合。何以故？是二相先已异而后强说合。

复次，若染及染者，先各成异相。

既已成异相，云何而言合？

若染、染者先各成别相，汝今何以强说合相？

复次，异相无有成，是故汝欲合。

合相竟无成①，而复说异相。

汝以染、染者异相不成故，复说合相。合相中有过，染、染者不成，汝为成合相故，复说异相②。汝自以为定，而所说不定。何以故？

异相③不成故，合相则不成。

于何异相中，而欲说合相？

以此中染、染者异相不成故，合相亦不成，汝于何异相中而欲说合相？

复次，如是染染者，非合不合成。

诸法亦如是，非合不合成。

如染，恚、痴亦如是，如三毒，一切烦恼、一切法亦如是，非先非后，非合非散等因缘所成。

注释

①合相竟无成，《藏要》本校注称："番、梵云：为成合相故，与释相顺，今译误。"

②复说异相，《藏要》本校注称："《无畏》次云：此则非理。"

③相，《藏要》本校注称："相字番、梵皆作物体。"

译文

问：如果染、染者一体，二者不能和合，这样讲是不可以的，因为亲眼见到异体法共同和合在一起。

答：假若说染、染者异体而有和合的话，染法和染者怎样成立杂染事呢？这二者先前已经是异相了，然后又说是和合相。

假若染法、染者先前有固定的异相，而后才有和合，这就不是和合。为什么呢？这二相先前已经是别异，而后勉强说是和合。

而且，如果染法和染者，先前各自成为别异相。既然已经成为别异相，怎能说和合呢？

如果染法、染者先前各自成为别异相，现今你为什么勉强说和合相呢？

而且，染法和染者的别异相，你没有办法成立，于是你想成立染法和染者的和合相。但和合相终究无法成立，而你又返回来说异相。

因为你所说的染法、染者异相不能成立，所以你又说和合相。和合相中有过失，染法、染者不能成立，你为了成立和合相，又说异相。你自以为是肯定的，但所说不能肯定。为什么呢？

因为染法、染者的异相不能成立，所以二者的和合相也不得成立。你想在怎样的异相中说成染法和染者的和合相呢？

因为这里的染法、染者异相不能成立，所以和合相也不能成立，你想在怎样的异相中说为和合相呢？

而且，这样的染法和染者，说别异说和合，都不能成立。各种事物也是这样，说别异说和合，都不能成立。

犹如染之一法，瞋恚和愚痴也是这样，一切烦恼、一切事物也是这样，都不是先，也不是后，不是合，也不是散。不是此等因缘所成。

2　卷二

观三相品第七

原典

观三相品[①] 第七

问曰：经说有为法有三相：生、住、灭。万物以生法生，以住法住，以灭法灭，是故有诸[②]法。

答曰：不尔。何以故？三相无决定故[③]。是三相为是有为[④]，能作有为相？为是无为[⑤]，能作有为相？二俱不然。何以故？

若生是有为，则应有三相。

若生是无为，何名有为相？

若生是有为，应有三相[⑥]：生、住、灭。是事不然。何以故？共相违故。相违者，生相应生法，住相应住法，灭相应灭法。若法生时不应有住、灭，相违法一时则不然，如明暗不俱，以是故生不应是有为法，住、灭相亦应如是。

问曰：若生非有为，若是无为有何咎？

答曰：若生是无为，云何能与有为法作相？何以故？无为法无性故。因灭有为名无为，是故说不生不灭名无为相，更无自相。是故无法不能为法作相，如兔角、龟毛等，不能为法作相。是故生非无为，住、灭亦如是。

复次，三相若聚散⑦，不能有所相，

　　云何于一处，一时有三相？

是生、住、灭相若一一能与有为法作相，若和合能与有为法作相，二俱不然。何以故？若谓一一者，于一处中或有有相，或有无相。生时无住、灭，住时无生、灭，灭时无生、住。若和合者，共相违法，云何一时俱？若谓三相更有三相者，是亦不然。何以故？

　　若谓生住灭，更有有为相，

　　是即为无穷，无即非有为。

若谓生、住、灭更有有为相，生更有生有住有灭，如是三相复应更有相，若尔，则无穷。若更无相，是三相则不名有为法，亦不能为有为法作相。

注释

①**观三相品**：《藏要》本校注称："番作《观生住灭品》，梵作《观有为品》。"本品来意有五：（一）前破所相，此破能相；（二）前破色心，此破非色非心；（三）五阴、六情名别法，三相名通法，上求别法无从，此明通法非有；（四）第三品《观六情品》和第四品《观五阴品》破空相，第六品《观染染者品》与本品破有相；（五）《因缘品》求生不得，此品观三相不可得，因此成无生。

②**诸**，《藏要》本校注称："《无畏》原作有为。"

③**无决定故**：《藏要》本校注称："《无畏》原作不成故。"无决定有五意：（一）佛破常病，故说生、住、灭三相，常病既舍，三亦不留；（二）依最后偈云，三相如梦如幻，没有定相，并不是肯定有三相；（三）由所相故有能相，由此可知，能不自能，无能故无定；（四）三相互相因待，没有自性，所以说不可得；（五）于下文无为聚散等门，求之不可得，所以说无定。

④**是三相为是有为**：说一切有部和犊子部认为生、住、灭三法是有为。法藏部认为生、住是有为，灭是无为。

⑤**为是无为**：分别论者认为生、住、灭三相是无为。

⑥**应有三相**，《藏要》本校注称："《无畏》次云：

则应成无穷。"

⑦ **三相若聚散**：《藏要》本校注称："番、梵颂云：生等三各别不作有为相，三合复云何成一处一时？今译合说，文误。"三相同时具足称为聚，在初、中、后具足称为散。说一切有部和犊子部主张聚，经量部主张散。

译文

问：佛经说有为法有三相：生相、住相、灭相。万事万物以生法而产生，以住法而延续，以灭法而灭除，由此三相而有万物。

答：并非如此。为什么呢？三相并不是固定不变的。请问：这三相应当是有为法而作有为呢？还是无为法而作有为相呢？这两种意见都不对。为什么呢？

如果生是有为法，它本身就应当有这三相。如果生是无为法，怎么会有有为法的相呢？

如果生是有为法，就应当有如下三相：生、住、灭。实际上并非如此。为什么呢？因为三相之间是互相违逆的，生与生法相应，住与住法相应，灭与灭法相应。如果事物产生的时候，不应当有住、灭与之相违的特征。这些互相违逆的特征同时具有，这是不可能的，例如明与暗不能同时具有，所以说生不应当是有为法，住、灭相也应当是这样。

问：假若生不是有为法，如果是无为法，这有什么过失呢？

答：如果生是无为法，怎么能给有为法作相呢？为什么呢？因为无为法没有有为法的性质。因为灭除有为法以后，才能称为无为法，所以说不生不灭称为无为法的体相，除此之外，再没有其他的体相，所以无为法不能给有为法作相。如兔角、龟毛等，不能为有为法作相，所以说生不是无为法，住、灭也是这样。

而且，生、住、灭三相，不管是聚，还是散，都不能有所表相。怎么能在一个处所，同时有这三相呢？

这种生、住、灭相，是一一能给有为法作相呢？还是和合能给有为法作相呢？这两种意见都不对。为什么呢？如果说生、住、灭相一一都能给有为法作相，于一处所或者有"有相"，或者有"无相"，产生的时候没有住相，没有灭相；住的时候没有生相，没有灭相；灭的时候没有生相，没有住相。如果说和合能给有为法作相，生、住、灭三相互相违逆，怎能同时而有呢？如果说生、住、灭三相各有这三相，这也不对。为什么呢？

如果说生、住、灭三相，各有这三种有为法，这就犯了无穷的过失。如果不承认这三相另有生、住、灭三相，这就犯了非有为的过失。

如果说生、住、灭相还有"有为相",则生还有生相,还有住相,还有灭相。这样的生、住、灭三相还应当有这三相。如果是这样的话,就要犯无穷的过失。如果不承认这三相另有生、住、灭三相,这样的三相就不能称为有为法,也不能给有为法作相。

原典

问曰:汝说三相为无穷,是事不然,生、住、灭虽是有为,而非无穷。何以故?

生生①之所生,生于彼本生。

本生之所生,还生于生生。

法生时通自体七法共生②:一法、二生、三住、四灭、五生生、六住住、七灭灭。是七法中本生除自体能生六法,生生能生本生,本生能生生生,是故三相虽是有为,而非无穷。

答曰:若谓是生生,能生于本生。

生生从本生,何能生本生?

若是生生能生本生者,是生生则不名从本生生。何以故?是生生从本生生,云何能生本生?

复次,若谓是本生,能生于生生。

本生从彼生,何能生生生?

若谓本生能生生生者,是本生不名从生生。何以故?是本生从生生生,云何能生生生?生生法应生本生,而今生生不能生本生,生生未有自体,何能生本生?是故本生不能生生生。

注释

① **生生**:小乘佛教说一切有部认为:一个事物的产生,是由于另一个事物(本生)的"生"这种动作,所以称为生生。本生称为大生,生生称为小生。大生产生小生,小生又产生大生。所以有部的这种主张称为他生或辗转生。

② **法生时通自体七法共生**:这是根据生、住、灭三相而言,如果根据生、住、异、灭四法而言,则有九法共生:法、生、住、异、灭、生生、住住、异异、灭灭。七法中的生、住、灭三法,都可以生起其余六法,但生生只能生本生,住住只能生本住,灭灭只能生本灭,法纯属被动,不能生任何法。

译文

说一切有部问:你说三相是无穷,实际上并非如此，生、住、灭虽然是有为法，但并非无穷。为什么呢？

这生生之所以产生，是因为它生于那个本生。本生之所以产生，是因为它还可以生于生生。

事物产生的时候，有与自体相应的七法共同产生，即一法、二生、三住、四灭、五生生、六住住、七灭灭。这七法当中，本生能够产生除自体之外的六法，生生能够产生本生，本生能够产生"生生"，所以说生、住、灭三相虽然是有为法，但并非无穷。

论主答：如果说这生生，能够产生于本生。生生从本生而生，怎能产生本生呢？

如果说这生生能够产生本生，这生生就不能称为从本生而生。为什么呢？这生生是从本生而生，又怎能产生本生呢？

而且，如果说本生能够产生于生生，本生从哪个生生产生，又怎能产生"生生"呢？

如果说本生能够产生"生生"，这本生不应当称为从生生而生。为什么呢？这本生既然从生生而生，又怎能产生"生生"呢？所谓生生法应当产生本生者，但现今切实观察，生生实际上不能产生本生，因为生生从本生而生，没有自体。既无自体，怎能产生本生呢？所以说本生也不能产生"生生"。

原典

问曰①：是"生生"生时，非先非后能生本生，但"生生"生时能生本生。②

答曰：不然。何以故？

若生生生时，能生于本生。

生生尚未有，何能生本生？

若谓"生生"生时能生本生，可尔，而实未有，是故"生生"生时不能生本生。

复次，若本生生时，能生于生生。

本生尚未有，何能生生生？

若谓是本生生时，能生"生生"，可尔，而实未有，是故本生生时不能生"生生"。

注释

①问曰，《藏要》本校注称："《无畏》问曰：即于本生生时生彼生生，答举一颂合此下二颂。文云：若彼未生者能由此生彼，乃可随汝欲即生时相生。月称释云：自体未生乃可云生时也，四本皆一颂，今译取意开二。"

②此问是外人的救，假若生对法、住、灭、生生、

住住、灭灭六法而言，体虽同时，用有前后。但本生和生生，体同时，用也同时，生生从本生生时，即能生本生，本生从"生生"生时，即能生"生生"。

译文

问：这种"生生"生起的时候，非先时非后时能生本生，但"生生"正生起的时候，即能生本生。

答：不对。为什么呢？

假若如你所说，当"生生"生起的时候，能够生于本生。"生生"自体尚未现起，怎能生于本生呢？

如果说"生生"从本生生起的时候，就能生本生，这样讲是可以的，但实际上没有体，所以说"生生"生起的时候不能生本生。

而且，假若如你所说，本生生起的时候，能够生于"生生"。本生尚未现起，怎能生于"生生"呢？

如果说这种"本生"生起的时候，能够生起"生生"，这样讲是可以的，但实际上没有体，怎能生起"生生"呢？所以说"本生"生起的时候，不能生起生生。

原典

问曰①：如灯能自照，亦能照于彼。

生法亦如是，自生亦生彼。

如灯入于暗室，照了②诸物，亦能自照。生亦如是，能生于彼，亦能自生。

答曰：不然。何以故？

灯中自无暗，住处亦无暗。

破暗乃名照③，无暗则无照。

灯体自无暗，明所及处亦无暗，明暗相违故。破暗故名照，无暗则无照，何得言灯自照，亦照彼？

注释

① 问曰：此问是小乘佛教大众部的观点，该派主张事物自生，所以被称为自生派或不辗转派。

② 照了，《碛砂藏》本原作"等照"，《藏要》本据《高丽藏》本和藏文本改。

③ 破暗乃名照，《藏要》本校注称："番、梵云：灯复何所照，遣暗方照故，《门论》引文同此。"

译文

大众部问：如灯光自己能够照耀自己，也能够照耀其他东西。生法也是这样，自己能够生自己，也能够生其他东西。

就像灯进入黑暗的房室一样，能够照耀各样东西，也能够自己照耀自己。生也是这样，能够生其他东西，也能够自己生自己。

论主答：不对。为什么？

灯光本身中，自己没有黑暗，灯光所及之处也没有黑暗。破除黑暗才能称为照耀，没有黑暗就没有照耀。

灯的本体自己没有黑暗，灯明所及之处也没有黑暗，因为光明和黑暗互相违逆。破除黑暗才能称为照耀，没有黑暗就没有照耀，怎能说灯能够自己照耀自己，也能够照耀其他东西呢？

原典

问曰：是灯非未生有照，亦非生已有照，但生时能自照，亦照彼。[1]

答曰：云何灯生时，而能破于暗？

此灯初生时，不能及于暗。[2]

灯生时名半生半未生，灯体未成就，云何能破暗？又灯不能及暗，如人得贼，乃名为破。若谓灯虽不到暗而能破暗者，是亦不然。何以故？

灯若未及暗，而能破暗者，

灯在于此间，则破一切暗[3]。

若灯有力不到暗而能破暗者，此处燃灯应破一切处暗，俱不及故。复次，灯不应自照照彼。何以故？

若灯能自照，亦能照于彼。

暗亦应自暗，亦能暗于彼。[4]

若灯与暗相违故，能自照亦照于彼。暗与灯相违故，亦应自蔽蔽彼。若暗与灯相违，不能自蔽蔽彼，灯与暗相违，亦不应自照亦照彼，是故灯喻非也。

注释

①外人此问的意思是说：初生灯明能自照，也能照其他的东西。灯明初生时，明体未足，焰内有暗，焰外亦昧，这两处之暗为所破，两处之明为能破，这就能够成立自照照他之义。

②《藏要》本校注称："月称、番本前后半颂互倒，文意更顺。"

③一切暗，《藏要》本校注称："番、梵作一切世间暗。"

④ 暗亦应自暗，亦能暗于彼，《藏要》本校注称："番、梵作障自亦障他，与释相顺。"

译文

问：这种灯光不是未生起有照，也不是已生起有照，但生起的时候能够自照，也照其他东西。

答：怎能说灯光生起的时候，而能破于黑暗呢？这种灯光最初生起的时候，灯光不能触及于黑暗。

灯光最初生起的时候，称为半生半未生，其体还没有成就，怎能破除黑暗呢？而且，灯光最初生起的时候，不能触及黑暗，如人擒获盗贼，这才能称为破。如果说灯光虽然触及不到黑暗，但能破除黑暗，这也不对。为什么呢？

如果说这灯光还没有触及黑暗，但能破除黑暗，灯光在这个地方，就能够破除一切黑暗。

如果说灯光之力达不到黑暗，但能破除黑暗，在这里点燃一盏灯，应当破除一切处所的黑暗，因为远近都触及不到。而且，灯光不应当是自己照亮自己，也不能照亮其他东西。为什么呢？

如果灯光自己能够照亮自己，也能够照亮其他东西。黑暗也应当自己使自己黑暗，也应当使其他东西黑暗。

灯光和黑暗是互相违逆的，灯光自己能够照亮自己，也应当能够照亮其他东西。因为灯光和黑暗是互相违逆的，黑暗也应当是自己障蔽自己，也障蔽其他东西。因为黑暗和灯光是互相违逆的，如果说黑暗自己不能障蔽自己，也应当是不能障蔽其他东西。因为灯光与黑暗是互相违逆的，灯光不应当是自己照亮自己，又照亮其他东西，所以你说的灯喻是错误的。

原典

破生因缘未尽故，今当更说。

此生若未生，云何能自生？

若生已自生，生已何用生？

是生自生时，为生已生，为未生生？若未生生，则是无法，无法何能自生？若谓生已生，则为已成，不须复生，如已作不应更作。若已生若未生，是二俱不可生，故无生。汝先说生如灯，能自生，亦生彼，是事不然。住、灭亦如是。

复次，生非生已生，亦非未生生，

生时亦不生，去来中已答[①]。

生名众缘和合有生，已生中无作，故无生；未生中无作，故无生。生时亦不然，离生法生时不可得，离生时生法不可得，云何生时生？是事《去来》中已答。已生法不可②生。何以故？生已复生，如是辗转则为无穷，如作已复作。

复次，若生已更生者，以何生法生③？是生相未生而言生已生者，则自违所说。何以故？生相未生，而汝谓生。若未生谓生者，法或可生已而生，或可未生而生，汝先说生已生，是则不定。

复次，如烧已不应复烧，去已不应复去，如是等因缘故，生已不应生。不生法④亦不生。何以故？法若未生，则不与生缘和合，若不与生缘和合，则无法生。若法未与生缘和合而生者，应无作法而作，无去法而去，无染法而染，无恚法而恚，无痴法而痴。如是则破世间法，是故不生法不生。

复次，若不生法生者，世间未生法皆应生，一切凡夫未生菩提今应生菩提⑤，不坏法⑥阿罗汉无有烦恼今应生烦恼⑦，兔等无角今皆应生，但是事不然，是故不生法亦不生。

问曰：不生法不生者，以未有缘、无作、无作者、无时、无方等，故不生。若有缘、有作、有作者、有时、有方等，和合故不生法生。是故若说一切不生法皆不生，是事不尔。

答曰：若法有缘、有时、有方等，和合则生者，先有亦不生，先无亦不生，有、无亦不生。三种先已破，是故生亦不生，不生亦不生，生时亦不生。何以故？已生分不生，未生分亦不生，如先答。

复次，若离生有生时者，应生时生，但离生无生时，是故生时亦不生。复次，若言生时生者，则有二生过，一以生故名生时，二以生时中生。二皆不然，无有二法，云何有二生？是故生时亦不生。复次，生法未发则无生时，生时无故生何所依？是故不得言生时生。

如是推求，生已无生，未生无生，生时无生，无生⑧故生不成。生不成故住、灭亦不成，生、住、灭不成故，有为法不成，是故偈中说去、未去、去时中已答。

注释

①去来中已答，《藏要》本校注称："番、梵意谓去、未去、去时已答，今略。"

②可，《碛砂藏》本没有这个字，《藏要》本根据《高丽藏》本和藏文本加。

③以何生法生，此句之首，《碛砂藏》本衍"若"字，《藏要》本根据《高丽藏》本删。

④不生法，《高丽藏》本作"未生法"。

⑤ **菩提**：梵文 Bodhi 的音译，意译为"觉"，特指对佛教义理的觉悟。

⑥ **不坏法**：成就白骨观的阿罗汉。钝根人认为烧骨为灰，此为坏法。

⑦ **烦恼**：梵文 Kleśa 的意译，贪欲、瞋恚、愚痴等惑，使心烦身恼所以称为烦恼。

⑧ 无生，《碛砂藏》本此下衍"生"字，《藏要》本根据《高丽藏》本和藏文本删。

译文

因为破除生相的因缘，还没有破除尽净，所以现在应当再加说明。

假若这种生相还没有生起，怎能说自己生自己呢？如果说这种生相生起以后，能够自己生自己，既然已经生起，哪里还用得着生呢？

这种生相自己生起的时候，是生起以后的生呢，还是未生之生呢？如果是未生之生，就是没有生相，没有生相，怎能自己生自己呢？如果说是生起以后之生，生相已经成就，不须再生，就像是已作不应当再作一样。不管是已生，还是未生，这二种都没有生相，所以说没有生。你以前说过，生就像灯那样，能够自己生自己，也能够生其他东西，实际上并非如此，住、灭也是这样。

而且，生相不是生起以后有生，也不是在没有生的时候已经有生，生的时候也没有生，这在《观去来品》中已经解答过了。

所谓"生"是指各种条件和合而有生相，已生中没有"生"这种动作，所以说没有生；未生中也没有"生"这种动作，所以说也没有生。生的时候也没有生，离开"生"这种动作，生时是不可得的；离开生时，"生"这种动作也是不可得的，怎么会有生时生呢？这个问题在《观去来品》中已经解答过了。已经生的东西不可能生。为什么呢？生了以后再生，这样辗转相生，就会无穷，就像作过以后又作一样。

而且，如果是产生以后再次产生，用什么生法而生呢？如果说生相还没有产生的时候而说生相已经产生，这使自己所说的话自相矛盾。为什么呢？生相还没有产生，而你说是生。如果还没有产生的时候而说生，一种事物或者可以说产生以后而生，或者可以说还没有产生的时候而生，你以前说过产生以后而生，这是不肯定的。

而且，就像烧过以后不应当再烧一样，去过以后不应当再去，由于这些因缘，生起以后不应当再生。还没有生起的东西也不应当有生相。为什么呢？如果这种东西还没有生起,就不与"生"的条件和合;如果不与"生"的条件和合,就没有东西产生。如果一种东西还没有与"生"的条件和合的时候即产生,应当是没有"作"这种动作而有"作",没有"去"这种动作而有"去",没有"染"这种动作而有"染",没有"恚"这种现象而有"恚",没有"痴"这种现象而有"痴",这样就会破坏世间法,所以说还没有生起的东西不存在"生"。

而且,如果还没有生起的东西而存在"生",人世间还没有生起的事物都应当存在"生",一切还没有产生菩提的凡夫,现今都应当产生菩提,修白骨观的阿罗汉没有烦恼,现今都应当产生烦恼,兔等没有角,现今都应当生角,但是实际上并非如此,所以说还没有产生的东西不存在"生"。

问:关于还没有产生的东西不存在"生"的问题,因为还没有条件、没有造作、没有造作者、没有时间、没有地方等,所以说不存在"生"。如果有条件、有造作、有造作者、有时间、有地方等,这些和合在一起,就说还没有产生的东西存在"生"。所以说一切还没有产生的事物都不存在"生",但是此事并非如此。

答:如果某一事物有条件、有时间、有地方等,这些和合在一起就可以产生,此一事物先前已有就不存在"生"，先前没有也不存在"生"，亦有亦无也不存在"生"，这三种情况先前已经破除了。所以说，已经生了不存在"生"，未生也不存在"生"，生的时候也不存在"生"。为什么呢，已经生的部分不存在"生"，未生的部分也不存在"生"，如先前解答的那样。

而且，如果说离开"生"而有生时的话，应当是生的时候产生，但是离开"生"没有生时，所以说生的时候也不存在"生"。而且，如果说生时能自生的话，就会有二种过失。一，以"生"和"生时"是同一的，二，"生时"中包含有"生"。二者皆是过失，没有上述二法，哪里还有"生""生时"？因此，"生时"也非"生"。而且，"生"这种动作还没有生起，就不会有生时，如果没有生的时候，"生"依靠什么呢？所以不能说生的时候有"生"。

这样推究起来，已经生了不存在"生"，还没有生起的时候也不存在"生"，生的时候也不存在"生"，因为没有"生"，所以"生"不能成立。因为生不能成立，所以住、灭也不能成立，因为生、住、灭都不能成立，所以有为法不能成立，偈颂中说在解答已去、未去、去时的时候已经回答了这个问题。

原典

问曰：我不定言生已生、未生生、生时生，但众缘和合故有生。

答曰：汝虽有是说，此则不然。何以故？

若谓生时生，是事已不成①，

云何众缘合，尔时而得生？

生时生已种种因缘破，汝今何以更说众缘和合故有生？若众缘具足、不具足②皆与生同破。

复次，若法众缘生，即是寂灭性③。

是故生生时，是二俱寂灭。

众缘所生法，无自性④故寂灭，寂灭名为无，此无彼无相，断言语道，灭诸戏论。众缘名如因缕有布，因蒲有席，若缕自有定相，不应从麻出。若布自有定相，不应从缕出。而实从缕有布，从麻有缕，是故缕亦无定性，布亦无定性。如然、可然，因缘和合成，无有自性，可然无故，然亦无；然无故，可然亦无，一切法亦如是。

是故从众缘生法无自性，无自性故空，如野马无实。是故偈中说生与生时二俱寂灭，不应说生时生。汝虽种种因缘欲成生相，皆是戏论，非寂灭相。

注释

① **是事已不成**：此指前文破"生时生"的长行部分。

② **众缘具足、不具足**：众缘具足与生时相同，众缘不具足与未生时相同。

③ **寂灭性**：纵许事物是因缘生，这种因缘生就是寂灭性，因为这种因缘生似乎是有，实际上是虚假生相，其体毕竟寂灭，生法和生时相待而成立，因生法而有生时，因生时而有生法，无生法则无生时，无生时则无生法，这就是寂灭性，意谓生法、生时二俱寂灭。

④ **自性**：梵文 Svabhāva 的意译，事物固有的不变不改之性，即独立存在性。佛教认为这种自性是没有的。

译文

问：我并没有肯定说过已生之生、未生之生、生时之生，但是各种因缘和合在一起，就会有生。

答：你虽然这样讲，但实际上并非如此。为什么呢？

如果说生时生，这事前文已经说过了，是不能成立的。怎能说众缘和合，此时就有生呢？

关于生时生的问题，前文已经以种种因缘进行破除，你现在为什么又说各种条件和合而有生呢？如果是如生时那样众缘具足，或如未生时那样众缘不具足，都如破除生那样进行破除。

而且，如果事物是众缘和合而生，这就是寂灭性。所以生法和生时，二者都是寂灭而无生。

各种条件和合所产生的事物，因为没有自性，所以是寂灭，寂灭称为无，无彼此能所之相，不能用语言表达，灭除各种戏论。各种条件名为犹如因缕而有布，因蒲而有席，如果缕独自而有，肯定有相，不应当是从麻而出。如果布独自而有，肯定有相，不应当从缕而出。但事实上是：从缕而有布，从麻而有缕，所以说缕也没有固定不变的自性，布也没有固定不变的自性。犹如燃烧和可燃烧的东西一样，由于因缘和合而形成，没有自性，因为没有可燃烧的东西，燃烧也就不存在了；因为没有燃烧，所以没有可燃烧的东西。一切事物也都是这样。

所以说：各种条件和合所产生的事物，没有自性，因为没有自性，所以是空，如野马（泽中游气）那样没有真实属性。所以偈颂中说：生法和生时，二者都寂灭，不应当说生时生。你虽然以种种因缘成立生相，这都是戏谑之言，都不是寂灭相。

原典

问曰：定有三世①别异，未来世②法得生因缘即生，何故言无生？

答曰：若有未生法，说言有生者。

此法先已有，更复何用生？

若未来世中有未生法而生，是法先已有，何用更生？有法不应更生。

问曰：未来虽有，非如现在相，以现在相故说生。

答曰：现在相未来中无，若无云何言未来生法生？若有不名未来，应名现在，现在不应更生，二俱无生，故不生。复次，汝谓生时生亦能生彼，今当更说。

若言生时生，是能有所生。

何得更有生，而能生是生？

若生、生时能生彼，是生谁复能生？

若谓更有生，生生则无穷。

离③生生有生，法皆自能生。

若生更有生，生则无穷。若是生更无生而自生者，一切法亦皆能自生，而实不尔。

复次，有④法不应生，无⑤亦不应生，

有无亦不生，此义先已说。

凡所有生，为有法有生？为无法有生？为有、无法有生？是皆不然，是事先已说[6]。离此三事，更无有生，是故无生。

复次，若诸法灭时，是时不应生。

法若不灭者，终无有是事。

若法灭相，是法不应生。何以故？二相相违故：一是灭相，知法是灭；二是生相，知法是生。二相相违法，一时则不然，是故灭相法不应生。

问曰：若灭相法不应生，不灭相法应生？

答曰：一切有为法念念灭故，无不灭法，离有为，无有决定无为法，无为法但有名字，是故说不灭法终无有是事。

注释

① **三世**：亦称三际，即过去世、现在世、未来世，亦称前世、今世、来世。

② **未来世**：即来世、来生。

③ **离**，《碛砂藏》本原作"虽"，《藏要》本根据《高丽藏》本改。

④ **有**：此指有为三相中的生相和住相。

⑤ **无**：此指有为三相中的灭相。

⑥ **是事先已说**：此指《观因缘品》中的一个偈颂："若果非有生，亦复非无生，亦非有无生。"

译文

问：肯定有三世的不同，未来世的事物，只要得到生起的因缘，就可以生起，为什么说无生呢？

答：如果存在还没有产生的事物，而说有生的话，这种未生法既然先前已经有了，哪里还用得着再生呢？

如果说未来世中有未生法产生，这种未生法先前已经有了，哪里还用得着再生呢？所以说已经存在的事物不应当再生。

问：未来虽然性有，并不像现在之相而有，因为现在的有相显现，所以说生。

答：现在所现之相，未来时中没有，如果没有的话，怎能说未来之生法产生呢？如果现在相未来有，则不称为未来，应当称为现在，现在不应当再生。未来有现在相与无现在相，这两种观点中都没有生，所以说没有生。而且，你说生时生也能生其他东西，现在应当更进一步地破除"生他"的问题。

如果生时之生能够有所生，哪里还用得着再有一个生相，能够产生这个生呢？

如果生相和生时能够生彼法体，这种生相有谁法又能生呢？

如果说还有一个生，能生这个生，生又从生，这就犯无穷的过失。如果离开生生而有本生，一切事物都能够自己生自己。

如果生了又生，生就是无穷无尽的，如果生再没有所从生，而是自己生自己，一切事物也都能够自己生自己，但实际上并非如此。

而且，已经有的东西就不应当生，没有的东西也不生，亦有亦无的东西也不生，这个意思先前已经说过了。

凡是所有的生，是已经有的东西而有生呢？还是没有的东西而有生呢？还是亦有亦无的东西而有生呢？这些说法都不对，这件事情先前已经说过了。离开这三种情况，再也没有生，所以说没有生。

而且，如果是各种事物正在消灭的时候，这时候不应当有生。如果有为法不灭，终究没有"生"这回事。

如果某一事物处于灭相，这一事物就不应当生。为什么呢？因为生、灭二相互相违逆：一是灭相，由此应知此一事物正在消灭；二是生相，由此应知此一事物正在生起。两种互相违逆的事物，同时而生，这是不可能的，所以说处于灭相的事物不应当生。

问：如果处于灭相的事物不应当生，处于不灭相的事物是否应当生呢？

答：一切有为法念念有灭，所以说没有不灭法，离此有为法，没有肯定的无为法，无为法只有名字而已，所以说不灭法，终究没有这样的事情。

原典

问曰[1]：若法无生应有住[2]？

答曰：不住法不住，住法亦不住，

住时亦不住，无生云何住？[3]

住法亦不住[4]。何以故？已有住故，因去故有住，若住法先有，不应更住。不住法亦不住，无住相故。住时亦不住，离住不住，更无住时，是故住时亦不住。如是一切处，求住不可得故，即是无生，若无生，云何有住？

复次，若诸法灭时，是则不应住，

法若不灭者，终无有是事。

若法灭相欲灭，是法无有住相。何以故？一法中有二相相违[5]故：一是欲灭，二是住相。一时一处有住、灭相，是事不然，是故不得言灭相法有住。

问曰：若法不灭应有住？

答曰：无有不灭法。何以故？

所有一切法，皆是老死相。

终不见有法，离老死有住。

一切法生时无常常随逐，无常有二名：老及死，如是一切法常有老、死，故无住时。

复次，住不自相住⑥，亦不异相住⑦。

如生不自生，亦不异相生。

若有住法，为自相住，为他相住？二俱不然。若自相住，则为是常，一切有为法从众缘生，若住法自住，则不名有为。

住若自相住，法亦应自相住，如眼不能自见，住亦如是。若异相住，则住更有住，是则无穷。复次，见异法⑧生异相⑨，不得不因异法而有异相，异相不定故，因异相而住者，是事不然。

注释

① 问曰，《藏要》本校注称："《无畏》云：复次，执法住亦不成，所以者何？颂答。"

② **若法无生应有住**：此问有三义：（一）既不许有生，应有住；（二）对无立有，无生应有住；（三）上就生救生，今以住救生。

③《藏要》本校注称："番、梵首二句互倒，与长行顺，今译改文。"

④ **住**：有四义：（一）相待义，住与生相待而有，既然无生，也就无住；（二）破住为显无生，无住即无

生；（三）于三世中求住不可得，即是无生，无住即无生；（四）生住不异，求生不可得。

⑤一法中有二相相违，《藏要》本校注称："《无畏》原云：一、此位将成灭时者，二、分别为住位者。"

⑥自相住：这是不辗转派义，如灯能自己照自己，也能照其他东西。

⑦异相住：这是辗转派义，如"生生"生本生，本生生"生生"。住也是这样，小住生大住，大住生小住。

⑧异法：即本住，亦称大住，因为本住为住住所相，不异于住住，所以称为异法。

⑨异相：即住住，亦称小住，住住能相本住而异本住，所以称为异相，住住不能自有，由本住而有，故名不定。

译文

问：如果事物没有生，是不是应当有住呢？

答：未住法不住，已住法也不住，住时也不住，没有生，怎能有住呢？

已住法不住。为什么呢？因为已住法已经有住了，因为去而有住，如果住法先前已经有了，不应当再有住。未住法不住，是因为没有住相。住时也不住，离开住法不能住，更没有住时，所以住时也没有住。这样，在一切住所求住皆不可得，这就是无生，无生就是无住，如果无生的话，怎能有住呢？

而且，假若各种事物正在消灭的时候，此时不应当有住，如果各种事物不是刹那灭，终究没有这样的事情。

如果某一事物呈现灭相要灭，这一事物就没有住相。为什么呢？因为在同一事物中有两种互相违逆的相：一是灭相，二是住相。在同一时间同一位所存在住、灭二相，这种事情是不可能的，所以不能说处于灭相的事物有住。

问：如果某一事物不灭，是不是应当有住呢？

答：没有不灭法。为什么呢？

所有的一切事物，都具有老之异相和死之灭相，从来就没有见过一种事物离开老死相而有安住的。

一切事物产生的时候，无常属性经常随逐于它，无常属性有两种名字：老和死。所以说一切事物总是具有老和死，所以没有住时。

而且，住不是自相住，也不是异相住。这就如上文所说的生一样，不是自生，也不是异相生。

如果有住的话，是自相住呢？还是他相住呢？这两种意见都不对。如果是自相住，这就是常见，一切有为法都是由于众缘和合而生,如果住法是自住,这就不能称为有为法。

住如果是自相住,法也应当是自相住,犹如眼睛自己不能见自己,住也是这样。如果是异相住,就会住了再住,这就犯无穷的过失。而且,见异法而有异相,不得不是因异法而有异相,因为异相不是固定不变的。如果说因异相而有住,这是根本不可能的。

原典

问曰[①]:若无住,应有灭?

答曰:无。何以故?

> 法已灭不灭,未灭亦不灭,
>
> 灭时亦不灭,无生何有灭?

若法已灭则不灭,以先灭故。未灭亦不灭,离灭相故。灭时亦不灭,离二更无灭时。如是推求,灭法即是无生。无生何有灭?

复次,若法有住者,是则不应灭。

> 法若不住者,是亦不应灭。

若法定住,则无有灭。何以故?犹有住相故。若住法灭则有二相:住相、灭相,是故不得言住中有灭,如生、死不得一时有。若法不[②]住,亦无有灭。何以故?

离住相故。若离住相，则无法，无法云何灭？

复次，是法于是时，不于是时灭。

是法于异时，不于异时灭。

若法有灭相，是法为自相灭，为异相灭？二俱不然。何以故？如乳不于乳时灭，随有乳时，乳相定住故。非乳时亦不灭，若非乳，不得言乳灭。

复次，如一切诸法，生相不可得。

以无生相故，即亦无灭相。

如前推求，一切法生相不可得，尔时即无灭相。破生故无生，无生云何有灭？

注释

① 问曰，《藏要》本校注称："《无畏》问曰：今灭亦不成，所以者何？颂答。"

② 不，《碛砂藏》本原作"无"字，《藏要》本根据《高丽藏》本、藏文本改。

译文

问：如果没有住的话，是不是应当有灭呢？

答：没有。为什么呢？

事物已经灭了不会再有灭，未灭的也不会再有灭，灭的时候也不会有灭，无生怎能有灭呢？

如果事物已经灭了，未灭的事物也不会有灭，因为未灭的事物没有灭相。事物灭的时候也不会有灭，离已灭、未灭二种情况，更没有灭的时候。这样进行推求，灭法就是无生。无生怎能有灭呢？

而且，如果事物有住相，就不应当灭。如果事物没有住相，也不应当有灭。

如果某一事物肯定是住相，就不会有灭。为什么呢？因为这一事物仍存住相。如果处于住相的事物要灭，就会有二相：住相和灭相，所以不能说处于住相的事物有灭，犹如生、死二相不能同时而有。如果事物没有住，也不会有灭。为什么呢？因为没有住相。如果没有住相，就不存在任何事物。不存在任何事物，怎能有灭呢？

而且，如果这一事物存在于这个时候，它就不能在这个时候灭。如果这一事物存在于另外时候，它就不能在另外的时候灭。

如果事物存在灭相，这种事物是自相灭呢，还是异相灭呢？这两种意见都不对。为什么呢？犹如乳，还是乳相的时候，乳不会灭，随顺是乳的时候，乳相肯定是相续的。在不是乳的时候也不会有灭，如果不是乳，就不能说乳灭。

而且，犹如一切事物一样，生相是不可得的。因为没有生相，也就没有灭相。

犹如先前推求的那样，一切事物的生相都不可得，此时就没有灭相。破除了生，所以说没有生，没有生，怎能有灭呢？

原典

若汝意犹未已，今当更说破灭因缘。

若法是有者，是即无有灭。

不应于一法，而有有无相。

诸法有时推求灭相不可得。何以故？云何一法中亦有亦无相？如光影不同处。

复次，若法是无者，是则无有灭。

譬如第二头，无故不可断。

法若无者，则无灭相，如第二头第三手，无故不可断。

复次，法不自相灭，他相亦不灭。①

如自相不生，他相亦不生。

如先说生相，生不自生，亦不从他生。若以自体生，是则不然，一切物皆从众缘生，如指端不能自触,如是生不能自生。从他生亦不然。何以故?生未有故,不应从他生,是生无生,故无自体,自体无故他亦无,是故从他生亦不然。灭法亦如是,不自相灭,不他相灭。

复次,生住灭不成,故无有有为。

有为法无故,何得有无为?

汝先说有生、住、灭相,故有有为。以有有为,故有无为。今以理推求三相不可得②,云何得有有为?如先说无有无相法③。有为法无故,何得有无为?无为相名不生、不住、不灭,止有为相,故名无为相,无为自无别相,因是三相有无为相。如火为热相,地为坚相,水为冷相,无为则不然。

注释

①上二句,《藏要》本校注称:"番、梵云:不从自体灭,亦不从他灭。"

②**今以理推求三相不可得**:以此与方广道人相区别。方广道人盛谈一切事物无生无灭,中观派认为这是邪见无生无灭。现在"以理推求"的,是正观求之不可得。

③如先说无有无相法,此指《六种品》的第二偈:"是无相之法,一切处无有;于无相法中,相则无所相。"

译文

如果你的意见还没有讲完,现在应当进一步说明破灭因缘。

如果法体是有的话,它就不会有灭。不应当在同一事物中,存在有相和无相。

各种事物存在法体的时候,推求灭相都不可得。为什么呢?怎能在同一事物中,既存在有相,又存在无相呢?犹如光和影不能在同一处所一样。

而且,如果法体是无的话,就不会有灭相。就像是第二个头一样,因为它是不存在的,所以说不可断。

如果法体是没有的话,就没有灭相。就像第二个头第三只手一样,因为是没有的,所以说不可断。

而且,事物的灭相不能自灭,他相(灭灭)也不能灭。如事物的自相不生,他相(生生)也不能生。

如先前说的生相,"生"不能自己生自己,也不能从他生。如果以自体生,这是不可能的,一切事物都是从众缘和合而生,如指端自己不能触到自己,所以"生"自己不能生自己。从他生也是不可能的。为什么呢?因为"生"是没有的,所以不应当从他生,因为这种"生"是没有的,所以没有自体,因为没有自体,所以其他也没有,因此从他生也是不可能的。灭法也是这样，不是自相灭，也不是他相灭。

而且，因为生、住、灭不能成立，所以不存在有为法。因为不存在有为法，怎能有无为法呢？

你先前说过有生、住、灭相，所以存在有为法。因为存在有为法，所以有无为法。现在以正观之理推求，生、住、灭三相皆不可得，怎能会有有为法呢？如先前说过没有无为法。因为没有有为法，哪里会有无为法呢？无为法相称为不生、不住、不灭，灭止有为法相，所以称为无为法相。无为法当然没有区别之相，因生、住、灭三相而有无为相。如火有热相，地有坚相，水有冷相，无为法则不是这样。

原典

问曰：若是生、住、灭毕竟无者，云何论中得说名字？

答曰：如幻[①]亦如梦[②]，如干闼婆城[③]。

所说生住灭[④]，其相亦如是。

生、住、灭相无有决定，凡人贪着谓有决定，诸贤圣怜愍，欲止其颠倒，还以其所著名字为说，语言虽同，其心则异，如是说生、住、灭相不应有难。如幻[⑤]化所作，不应责其所由，不应于中有忧、喜想，但应眼见而已。如梦中所见不应求实，如干闼婆城日出时现而无有实，但假为名字，不久则灭。生、住、灭亦如是，凡夫分别为有，智者推求则不可得。

注释

① **如幻**：佛教说明一切事物虚假、一切皆空的比喻，中观派认为宇宙万有都是因缘和合而有，都是虚假不实的，就如幻化师所变现的魔法一样，是以假法惑人耳目。

② **如梦**：佛教说明一切事物虚假、一切皆空的一种比喻，宇宙万有就如梦中物一样，梦中以为是真有，醒后方知是假有。俗人误以为是真有，得菩提的佛认为是假有。

③ **干闼婆城**：干闼婆（Gandharva）是香神或药神。这种香能作幻术，幻作城中游戏。或此药神幻作楼阁以使人观。所以干闼婆城又称为寻香城或蜃气楼。佛教用以比喻宇宙万有虚幻不实。

④ 所说生住灭，《藏要》本校注称："番、梵云：而说如是生、如是住、如是灭。"

⑤ 幻，《碛砂藏》本此字下原衍"如"字，《藏要》本根据《高丽藏》本和藏文本删。

译文

问：如果生、住、灭毕竟是无的，为什么佛教论典说有生、住、灭的名字呢？

答：世间万物如幻又如梦，又如干闼婆城。所说的生、住、灭，其相也是这样。

生、住、灭相是没有定性的，一般人贪着认为是有定性，诸佛教贤人和圣人怜愍这些人，为了灭止他们的错误见解，还以一般人所贪着的名字而为其演说，所说语言虽然相同，其心是有差别的，所以说生、住、灭相不应当受到诘难。如幻所变现，不应当对其所依据的理由进行责难，不应当在这当中有忧愁和喜乐的想法，只是随顺眼见而已。如梦中所见的东西一样，不应当求其实有，就如干闼婆城那样，太阳出来时显现为有，但并非实有，名字是假的，刹那即灭。生、住、灭也是这样，由于一般人的虚妄分别，误认为有，有智慧的人进行研究推求，则认为是不可得的。

观作作者品第八

原典

观作作者品[1] 第八

问曰[2]：现有作[3]、有作者[4]、有所用作法[5]，三事和合故有果报，是故应有作者、作业[6]。

答曰：上来品品中破一切法，皆无有余，如破三相，三相无故，无有有为。有为无故，无无为。有为、无为无故，一切法尽无。作、作者若是有为，有为中已破。若是无为，无为中已破。不应复问。汝着心深故，而复更问，今当复说。

决定有作者，不作决定业。

决定无作者，不作无定业。

若先定有作者，定有作业，则不应作。若先定无作者，定无作业，亦不应作。何以故？

决定业无作，是业无作者。

定作者无作，不作无定业。

若先决定有作业，不应更有作者，又离作者应有作业，但是事不然。若先定有作者，不应更有作业，又离作业应有作者，但是事不然。是故决定作者，决定作业不应有作[7]。不决定作者，不决定作业亦不应有作。何以故[8]？本来无故。有作者、有作业尚不能作，何况无作者、作业？

复次，若定有作者[9]，亦定有作业，

　　　　作者及作业，即堕于无因。

若先定有作者，定有作业。汝谓作者有作，即为无因。离作业有作者，离作者有作业，则不从因缘有。

注释

① **观作作者品**：《藏要论》本校注称："以下《无畏论》卷三，四本作《观作者及业品》。"本品来意有二：（一）外人计三相是有为，不受前破，又立作、作者证有三相，所以需要再破；（二）从论初至《五阴品》破诸法有，说明空解脱门，从《六种品》至三相品，说明无相解脱门，从此品至论末，说明无作解脱门。

② **问曰**，《藏要》本校注称："《无畏》原云：作者及业极成，乃有业果。"

③ **作**：有三义：（一）能作来果；（二）为人所用；（三）体是起作。

④ **作者**：也有三义：（一）体是起作法；（二）作前果；（三）能作于业。

⑤**作法**：有二义：（一）内法，手、脚及各根功能；（二）外具，笔、墨等。

⑥**业**：梵文 Karma 的意译，音译羯磨。意谓造作。一般分为三业：（一）身业，即行动；（二）语业，亦称口业，即言语；（三）意业，即思想活动。

⑦作，《碛砂藏》本此字下衍"业"字，《藏要》本根据《高丽藏》本删。

⑧何以故，《藏要》本校注称："《无畏》下接次颂，今译改文，脉络不明。"

⑨若定有作者，《藏要》本校注称："番、梵云：若定非作者作定非业者，今译改错，释亦错。"

译文

问：现在有作、有作者、有所用的作法，这三者和合在一起，所以有果报，所以说应当有作者、有作业。

答：以上各品中破除一切事物，都无所余，如破生、住、灭三相，因为没有这三相，所以没有有为法。因为没有有为法，所以没有无为法。因为没有有为法和无为法，所以一切事物都是空无。如果作和作者是有为法，在破除有为法的时候已经破除了。如果是无为法，在破除无为法的时候已经破除了。不应当再问。你的贪着心太深了，所以又提出这样的问题，现在应当再加说明。

如果肯定有实在的作者，就不应当作实在的决定业；如果没有实在的作者，也不应当造作实无的无定业。

如果事先肯定有作者，肯定有作业，就不需要人再次造作。如果事先肯定没有作者，肯定没有作业，也不应当有造作。为什么呢？

如果肯定业不是由于造作而有，这种业就没有造作者。如果作者有肯定的体性，不需要造作而有，这作者就与业无关。

如果事先肯定有作业，就不应当再有作者，而且，离开作者应当有作业，但事实并非如此。如果事先肯定有作者，不应当再有作业，而且，离开作业应当有作者，但事实并非如此。所以说肯定的作者、肯定的作业不应当有作。不肯定的作者、不肯定的作业也不应当有作。为什么呢？因为本来就是没有的。有作者有作业尚且不能作，更何况无作者无作业呢？

而且，如果作业之前肯定有作者，或作者之前肯定有作业，作者和作业就会堕于无因。

如果事先肯定有作者，肯定有作业。你说作者有作即为无因。如果离作业有作者，离作者有作业，作业和作者就不是从因缘而有。

原典

问曰：若不从因缘有作者有作业，有何咎？

答曰：若堕于无因，则无因无果。

无作无作者，无所用作法。

若无作等法，则无有罪福[1]。

罪福等无故，罪福报亦无。

若无罪福报，亦无大涅槃[2]

诸可有所作，皆空无有果。

若堕于无因，一切法则无因无果，能生法名为因，所生法名为果，是二即无。是二无故，无作无作者，亦无所用作法，亦无罪福。罪福无故，亦无罪福果报及大涅槃道，是故不得从无因生。

问曰：若作者不定，而作不定业，有何咎？

答曰：一事无尚不能起作业，何况二事都无？譬如化人以虚空为舍，但有言说，而无作者无作业。

注释

[1] 罪福，《藏要》本校注称："番、梵原作法非法。"

[2] **大涅槃**：即大般涅槃（Mahānirvāṇa），亦称大灭度、大入灭息等，是彻底消灭生死烦恼苦的一种圆满解脱境界。

译文

问：如果不随从因缘而有作者、作业，这有什么错误呢？

答：如果作者、作业堕于无因，二者就没有因没有果。没有作业，也没有作者，也就没有所用的作法。

如果没有造作等法，就没有罪行和福行。因为没有罪行、福行等，罪苦、福乐的果报也不会有。

如果没有罪苦、福乐果报，也没有大涅槃。各个所作之业，都空无结果。

如果堕于无因，一切事物都没有因没有果。能生的事物称为因，所生的事物称为果，因果都是空。因为因果皆无，所以没有作，也没有作者，也没有所用的作法，也没有罪行和福行。因为没有罪行和福行，也就没有罪苦、福乐果报和到达大般涅槃之道，因为它们都不能从无因而生。

问：如果作者不定，但作不定之业，这有什么错误呢？

答：作者、作业二者之一没有，尚且不能生起作业，更何况二者都没有呢？就如幻化人以虚空为房舍一样，只是说说而已，并没有作者和作业。

原典

问曰[1]：若无作者无作业，不能有所作。今有作者有作业，应有作？

答曰：作者定不定，不能作二业。

有无相违[2]故，一处则无二。

作者定不定，不能作定不定业。何以故？有无相违故，一处不应有二。有是决定，无是不决定，一人一事云何有有无？

复次，有不能作无[3]，无不能作有[4]。

若有作作者，其过如先说。

若有作者而无业，何能有所作？若无作者而有业，亦不能有所作。何以故？如先说有中，若先有业，作者复何所作？若无业，云何可得作？如是则破罪福等因缘果报，是故偈中说："有不能作无，无不能作有。若有作作者，其过如先说。"

复次，作者不作定，亦不作不定，

及定不定业，其过先已说。

定业已破，不定业亦破，定不定业亦破，今欲一时总破，故说是偈，是故作者不能作三种业。

注释

① 问曰，《藏要》本校注称："《无畏》问曰：即以定是定非，两俱作者作两俱业，如何？今译文晦。"

② **有无相违**：据吉藏著《中观论疏》卷第六本，相违有二种：（一）人业各违，人有违人无，人无违人有，业有违业无，业无违业有；（二）人业合违，人有违业无，人无违业有，业无违人有，业有违人无。

③ **有不能作无**：这是破除世俗人的观点，俗人主张有人无法，在没有造作善、恶业的时候，已经有人了。

④ **无不能作有**：这是破除成论师的观点，成论师主张有法无人。

译文

问：如果没有作者没有作业，就不能有所作的事情。如果现在有作者有作业，是不是应当有作呢？

答：作者亦定（有）亦不定（无），不能造作亦有亦无的二业。因为有和无互相违逆，在同一处所不能同时存在有、无二性。

作者亦定亦不定，不能造作亦定亦不定的业。为什么呢？因为有和无互相违逆，在同一处所不应当存在有、无二性。有是决定，无是不决定，一个人一件事怎能既是有又是无呢？

而且，有作者，不能作"无"的作业。无作者，也不能作"有"的作业。如果有作和作者，其过失如先前所说。

如果有作者而没有作业，怎能有所作的事情呢？如果没有作者而有作业，也不能有所作的事情。为什么呢？如先前说有的时候，如果事先已有作业，作者还作什么呢？如果没作业，还作什么呢？这样就会破除罪苦、福乐等因缘果报，所以偈颂这样说："有作者，不能作'无'的作业。无作者，也不能作'有'的作业。如果有作和作者，其过失如先前所说。"

而且，作者不作决定业，也不作不决定的业，也不能作既决定又不决定的业，其过失如先前所说。

决定业已经破除了，不决定业也破除了，既决定又不决定的业也破除了，现在为了一时总的破除，所以说了这样的偈颂，所以作者不能作决定、不决定、亦决定亦不决定的三种作业。

原典

今三种作者①亦不能作业。何以故？

作者定不定，亦定亦不定，

不能作于业，其过先已说。

作者定、不定、亦定亦不定，不能作业。何以故？如先[②]三种过因缘，此中应说。如是一切处求作者、作业皆不可得。

问曰：若言无作、无作者，则复堕无因。

答曰：是业从众缘生，假名为有，无有决定，如汝所说。何以故[③]？

因业有作者，因作者有业。

成业义如是，更无有余事。

业先无决定[④]，因人起业，因业有作者。作者亦无决定，因有作业名为作者。二事和合故得成作、作者。若从和合生，则无自性。无自性故空，空则无所生，但随凡夫忆想分别[⑤]，故说有作业、有作者，第一义[⑥]中无作业、无作者。

复次，如破作作者，受[⑦]受者亦尔。

及一切诸法，亦应如是破。

如作、作者不得相离，不相离故不决定，无决定故无自性。受、受者亦如是。受名五阴身，受者是人，如是离人无五阴，离五阴无人，但从众缘生。如受、受者，余一切法亦应如是破。

注释

① **三种作者**：即下文所说的：作者定、作者不定、作者亦定亦不定。

② **先**，《碛砂藏》本此字以下衍"过"字，《藏要》本根据《高丽藏》本删。

③ **何以故**，《藏要》本校注称："《无畏》次云：如是颂曰。"

④ **定**，《碛砂藏》本此字下衍"无"字，《藏要》本根据《高丽藏》本删。

⑤ **随凡夫忆想分别**：此指俗谛，亦称世俗谛或世谛，是对俗人所讲的真理。

⑥ **第一义**：即第一义谛，亦称真谛、胜义谛，是对佛教圣人所讲的真理。

⑦ **受**：梵文 Vedanā 的意译，五蕴和十二因缘之一，心所法之一，即感受，一般来说分为三种：苦受、乐受和不苦不乐的舍受。

译文

现在说明三种作者当中的任何一种，也不能作业。为什么呢？

定、不定、亦定亦不定的作者，不能作于各种事业，其过失先前已经说过了。

作者定、不定、亦定亦不定，不能作各种事业。为什么呢？如上述三种有过失的因缘，现在应当说明。这样，在一切处所寻求作者、作业都不可得。

问：如果说没有作，也没有作者，就会堕落于无因。

答：这种作业是由于各种条件和合而生，虚假地称为有，没有决定，就像你所说的那样。为什么呢？

因为作业而有作者，因为作者而有作业，成立作业和作者的意义，就是这样，除此之外，再没有其余的事理。

作业事先没有决定，因人而生起作业，因作业而有作者。作者也没有决定，因为有作业才称为作者。作业、作者二件事和合在一起，即得成就作业和作者。如果是从和合而生，就没有自性。因为没有自性，所以是空。既然是空，就没有所生，只是随从一般人的忆想和虚妄分别，而说有作业，有作者。如果以真谛看问题，就没有作业，没有作者。

而且，就像破斥作业、作者那样，对于受和受者，也应当这样破斥。对于所有的一切事物，也应当这样破斥。

如果作业和作者是不能彼此相离的,因为是不相离的,所以是不决定的,因为是不决定的,所以无自性。受和受者也是这样。受称为五阴身,受者是人,这样,离开人没有五阴,离开五阴没有人,只是各种条件和合而生。就像受和受者一样,其余的一切事物,也应当这样破斥。

观本住品第九

原典

观本住品第九[①]

问曰:有人言[②]:
眼耳等诸根[③],苦乐等诸法,
谁有如是事?是则名本住[④]。
若无有本住,谁有眼等法?
以是故当知,先已有本住。

眼、耳、鼻、舌、身、命等诸根,名为眼、耳等根。苦受、乐受、不苦不乐受、想[⑤]、思[⑥]、忆念[⑦]等心、心数法,名为苦、乐等法。有论师言:先未有眼等法,应有本住。因是本住,眼等诸根得增长。若无本住,身及眼耳诸根为因何生而得增长?

答曰:离眼等根,及苦乐等法,

　　先有本住者,以何而可知?

若离眼、耳等根,苦、乐等法先有本住者,以何可说?以何可知?如外法[8]瓶、衣等以眼等根得知,内法[9]以苦、乐等根得知,如经中说:可坏是色相,能受是受相,能识是识相。汝说离眼、耳、苦、乐等先有本住者,以何可知说有是法?

问曰:有论师[10]出入息、视眴、寿命、思维、苦、乐、憎、爱、动发等是神相,若无有神,云何有出入息等相?是故当知离眼、耳等根,苦、乐等法,先有本住。

答曰:是神若有,应在身内,如壁中有柱。若在身外,如人被铠。若在身内,身则不可破坏,神常在内故,是故言神在身内,但有言说虚妄无实。若在身外,覆身如铠者,身应不可见,神细密覆故,亦应不可破坏,而今实见身坏,是故当知离苦、乐等,先无余法。若谓断臂时,神缩在内,不可断者,断头时亦应缩在内,不应死,而实有死,是故知离苦、乐等先有神者,但有言说,虚妄无实。

复次,若言身大则神大,身小则神小,如灯大则明大,灯小则明小者,如是神则随身不应常。若随身者，身无则神亦无，如灯灭则明灭。若神无常，则与眼、耳、苦、乐等同，是故当知离眼、耳等先无别神。复次，如风狂病人不得自在，不应作而作，若有神是诸作主者，云何言不得自在？若风狂病不恼神者，应离神别有所作。

如是种种推求，离眼耳等根、苦乐等法先无本住。若必谓离眼耳等根、苦乐等法先有本住者，无有是事。何以故⑪？

若离眼耳等，而有本住者，
亦应离本住，而有眼耳等。

若本住离眼耳等根、苦乐等法先有者，今眼耳等根、苦乐等法亦应离本住而有。

注释

①本品来意有八：（一）前《作作者品》破人法用，此品破人法体，别破其根；（二）前别破即阴有人，此破离阴有人；（三）前品破五种人法，此品重破第一种人法俱有；（四）前通破即、离等四句有我，此别破离阴计我；（五）前品破内人法，此品破外道人法；（六）此品破某些大乘人本有佛性等为生死依持；（七）前品说明有假人假法，此品说明人、法相因；（八）外

人不受论主破而计有本住，所以此品破本住。

② 有人言，《藏要》本校注称："勘番、梵，'有人言'系颂文，月称释云：是正量部计。"

③ **根**：梵文 lndriya 的意译，意谓"能生"，是促进增生作用的根本，如眼根能生眼识、耳根能生耳识等。共有二十二根：眼根、耳根、鼻根、舌根、身根、意根、女根、男根、命根、苦根、乐根、忧根、喜根、舍根、信根、精进根、念根、定根、慧根、未知当知根、已知根、具知根。

④ **本住**：即神我，"本"意谓本来即有，"住"为安定而不动。所以本住就是本来即有常住不变的神我。小乘佛教犊子部主张不即蕴不离蕴的不可说我，经量部主张有胜义补特伽罗神我。

⑤ **想**：梵文 Samjñā 的意译，心所法之一，五蕴之一，指认识直接反映的影相，以及据此所形成的各种名言概念。

⑥ **思**：梵文 Cetamā 的意译，心所法之一，是能够造作身、口、意三业的思想、意志等。《大乘广五蕴论》称："云何思？谓于功德过失，及以俱非，令心造作意业为性。此性若有，识攀缘用即现在前，犹如磁石引铁令动，能推善、不善、无记心为业。"（大正三十一·页八五一）

⑦ **忆念**：即念（Smṛti），心所法之一，对于自己所经历的事情明记不忘，《大乘广五蕴论》称："云何念？谓于惯习事，心不忘失，明记为性。惯习事者，谓曾所习行。与不散乱所依为业。"（大正三十一·页八五一）

⑧ **外法**：佛法以外的教法，或身外之法，如瓶、衣等。

⑨ **内法**：佛法以内的教法，或身内之法，如苦、乐等心法和心所法。

⑩ **有论师**：此指胜论创始人优楼迦（Ulūka）。

⑪ **何以故**，《碛砂藏》本此下衍"若此是"三字，《藏要》本根据《高丽藏》本删。

译文

外人问：有人说：眼、耳等诸根，苦、乐等心法和心所法，谁有这些东西呢？拥有这些东西的只能称为神我。

如果没有神我的话，谁有眼等根、苦等心法和心所法呢？以是应当知道，有情众生先有神我存在。

眼根、耳根、鼻根、舌根、身根、命根等，称为眼、耳等根。苦受、乐受、不苦不乐的舍受、想、思、念等心法和心所法，称为苦、乐等法。有的论师说：先前没有眼等根、苦等心法和心所法，应当有神我。因为有神我，才使眼根等得到增长。如果没有神我，身体及眼、耳等各种根为因，使什么产生并得到增长呢？

　　论主答：如果离开眼等各种根，以及苦、乐等心法和心所法，先有神我，以什么知道先有这样的神我呢？

　　如果离开眼耳等根、苦乐等心法和心所法，先前已有神我，根据什么说这样的话呢？以什么知道先有这样的神我呢？如身外之法瓶、衣等，通过眼根等可以知道，身内之法通过苦根、乐根等可以知道，如佛经中说：可以破坏的是色相，能够感受的是受相，能够认识的是识相。你说离开眼根、耳根、苦根、乐根等，先前已经有神我了，根据什么可以知道并说有这样的东西呢？

　　问：有的论师说出入息、转动眼珠、寿命、思维、苦、乐、憎、恨、热爱、动发等都是神我相，如果没有神我的话，怎能有呼吸等相呢？由此应当知道，离开眼耳等根、苦乐等心法和心所法以外，先前已有神我。

　　答：这种神我如果有的话，应当在身体以内，就如墙壁内应当有柱子一样。如果在身体以外，就如人身披铠甲一样。如果在身内的话，身体就不可能被破坏，因为神我永远在身内的缘故，所以说神我在身体以内，但有人认为这是虚妄不实的。如果在身外的话，就如铠甲一样遮覆身体，身体应当是不可见的，因为神我细密遮覆的缘故，也应当是不可破坏的，但是现今真实见到身体毁坏，所以应当知道，离开苦、乐等，先前没有其他的东西。如果说断臂的时候，神我卷缩在里边而不可断，断头时神我也应当是卷缩在里边，不应当死亡，但实际上有死亡，所以应当知道离苦、乐等先有神我，但有人说这是虚妄无实的。

而且，如果说身体大则神我大，身体小则神我小，犹如灯大则光明大，灯小则光明小，这样，神我就会随顺身体，不应当是永恒的。如果说随顺身体的话，身体没有，神我也没有，犹如灯灭则光明灭。如果说神我是无常的，就与眼、耳、苦、乐等相同，所以应当知道，离开眼、耳等以外，先前没有特别的神我。而且，就像疯狂病人那样得不到自在，不应当是作而复作，如果神我是各种动作的主宰，怎能说得不到自在呢？如果疯狂病不恼害神我，就应当是离开神我以外，另有所做。

这样进行种种推求，离开眼耳等根、苦乐等心法和心所法以外，先前没有神我。如果一定说离开眼耳等根、苦乐等心法和心所法以外，先前有神我，是没有这样的事情。为什么呢？

如果离开眼、耳等而有神我，也应当是离开神我而有眼、耳等。

如果神我离开眼耳等根、苦乐等心法和心所法以外，先前而有；现今眼耳等根、苦乐等心法和心所法，也应当是离开神我而有。

原典

问曰：二事相离可尔①，但使有本住。

答曰：以法知有人，以人知有法。

离法何有人？离人何有法？

法者眼、耳、苦、乐等，人者是本住。汝谓以有法故知有人，以有人故知有法，今离眼、耳等法何有人？离人何有眼、耳等法？

复次②，一切眼等根，实无有本住。

眼耳等诸根，异相而分别。

若眼、耳等诸根，苦、乐等诸法实无有本住，因眼缘色生眼识，以和合因缘知有眼、耳等诸根，不以本住故知，是故偈中说一切眼③等根，实无有本住，眼、耳等诸根各自能分别。

问曰：若眼等诸根，无有本住者，

眼等一一根④，云何能知尘⑤

若一切眼、耳等诸根，苦、乐等诸法无本住者，今一一根云何能知尘？眼、耳等诸根无思维，不应有知，而实知尘,当知离眼、耳等诸根,更有能知尘者。

答曰:若尔者,为一一根中各有知者,为一知者在诸根中。二俱有过。何以故?

> 见者即闻者,闻者即受者。

> 如是等诸根,则应有本住。

若见者即是闻者,见、闻者即是受者,则是一神,如是眼等诸根应先有本住。色、声、香等无有定知者,或可以眼闻声,如人在六向随意见闻。若闻者、见者是一,于眼等根随意见闻,但是事不然。

> 若见闻各异,受者亦各异。

> 见时亦应闻,如是则神多。

若见者、闻者、受者各异,若见者时亦应闻。何以故?离见者有闻者故。如是鼻、舌、身中神应一时行,若尔者,人一而神多,以一切根一时知诸尘故,而实不尔,是故见者、闻者、受者不应俱用。

复次,眼耳等诸根,苦乐等诸法,

> 所从生诸大⑥,彼大亦无神。

若人言离眼、耳等诸根,苦、乐等诸法别有本住,是事先已破,今于眼、耳等所因四大⑦,是大中亦无本住。

注释

① 二事相离可尔,《藏要》本校注称:"勘佛护释,意云虽无见等而本住自有也。"

② 复次,《藏要》本校注称:"《无畏》下作问辞,他宗通前难也。佛护、月称均同,今译误。"

③ 眼,《碛砂藏》本此字下衍"耳"字,《藏要》本根据《高丽藏》本改。

④ **眼等——根**:即眼、耳、鼻、舌、身、意六根。

⑤ **尘**:即六尘,亦称六境,是眼等六根分别缘取的对象:色、声、香、味、触、法。

⑥ **诸大**:此指数论外道的五大:地、水、火、风、空。

⑦ **四大**:梵文 Caturmahabhūta 的意译,亦称"四界",即构成色法的四种基本原素:地、水、火、风。其属性分别是坚、湿、暖、动;其作用分别是:持(保持)、摄(摄集)、熟(成熟)、长(生长)。因为这四大能够造作一切色法,所以称为"能造四大",被造作的色法称为"四大所造"。

译文

问:人、法二事相离是可以的,但必须有神我。

答：以眼等诸法才知道有神我，以神我才知道有眼等诸法。离开眼等诸法哪里会有神我呢？离开神我哪里会有眼等诸法呢？

此中之"法"系指眼、耳、苦、乐等，"人"系指神我。你说以有眼等诸法而知有神我，以有神我而知有眼等诸法，现在说明离眼、耳等法，哪里会有神我呢？离神我哪里有眼、耳等法呢？

而且，一切眼等诸根，实在是没有神我的，眼等诸根，各各异相而有分别。

眼、耳等各种根，苦、乐等各种心法、心所法，实际上并没有神我，因为眼根缘色而生眼识，以和合因缘而知有眼、耳等各种根，并不是由于神我而知，所以偈颂中这样说：所有的一切眼等根，实际上并没有神我，眼、耳等各种根能够各自分别。

问：如果眼等各种根，没有神我去支配它，这眼等的一一根，怎能知道外界的一一尘呢？

如果一切眼、耳等根，苦、乐等各种心法和心所法，没有神我，现今的一一根怎能知道一一尘呢？眼、耳等各种根没有思维，不应当有知觉，但实际上能够知道外境，由此应当知道，离眼、耳等各种根，另有能够知觉外境的东西。

答：如果是这样的话，一一根中各有一一能有知觉的东西，或者认为有一个知者存在于各种根当中，这两种意见都有过失。为什么呢？

见色的眼根就是闻声的耳根，闻声的耳根就是起感受作用的身根。各种根这样的互用，就应当有神我。

如果见色的眼根就是闻声的耳根，眼根、耳根就是接受感受的身根，如果是这样的话，就应当是有一个神我，这样的眼等各种根，应当是事先有神我。色、声、香等没有肯定的知觉者，或者可以说眼根听闻声音，如人对六尘可以随意眼见或耳闻。如果听闻者耳和见色者眼同一的话，眼根等可以随意见或听闻，但此事并非如此。

如果是见、闻各不相同，受、想者也各不相同，见的时候也应当有听闻，这样就会有很多个神我。

如果见者、闻者、受者各不相同，如果见者生起的时候，也应当听闻。为什么呢？因为离开见者另有闻者。这样，鼻、舌、身中神我应当同时而行，如果是这样的话，一个人应当有很多个神我，因为以一切根可以同时知道各种外境，但实际上并非如此。所以见者、闻者、受者不应当同时发挥作用。

而且，眼、耳等各种根，苦、乐等各种心法和心所法，是五大所从生的，五大是能生，这种能生的五大也没有神我。

如果有人说离开眼、耳等各种根，苦、乐等各种心法和心所法以外，另有神我，这种事情先前已经破斥了，现今在构成眼根、耳根等的四大当中，也是没有神我。

原典

问曰：若眼、耳等诸根，苦、乐等诸法无有本住可尔，眼、耳等诸根，苦、乐等诸法应有。

答曰：若眼耳等根，苦乐等诸法，

无有本住者①，眼等亦应无。

若眼、耳、苦、乐等诸法无有本住者，谁有此眼、耳等？何缘而有？是故眼等亦无。

复次，眼等无本住，今后亦复无。

以三世无故，无有无分别？

思维推求本住，于眼等先无，今、后亦无，若三世无，即是无生寂灭，不应有难。若无本住，云何有眼、耳等？如是问答戏论则灭，戏论灭故，诸法则空②。

注释

① 无有本住者，《藏要》本校注称："番、梵云：无有所属者，彼等亦非有。"

② **诸法则空**：此中"诸法"包括真如、佛性、如来藏、阿摩罗识等，因为它们竖穷三世、遍于十方，很像神我。

译文

问：如果说眼、耳等各个根，苦、乐等心法和心所法没有神我，这样讲是可以的，眼、耳等各个根，苦、乐等心法和心所法应当有。

答：如果眼、耳等根，苦、乐等各种心法和心所法，没有神我，眼等也应当是没有的。

如果眼、耳等根，苦、乐等诸法，没有神我，谁有这眼、耳等根呢？为什么而有呢？所以说眼等也是没有的。

而且，眼等以前（过去世）没有神我，今世、后世也没有神我。所以过去、现在、未来的三世中都无所有，既然是三世都无所有，哪里还可分别神我是先有、今有、后有呢？

思维推求神我，在眼等之前（过去世）没有，今世、后世也没有，如果三世都没有，就是无生寂灭，不应当对此进行诘难。如果没有神我，怎能有眼、耳等呢？通过这样的问答，戏论就会被灭除，因为戏论灭除了，各种事物都空。

观然可然品第十

原典

观然可然品[①] **第十**

问曰：应有受、受者，如然、可然？然是受者，可然是受，所谓五阴。

答曰：是事不尔。何以故？然、可然俱不成故。然、可然若以一法成[②]，若以二法成[③]？二俱不成。

问曰：且置一异法[④]，若言无然、可然，今云何以一异相破？如兔角、龟毛，无故不可破[⑤]，世间眼见实有事[⑥]，而后可思维，如有金，然后可然可锻。若无然、可然，不应以一异法思维。若汝许有一异法[⑦]，当知有然、可然，若许有者，则为已有。

答曰：随世俗法言说，不应有过，然、可然若说一若说异，不名为受。若离世俗言说，则无所论。若不说然、可然，云何能有所破？若无所说，则义不可明。

如有论者欲破有、无，必应言有、无，不以称有、无故而受有、无。是以随世间言说无咎。若口有言便是受者，汝言破即为自破，然、可然亦如是，虽有言说亦复不受。是故以一异法思维，然、可然二俱不成。

何以故?

若然是可然，作作者则一[8]。

若然异可然[9]，离可然有然。

然是火，可然是薪，作者是人，作是业。若然、可然一，则作、作者亦应一。若作、作者一，则陶师与瓶一，作者是陶师，作是瓶。陶师非瓶，瓶非陶师，云何为一？是以作、作者不一故，然、可然亦不一。若谓一不可则应异，是亦不然。何以故？

若然与可然异，应离可然[10]别有然，分别是可然是然，处处离可然应有然，而实不尔，是故异亦[11]不可得。

复次，如是常应然，不因可然生[12]。

则无然火功，亦名无作火。

若然、可然异，则然不待可然而常然。若常然者则自住其体，不待因缘人功则空。人功者将护火令然，是功现有，是故知火不异可然。复次，若然异可然，然即无作。离可然火何所烧？若尔者，火则无作，无作火无有是事。

注释

① 观然可然品：西藏译《中论本颂本》、宋译安慧著《中观释论》、唐译清辨著《般若灯论》、梵本月称著

《中论疏》四本皆作《观火薪品》。以下然可然皆作火薪。火有烧薪的作用，所以称为然（燃）；薪有受烧的作用，所以称为可然（燃）。以此比喻神我有御阴的作用，阴有受御之义。

本品来意有六：（一）破相待；（二）破亦即离及非即离；（三）前品破法，此品破喻；（四）正破犊子部，并破事火外道；（五）就喻说人法皆空；（六）前品破内外，此品破自执。

② **然、可然若以一法成**：此有三失：（一）唯薪无火，无火云何有薪？（二）唯火无薪，无薪云何有火？（三）一物不可说薪、火二事。

③ **若以二法成**：以二法成则为异，异有三失：（一）体异失，体异便应相离，离则有东西之过；（二）前后失，未有薪应先有火；（三）存亡失，薪亡火存，是故俱无。

④ **且置一异法**：此有四意：（一）欲与论主只辨破立有无；（二）受一异难，辞穷理屈，欲藏其所屈；（三）一异之难，答与不答，皆不能通；（四）欲投置论主之难，以难论主。

⑤ **无故不可破**：若无而破有四失：（一）若无则不应破，破则不应无，今见汝破，故知不无；（二）若无而破，何不破兔角龟毛，而破燃、可燃耶？（三）我见

其有，汝见其无，有不失罪福，无是邪见；（四）以汝无破我有，亦可用我有破汝无，如《五阴品》末，问不成问。

⑥世间眼见实有事：若有而破有四失：（一）道理实有，强破令无，则是邪见；（二）若实有，则不可令无，喻如真无，不可令有；（三）我见可燃有，汝亦见其有，既同是有，云何破令无？（四）汝将有以破我有，如《五阴品》末，问不成问。

⑦若汝许有一异法：许有一异有四过：（一）有能破必有所破，今论主既有能破，外人必有所破；（二）若俱是有则应破，不尔俱不被破；（三）若我破汝不破，亦汝破我不破；（四）若有破不破，则有有、非有等四难。

⑧作作者则一：执薪火一有四过：（一）破因缘，本因火有薪，因人有法，既执为一，则破因缘，破假，破中道；（二）见因缘名见佛，见佛即见佛性涅槃，今破因缘即都无所见；（三）若一，则火还烧火，薪还传薪；（四）若一，呼火应得薪，薪应得火，呼瓶应得陶师，陶师应得瓶。

⑨若然异可然：执薪火异有四过：（一）破因缘，因缘与无相因不同，无相因则非因缘，非因缘则非假，非假则非中；（二）因缘破则一切法皆破；（三）薪火若

异,则离薪有火,离火有薪;(四)水、波若异,则波自动,水应不动。

⑩ 然,《碛砂藏》本此字下原衍"然"字,《藏要》本根据《高丽藏》本删。

⑪ 亦,《碛砂藏》本原作"而",《藏要》本根据《高丽藏》本和藏文本改。

⑫ **如是常应然,不因可然生**:此说有四失:(一)常燃,若因薪有火,则薪尽火灭,不常燃,若薪与火异,则薪异火应常燃烧;(二)失因,既然火体与薪相异,依此说,火不因薪而有;(三)失缘,缘即人的点燃,今火既离薪常燃,就不用人点燃了;(四)无作,作即作用,火的作用是烧薪,今既常燃,就没有烧薪的作用了。

译文

问:应当有受和受者,就像燃和可燃那样,燃是受者,可燃是受,即所谓五阴。

答:此事并非如此。为什么呢?因为燃和可燃都不能成立。燃和可燃是以一种事物成立呢,还是用二种事物成立呢?这两种意见都不能成立。

问:请暂且安置一异法,试试看,如果说没有燃和可燃，现在为什么以一异相进行破斥呢？就像兔角、龟毛那样，因为没有，所以进行破斥，在人世间亲眼见到真实存在的东西，然后才能进行思维，如存在金，然后才能想到金可烧可锻。如果没有燃和可燃，就不应当以一异法进行思维。如果你承认有一异法，就应当知道有燃和可燃。如果你承认有燃和可燃，则燃和可燃就已经有了。

答：随顺世俗法而说，不应当有过失，燃和可燃如果说同一或相异，不能称为受。如果离开世俗人的说法，就没有什么可讨论的了。如果不说燃和可燃，怎能有所破斥的对象呢？如果没有所说的东西，其意义就不可能是明了的。

比如有些论师想破斥有和无，就必须说有和无，不因为称有和无而接受有和无。所以随顺尘世间的说法，这没有过失。如果说的时候，就是受者，你说破的话，就是自我破斥，燃和可燃也是这样。虽然这样说过，也不能接受。所以说以一异法进行思维，燃和可燃二者都不能成立。为什么呢？

如果燃就是可燃，所作之事和作者就应当是同一。如果燃不同于可燃，离开可燃以外而有燃。

燃是火，可燃是薪，作者是人，作法是业。如果燃和可燃同一，则所作事和作者也应当同一。如果所作事和作者同一，则陶师和瓶就会同一，作者是陶师，所作事是瓶。陶师不是瓶，瓶不是陶师，怎能同一呢？所以说作事和作者不能同一，燃和可燃也不能同一。如果说不同一的话，就应当是异，这也不对。为什么呢？

如果燃与可燃相异，就应当是离开可燃以外，另外有燃，分别为可燃和燃，处处都是离开可燃以外，应当有燃，但实际上不是这样，所以说异也不能成立。

而且，如果燃是永恒的，不因为可燃而生起，就不需要燃火的人功了，也称为没有作用的火。

如果燃和可燃相异，则燃不需要可燃，就永远燃烧。如果是常燃的话，燃则自住其体，不需要因缘，人功就是空无。所说的人功，就是点火，使之燃烧，这种功能表现为有，由此可知，火与可燃不是相异的。而且，如果燃与可燃相异，燃就没有所作的事情了。离开可燃以外，火还烧什么呢？如果是这样的话，火就没有所作的事情了，没有所作事的火是不存在的。

原典

问曰：云何火不从因缘生，人功亦空？

答曰：然不待可然，则不从缘生。

> 火若常然者，人功则应空。①

然可然若异，则不待可然有然。若不待可然，则无相因法，是故不从因缘生。复次，若然异可然，则应当然。若常然者，应离可然别见有然，更不须人功。何以故？

> 若汝谓然时，名为可然者。
> 尔时但有薪，何物然可然？②

若谓先有薪，烧时名可然者，是事不尔。若离然别有可然者，云何言然时名可然。

> 复次，若异则不至，不至则不烧，
> 不烧则不灭，不灭则常住。

若然异可然，则然不应至可然。何以故？不相待成故。若然不相待成，则自住其体，何用可然？是故不至。若不至则不然可然。何以故？无有不至而能烧故。若不然则无灭，应当住自相，是事不尔。

注释

① 此偈说明二失：失因、失缘。既然异薪自有火体，何须因薪？是故无因，这就是失因。既然不需要因薪，火就会永远燃烧，这就不需要人功的点燃，这就是失缘。

②外人关于因的意思有二种：（一）相因异，燃烧的时候方是可燃，所以说可燃是因为燃而有，既然有因，就会有缘；（二）不相因异，如果说还没有燃烧的时候已是可燃，这就成为无因，无因则无缘。

译文

问：为什么说火不从因缘生，人功就是空无呢？

答：如果燃与可燃各自独立，燃不待于可燃，就不是从因缘生起。如果火永远燃烧，人功助缘就应当是空无。

如果燃与可燃相异，就不待于可燃而有燃。如果不待可燃而有燃，这就是无相因法，所以燃不是从因缘而生。而且，如果燃与可燃相异，就应当是永远燃烧。如果是永远燃烧的话，就应当是离开可燃另见有燃，就不需要人功助缘。为什么呢？

如果你认为到了燃烧的时候，才称为可燃。此时只有薪，什么东西称为燃和可燃呢？

如果说先有薪，到燃烧的时候才称为可燃，此事并非如此。如果说离开燃烧，另有可燃，怎能说到燃烧的时候才称为可燃呢？

而且，如果燃和可燃相异的话，燃就不能到达可燃。燃不能到达可燃，就不会燃烧。不燃烧就没有火，没有火就没有灭，没有灭就是常住。

如果燃与可燃相异，燃烧就不应当到达可燃。为什么呢？因为不相待而成。如果燃不相待而成，就是自住其体，哪里还用得着可燃呢？所以说燃不能到达可燃。如果燃不能到达可燃，就不会使可燃燃烧。为什么呢？没有燃不到可燃而能燃烧之事。如果没有燃烧，就没有灭，就应当是常住自相，但此事并非如此。

原典

问曰：然与可然异①，而能至可然，

　　　如此至彼人，彼人至此人。②

然与可然异，而能至可然，如男至于女，如女至于男。

答曰：若谓然可然，二俱相离者，

　　　如是然则能，至于彼可然。

若离然有可然，若离可然有然，各自成者，如是则应然至可然，而实不尔。何以故？离然无可然，离可然无然故，今离男有女，离女有男，是故汝喻非也。喻不成故，然不至可然。

注释

① **然与可然异**：毗昙师认为：火是热触，薪具色、香、味、触四微。成实师认为：色、触二法名之为火，薪具色、香、味、触四微，皆是假名。

② **如此至彼人，彼人至此人**，《藏要》本校注称："此文顺梵，番译文倒，又番、梵末二句云：如女至于男，又男至于女。"

译文

问：燃与可燃别异，燃才能至于可燃，如这个人到那个人，那个人到这个人。

燃与可燃别异，燃才能至于可燃，如男人至于女人，又如女人至于男人。

答：如果说燃、可燃二者相离，这样，这燃才能到达那个可燃。

如果离燃有可燃，如果离可燃有燃，燃与可燃各自成立，这样，燃才能到达可燃。但是，实际上并非如此。为什么呢？因为离燃以外没有可燃，离可燃以外没有燃。现在离开男人有女人，离开女人有男人，所以说你的比喻是错误的。因为你的比喻不能成立，所以燃不能到达可燃。

原典

问曰：然可然相待①而有，因可然有然，因然有可然，二法相待成。

答曰：若因可然然，因然有可然。
　　先定有何法，而有然可然。

若因可然而然成，亦应因然可然成。是中若先定有可然，则因可然而然成。若先定有然，则因然可然成。今若因可然而然成者，则先有可然，而后有然，不应待然而有可然。何以故？可然在先然在后故。若然不然可然，是则可然不成。又可然不在余处，离于然故，若可然不成然亦不成。若先然后有可然然，亦有如是过，是故然可然二俱不成。

复次，若因可然然，则然成复成②。
　　是为可然中，则为无有然。

若欲因可然而成然，则然成已复成。何以故？然自住于然中。若然不自住其体，从可然成者，无有是事。是故有是然从可然成，今则然成复成，有如是过。复有可然无然过。何以故？可然离然自住其体故。是故然、可然相因待，无有是事。

复次，若法因待成，是法还成待。

今则无因待，亦无所成法。

若法因待成，是法还成本因待，如是决定则无本因二事。如因可然而成然，还因于然而成可然，是则二俱无定，无定故不可得。何以故？

若法有待成，未成云何待？

若成已有待，成已何用待？

若法因待成，是法先未成，未成则无，无则云何有因待？若是法先已成，先成何用因待？是二俱不相因待，是故汝先说因然可然相待成，无有是事。

是故，因可然无然，不因亦无然。

因然无可③然，不因无可然。

今因待可然然不成，不因待可然然亦不成。可然亦如是，因然不因然二俱不成。是过先已说。

复次，然不余处来，然处亦无然。

可然亦如是，余如去来说。

然不于余方来入可然中，可然中亦无然，析薪求然不可得故。可然亦如是，不从余处来入然中，然中亦无可然。如然已不然，未然不然，然时不然，是义如《来去》中说。

是故，若可然无然④，离可然无然，

然亦无可然，然中无可然。⑤

可然中无然，可然不然。何以故？先已说作、作者一过故。离可然无然，有常然等过故。然无有可然，然中无可然，可然中无然，以有异过故，三皆不成。

问曰：何故说然、可然？

答曰：如因可然有然，如是因受有受者，受名五阴，受者名人，然、可然不成故，受、受者亦不成。何以故？

以然可然法，说受受者法，

及以说瓶衣，一切等诸法。

如可然非然，如是受非受者，作、作者一过故。又离受无受者，异不可得故，以异过故，三皆不成。如受、受者，外瓶、衣等一切法，皆同上说，无生毕竟空⑥。

是故，若人说有我，诸法各异相，

当知如是人，不得佛法⑦味。

诸法从本已来无生毕竟寂灭相，是故品末说是偈。若人说我⑧相，如犊子部⑨众说。不得言色即是我，不得言离色是我，在第五不可说藏中。如萨婆多部⑩众说诸法各各相，是善是不善是无记⑪，是⑫有漏、无漏、有为、无为等别异。如是等人不得诸法寂灭相，以佛语作种种戏论。

注释

① **相待**：吉藏著《中观论疏》卷第六末区分为六种相待：（一）通待，长待不长，自长之外并是不长；（二）别待，如长短相待，或称疏密相待；（三）定待，如生死待涅槃及色心相待等；（四）不定待，如五尺形，一丈为短，待三尺为长；（五）一法待，如一人亦父亦子；（六）二法待，如长短两物。

② **复成**：在燃和可燃观待以前，就认为有可燃，意许有燃。又说因可燃而有燃，这就犯了复成过。

③ 可，《碛砂藏》本原作"何"，《藏要》本根据《高丽藏》本改。

④ **若可然无然**：外道主张有二十五我，五蕴中的每蕴都有五我，总共二十五我。如色蕴中：（一）即色是我；（二）离色有我；（三）我中有色；（四）色中有我；（五）我有于色。其余四蕴仿此。"若可然无然"说明即蕴无我，"离可然无然"说明离蕴无我。"然亦无可然"说明我中没有蕴，蕴不属于我。"然中无可然"说明我中没有蕴，"可然中无然"说明蕴中没有我。

⑤ 关于本颂，《藏要》本校注称："四本颂云：即薪非是火，离薪亦无火，火非薪相应，火薪相互无。佛护释

后半颂云:此相应火薪是一是异皆已遮故。今译脱误。"

⑥ **无生毕竟空**:涅槃真理,无生无灭,毕竟为空。

⑦ **佛法**:佛所说的八万四千法门。

⑧ **我**:梵文 Ātman 的意译,音译阿特曼,意谓起主宰作用的灵魂。

⑨ **犊子部**:梵文 Vātsīputriga 的意译,音译婆蹉富罗部,释迦牟尼佛入灭后三百年从说一切有部分出的一个部派,相传部主属"犊"族姓,所以称为犊子部。主张过去、未来、现在、无为、不可说五藏实有,另有补特伽罗(pudgala,我)与五藏非即非离。

⑩ **萨婆多部**:梵文 Sarvāstivāda 的音译,意译说一切有部或有部,主张说一切有和时一切有。《俱舍论》是本派概要性论书,有组织的著作是"一身六足论",即《发智论》《集异门足论》《法蕴足论》《施设足论》《识身足论》《界身足论》《品类足论》。

⑪ **无记**:梵文 Avyākṛta 的意译,意谓"不可判断",即不可断为善,也不可断为恶,是非善非恶的无记性。

⑫ 是,《碛砂藏》本原作"道",《藏要》本根据《高丽藏》本改。

译文

问：燃和可燃相待而有，因可燃而有燃，因燃有可燃，燃、可燃二法相待而成立。

答：如果是因可燃而有燃，因燃有可燃。先决定有什么法，才有燃和可燃呢？

如果是因为可燃而使燃成立，也应当是因燃使可燃成立。此中如果首先肯定有可燃，则因可燃而使燃成立。如果首先决定有燃，则因燃而使可燃成立。现在如果因可燃而使燃成立，则首先有可燃，然后才有燃，不应当是待燃而有可燃。为什么呢？

因为可燃在先，燃在后的缘故。如果燃不使可燃燃烧，则可燃不能成立。而且，可燃不在其他地方，因为离于燃的缘故。如果可燃不能成立，燃也就不能成立。如果先有燃而后使可燃燃烧，也有这样的过失，所以燃和可燃二者都不能成立。

而且，如果因可燃而有燃，则燃成立一次又成立一次，这就犯重成过。所以说在可燃中，根本没有燃。

如果想因可燃而使燃成立，则燃成立以后又使之成立。为什么呢？燃自住于燃中，如果燃不自住于其体，而从可燃成立，没有这样的事情。所以说燃是从可燃成立的，现在说燃成立了再次成立，就犯了这种重成的过失。又有可燃无燃的过失。为什么呢？

因为可燃离燃自住其体的缘故。所以说燃和可燃相因待而成立，没有可燃离燃自住其体这样的事情。

而且，如果某一事物是因待另一事物而成立，这一事物又还成为另一事物所待的因缘。现今没有一种事物作为因待的对象，也就没有因待所成立的事物。

如果事物因相待而成立，这种事物还要成为本因的相待，这就肯定没有本、因二种事物。如果因可燃，而使燃成立，还因为燃，而使可燃成立。所以燃、可燃二法都不肯定，因为不肯定，所以说是不可得的。为什么呢？

如果事物是有所待而成立的，自体未成，怎能与另一事物相待呢？如果说成立以后而有待，既然已经成立，哪里还用得着因待呢？

如果事物因相待而成立，这一事物先前并没有成立，没有成立就是没有，既然没有，怎能有因待呢？如果这一事物先前已经成立，既然是先前已经成立，哪里还用得着因待呢？所以成、未成二种情况，都不是相因待。因此你先前所说的因燃而有可燃的相待成立，是没有这样的事情。

所以说，因待可燃而有燃，这燃就没有自性。不因待可燃而有燃，这燃也是没有的。因待燃而有可燃，这可燃就没有自体，不因待燃而有可燃，这可燃也是没有的。

现今因待可燃使燃不能成立，不因待可燃也使燃不能成立。可燃也是这样，不管是因燃还是不因燃，这二种情况都不能使可燃成立。这种过失先前已经说过了。

而且，燃不从其余地方来，燃烧的地方也没有燃。可燃也是这样，其余内容如《观去来品》中所说。

燃不是从其余地方来入于可燃当中，可燃当中也没有燃，因为分析薪寻求燃而不可得。可燃也是这样，不是从其余地方来入于燃中，燃中也没有可燃。比如说：已经燃烧过了没有燃，还没有燃烧的时候也没有燃，燃烧的时候也没有燃，这些意思如《观去来品》中所说。

所以说，如果可燃没有燃，离开可燃没燃，燃也没有可燃，燃中没有可燃。

可燃中没有燃，可燃不燃。为什么呢？因为先前已经说过作、作者的一种过失。离开可燃没有燃，如果离开可燃有燃，就会有常燃等过失。燃没有可燃，燃中没有可燃，可燃中没有燃，否则就有相异的过失，偈中后三句中燃和可燃都不能成立。

问：为什么说燃和可燃呢？

答：如果因可燃而有燃，这样，也就会因受有受者，"受"称为五阴，"受者"称为人，因为燃和可燃不能成立，受和受者也不能成立。为什么呢？

以燃和可燃法，说明受的五阴和受者的我不可得，并说明瓶、衣等一切诸法都不可得。

犹如可燃中没有燃，这样，受中也没有受者，否则就犯作、作者同样的过失。而且，离开受没有受者，因为受、受者之异不可得，相异则有过失，偈中后三句的燃、可燃都不能成立。如受和受者，瓶、衣等一切外法都与上说相同，都是无生毕竟空。

所以说，如果有的人说有我，又说各种事物各自不同之相。应当知道，这样的人没有得到佛法的解脱味。

由于各种事物从本以来的毕竟寂灭相，所以品末说这样的偈颂。如果有人说到我相，如犊子部的徒众所说，不能说色就是我，存在于第五不可说藏中。如说一切有部徒众所说的各种事物各有自相，或是善性，或是不善性，或是无记性，或是有漏、无漏、有为、无为等别异之相。这样的人们得不到各种事物的寂灭相，把佛说的话当成各种各样的戏论。

观本际品第十一

原典

观本际品[①] **第十一**

问曰：无本际[②]，经说众生[③]往来生死，本际不可得，是中说有众生有生死，以何因缘故而作是说？

答曰：大圣[④]之所说，本际不可得。

> 生死无有始，亦复无有终。

圣人[⑤]有三种：一者外道五神通[⑥]，二者阿罗汉、辟支佛[⑦]，三者得神通大菩萨。佛[⑧]于三种中最上，故言大圣。佛所言说无不是实，说生死无始。何以故？生死初后不可得，是故言无始。汝谓若无初后应有中者，是亦不然。何以故？

> 若无有始终，中当云何有？
> 是故于此中，先后共亦无。

因中、后故有初，因初、中故有后，若无初无后，云何有中？生死中无初、中、后，是故说先后共不可得。何以故？

> 若使先有生，后有老死者。
> 不老死有生，不生有老死。

若先有老死，而后有生者，
是则为无因，不生有老死。

生死众生若先生，渐有老，而后有死者，则生无老死。法应生有老死，老死有生，又不老死而生，是亦不然。又因生有老死，若先老死后生，则老死无因，生在后故，又不生何有老死？

注释

① **观本际品**：《藏要》本校注称："梵作《观前后际品》，与此同，余本皆作《观生死品》。"本品来意有六：（一）因上品呵责故起本品，外人认为经中佛亲说有众生往来生死，为什么现今呵说有众生者不得佛法味呢？（二）会通佛经之意说人法，论主自说本际不可得之意；（三）说明万化根本无，自论初以来，都是以事检人法无从，本品穷推万化根本不可得；（四）解释各大乘经的空义；（五）解释佛经所说上际空义；（六）解释十八空中的无始空义。

② **无本际**：有的外道认为穷推诸法边不可得，所以认为世界无边，此称无本际。小乘佛教认为：只说生死有终尽，在无余涅槃中，不说生死根本之初际，此称无本际。

③**众生**：梵文 Sattva 的意译，音译萨埵，新译有情。有三义：（一）众人共生之义；（二）众多之法，假和合而生；（三）经众多之生死，所以称为众生。

④**大圣**：佛的尊号，意谓伟大的圣人。"大"有二义：（一）位高名大；（二）德胜名大。

⑤**圣人**：梵文 Ārya 的意译，亦称圣者。大、小乘见道以上的断惑证理之人，因有圣法，观一切事物皆空，所以称为圣人；因持圣戒，所以称为圣人；因有圣定、慧，所以称为圣人。有七圣财：信、戒、惭、愧、多闻、智慧、舍离。因有七圣觉，所以称为圣人。

⑥**五神通**：神通是梵文 Abhijñā 的意译，亦称神通力、神力等。五神通如下：（一）神足通，亦称神境智证通、神境通、身如神通、身通等，能够飞天入地，出入三界；（二）天眼通，亦称天眼智证通、天眼智通等，能够彻见六道轮回境况；（三）天耳通，亦称天耳智证通、天耳智通，能够听见六道众生语言和世间各种声音；（四）他心通，亦称他心智证通、知他心通，能够知道六道众生的心思；（五）宿命通，亦称宿住随念智证通、宿住智通、识宿命通，能够知道自身和六道众生的前生、后世之事。

⑦**辟支佛**：梵文 pratyekabuddha 的音译，意译独觉，音译辟支迦佛陀，略称辟支佛，与声闻合称小乘佛

教二乘，与声闻、菩萨合称三乘。出生于无佛之世，自觉观悟十二因缘之理而得道者。

⑧ **佛**：梵文 Buddha 的音译，佛陀之略，亦译佛驮、浮陀、浮屠、浮图等，意译觉者、知者等。觉有三义：自觉、觉他、觉行圆满，是佛教修行的最高果位。小乘佛教只承认释迦牟尼佛，大乘佛教认为有三世十方诸佛。

译文

问：无本际，因为佛经说众生往来生死，本际不可得，此中说有众生有生死，由于什么因缘说这样的话呢？

答：根据伟大圣人佛陀之所说，本际是不可得的。生死没有始，也没有终。

圣人有三种：一者有五神通的外道，二者阿罗汉和辟支佛，三者得神通的伟大菩萨。在这三种圣人当中，佛是居于最高境界的，所以称为大圣。佛所说的话，没有不是真实的，他说生死没有始处。为什么呢？因为最初之生和最后之死不可得，所以说没有始。你认为如果没有最初和最后，应当有中，这也不对。为什么呢？

如果没有始终，中怎能有呢？所以这里所说的"中"，和先后一样，也是不存在的。

因为有中有后，所以有初；因为有初有中，所以有后；如果没有初没有后，怎能有中呢？生死中没有初、没有中、没有后，所以说中与先、后一样，是不可得的。为什么呢？

如果先有生，而后有老死，不因为有老死而有生，不因为生而有老死。

如果先有老死而后有生，老死就没因了，不生而自有老死。

如果生死众生首先有生，而后逐渐有老，而后又死，则生之前没有老死。然依法应生之前有老死，有老死而后有生，而且，没有老死也应当有生，实际上并非如此。而且，因生而有老死，如果先有老死而后有生，则老死就是没因，因为生在其后。而且，不生怎能有老死呢？

原典

若谓生、老、死先后不可得，一时成者，是亦有过。何以故？

　　生及于老死，不得一时共，
　　生时则有死，是二俱无因[①]。

若生、老、死一时则不然。何以故？生时即有死故。法应生时有死时无，若生时有死，是事不然。若一时生则无有相因，如牛角一时出，则不相因。

　　是故，若使初后共，是皆不然者，
　　　　何故而戏论，谓有生老死？

思维生、老、死三皆有过故，即无生毕竟空，而今何故贪着戏论生、老、死谓有决定相？

　　复次，诸所有因果，及相可相法，
　　　　受及受者等，所有一切法。
　　　　非但于生死，本际不可得，
　　　　如是一切法，本际皆亦无。

一切法者，所谓因果相可相，受及受者等，皆无本际。非但生死无本际，以略开示故，说生死无本际。

注释

①**是二俱无因**：无因意有二：（一）若生时有死，则无生时可为死因，死时有生，则无死可为生因。（二）若生死一时，如二角并立，则不相因。

译文

　　如果认为生、老、死于先后中求之不可得，而认为是一时成立，这也有过失。为什么呢？

生和老死，不能同时并存。如果认为生的时候就有死，生和死都堕于无因。

　　如果认为生、老、死同时并存，这是不可能的。为什么呢？因为这种观点认为生的时候就有死。一切事物都应当是生的时候有，死的时候没有。如果说生的时候就有死，这是根本不可能的。如果生和死同时产生，生、死二法不能相互为因，犹如牛角同时而出，二者不能相互为因。

　　所以说，先有生初，后有死后，以及生死同时共有，这三者都是不可能的。既然如此，为什么还要做无益的戏论，而说有生、老、死呢？

　　通过思维，方知生、老、死三者都有过失，这就是无生毕竟空。现今为什么要贪着戏论而说生、老、死有决定相呢？

　　而且，所有的一切因果以及能相法和可相法，受法和受者等，所有的一切事物。不但对于生死来说，本际是不可得的，且如此一切事物，其本际也都是没有的。

　　这里所说的一切事物，是指因果的能相法和可相法，还有受法和受者等，都没有本际。不只是生死没有本际而已。我们已经简略说明过生死是没有本际的。

观苦品第十二

原典

观苦品[1] 第十二

有说[2]曰：自作[3]及他作[4]，共作[5]无因作[6]。

如是说诸苦[7]，于果则不然。

有人言苦恼自作，或言他作，或言亦自作亦他作，或言无因作，于果皆不然。"于果皆不然"者，众生以众缘致苦，厌苦欲求灭，不知苦恼实因缘，有四种谬[8]，是故说"于果皆不然"。何以故？

苦若自作者，则不从缘生。

因有此阴故，而有彼阴生。

若苦自作，则不从众缘生，自名从自性生，是事不然。何以故？因前五阴有后五阴生，是故苦不得自作。

问曰：若言此五阴作彼五阴者，则是他作。

答曰：是事不然。何以故？

若谓此五阴，异彼五阴者，[9]

如是则应言，从他而作苦。

若此五阴与五阴异，彼五阴与此五阴异者，应从他作。如缕与布异者，应离缕有布。若离缕无布者，则布不异缕。如是彼五阴异此五阴者，则应离此五阴有彼五阴。若离此五阴无彼五阴者，则此五阴不异彼五阴，是故不应言苦从他作。

注释

① **观苦品**：本品来意有五：（一）以前说明没有生死，也没有本际，外人仍然执着佛经所说的生死是苦，涅槃是乐，所以要破苦；（二）外人认为如果没有生死，佛为什么说有苦呢？所以要说明经意；（三）论主为了拔除众生究竟苦，给以究竟乐，所以要破苦；（四）为了解释大乘佛教的甚深要义；（五）为了拔除众生苦，给与众生乐，假若实见有苦，就不能离苦，只有彻底理解苦，才能够离苦。

② **有说**，《藏要》本校注称："《无畏》问曰：有说苦是自作等故有苦，颂答。'有说'二字在颂文内。"

③ **自作**：外道认为苦的自作是身内神我造此痛苦。俗人认为苦的自作是自作自受，即自己犯罪，自己受苦。苦法的自作意谓五阴苦自体是从自体生，如火性生火事。

④ **他作**：外道认为苦的他作是大自在天造作六道之苦。俗人认为自己没有过失，是其他人使自己受苦。

苦法的他作即五阴苦是从以前的五阴所生。

⑤ **共作**：外道认为劫初先有一男一女，他们生一切众生。俗人认为自己有过，别人才使自己受苦。苦法的共作是说五阴后有自体产生。

⑥ **无因作**：外道认为自然有此痛苦。俗人认为不觉自他所作，痛苦无端自起。苦法的无因作意谓无明初念，托空而起。

⑦ **苦**：梵文 duḥkha 的意译，四圣谛之一，逼恼身心，使之受苦。有三苦、八苦等多种区分。三苦如下：（一）苦苦，饥寒热渴等造成的痛苦；（二）坏苦，乐境变坏所造成的痛苦；（三）行苦，一切有为法无常迁动所造成的痛苦。八苦如下：生苦、老苦、病苦、死苦、爱别离苦、怨憎会苦、求不得苦、五阴炽盛苦。

⑧ **四种谬**：即前文所说的自作、他作、共作、无因作。

⑨ 以上二句，《藏要》本校注称："番、梵云：若彼与此异，若此与彼异。"

译文

有人说：苦果是自作的，或说是他作的，或说是自他共作的，或说是无因缘而作。这样讲的各种痛苦，对于苦果来说根本不是这样。

有人说苦恼自作，或说是他作，或说既是自作又是他作，即共作，或者说是无因而作，但于果皆不然。"于果皆不然"者，有情众生由于各种条件招致痛苦，有情众生讨厌痛苦，想求得灭除，不知道招致苦恼的实际因缘，所以产生这四种谬解，所以说"于果皆不然"。为什么呢？

如果五阴生死苦果是从前五阴自体所作，则苦不是从各种条件产生。因为有这五阴，而使那五阴产生。

如果苦果自作，就不是从各种条件产生，"自作"称为自性生，此事并非如此。为什么呢？因为以前的五阴，使以后的五阴产生，所以说苦不是自作。

问：如果说这五阴造作那五阴，就是他作。

答：此事并非如此。为什么呢？

如果这五阴与那五阴相异，如果是这样的话，就应当说从他作苦。

如果说这五阴与那五阴相异，那五阴与这五阴相异，这应当是从他作。犹如缕与布相异，应当是离开缕以外而有布。如果说离开缕没有布，则布就不与缕相异。这样看来，那五阴与这五阴相异，就应当是离这五阴以外而有那五阴。如果离开这五阴以外没有那五阴，则这五阴就与那五阴不相异，所以不应当说苦是从他而作。

原典

　　问曰：自作者是人，人自作苦自受苦。

　　答曰：若人自作苦，离苦何有人？

　　　　　而谓于彼人，而能自作苦？

若谓人自作苦者，离五阴苦何处别有人？而能自作苦，应说是人，而不可说，是故苦非人自作。若谓人不自作苦，他人作苦与此人者，是亦不然。何以故？

　　　　若苦他人作，而与此人者，

　　　　若当离于苦，何有此人受？

若他人作苦与此人者，离五阴无有此人受。

复次，苦若彼人作，持与此人者，

　　　　离苦何有人，而能授于此？①

若谓彼人作苦授与此人者，离五阴苦，何有彼人作苦持与此人？若有应说其相。

复次，自作若不成，云何彼作苦？

　　　　若彼人作，即亦名自作。

种种因缘彼自作苦不成，而言他作苦，是亦不然。何以故？此彼相待故。若彼作苦，于彼亦名自作苦，自作苦先已破，汝受自作苦不成故，他作亦不成。

复次，苦不名自作，法不自作法？

彼无有自体，何有彼作苦？

自作苦不然。何以故？如刀不能自割，如是法不能自作法，是故不能自作。他作亦不然。何以故？离苦无彼自性，若离苦有彼自性者，应言彼作苦，彼亦即是苦，云何苦自作苦？

注释

① 关于本颂，藏文的《无畏论》《佛护论》和唐译清辨的《般若灯论》都缺此颂。

译文

问：自作者是人，人自己作苦自己受苦。

答：如果说人自己能作苦果的身体，让自己受苦。离了苦果，哪里还有人呢？怎能说于五蕴中有人，能够自己作苦，让自己受苦呢？

如果说自己能造作苦，离开五阴苦之外，什么地方还有人呢？能够自作苦的，应当说是五阴和合的人，但不可说，所以苦不是人造作的。如果说人不是自己造作苦，是其他人造作苦，给与这个人受苦，这也不对。为什么呢？

如果说苦是其他人造作出来，给与这个人受。假若离了五蕴和合的苦，哪里还有这人受苦呢？

如果是其他人造作苦，给与这个人受，离开五阴和合苦，就没有这个人受苦。

而且，如果一定说苦是那个人造作出来，给与这个人受，离开五蕴和合的苦，哪里还有造作苦的他人，把苦授与这个人呢？

如果说那个人造作苦，给与这个人受，离开五阴和合苦，哪里还有那个人造作苦，并授与这个人呢？如果有的话，应当说明他的情况。

而且，自己造作苦的道理既然已经不能成立，哪里还有他人造作苦的道理呢？如果是他人造作苦，这也称为自己造作苦。

由于种种因缘，那种自己造作苦的道理不能成立，所以又说其他人造作苦，这也不对。为什么呢？因为"他"与"自"相待而成立。

如果说是那个人造作苦，对于那个人来说，这也称为自己造作苦。关于自己造作苦的问题，先前已经破除了。你受自己造作的苦不能成立，受其他人造作的苦也不能成立。

而且，苦果不可称为自己造作，苦法自己不能造作苦法，彼人没有自体，哪里还有他自己造作的苦呢？

苦果自己造作不能成立。为什么呢？犹如一把刀子，它自己不能割自己。这样，事物本身自己不能造作自己，所以说苦果自己不能造作自己。由他人造作，这也不对。为什么呢？离开苦以外，没有它的自性，如果离开苦以外，有它的自性，就应当说由它作苦，它也就是苦，怎能说苦自己造作苦呢？

原典

问曰：若自作、他作不然，应有共作？

答曰：若彼此苦成，应有共作苦。

此彼尚无作，何况无因作？

自作、他作犹尚有过，何况无因作？无因多过，如《破作作者品》中说。

复次，非但说于苦，四种义①不成。

一切外万物，四义亦不成。

佛法中虽说五受阴为苦，有外道人谓苦受为苦。是故说不但说于苦四种义不成，外万物地、水、山、木等一切法皆不成。

注释

① **四种义**：即上文所说的自作、他作、共作和无因作。

译文

问：如果说自作、他作不能成立，是不是应当有共作呢？

答：如果彼作苦与此作苦能够成立，才应当有自、他和合的共作苦。此作苦、彼作苦尚且不能作出生死苦果，更何况是无因作呢？

自作苦、他作苦尚且存有过失，更何况无因作呢？无因作有多种过失，如《破作作者品》中所说。

而且，不但说苦，四种作的意义不能成立。而且一切身外万物，四种作的意义也不能成立。

佛法中虽然说五受阴为苦，有的信仰外道的人认为苦受是苦。所以说，不只说对于苦，四种作的意义不能成立，身外万物地、水、山、木等一切事物，都不能成立。

观行品第十三

原典

观行品[①] 第十三

问曰：如佛经所说，虚诳妄取相。[②]

诸行[③]妄取故，是名为虚诳。

佛经中说虚诳者，即是妄取相，第[④]一实者所谓涅槃，非妄取相。以是经说故，当知有诸行虚诳妄取相。

答曰：虚诳妄取者，是中何所取？

佛说如是事，欲以示空义。

若妄取相法是即虚诳者，是诸行中为何所取？佛如是说当知说空义。

注释

① 观行品：本品来意有三：（一）空其因，上观苦是破果，本品破行就是空因；（二）解释上文的苦义，有为法所以是苦，都是由于流动起作生灭所造成的；（三）消除虚妄的人法，自《因缘品》以来，已经破除

实有人法,外人仍然认为虚妄人法,所以本品要进行破除。

②以上二句,《藏要》本校注称:"番、梵、《灯》云:如世尊所说法取夺则妄。以下虚诳妄取皆作取夺及虚妄。今译误。"

③**行**:梵文 Saṃskāra 的意译,有二义:(一)行为,包括身、口、意三行,亦称三业;(二)有为法的迁流变化,三法印之一"诸行无常"的"行"。

④第,《碛砂藏》本原作"等",《藏要》本根据《高丽藏》本和藏文本改。

译文

问:如佛在经中所说的,万物虚诳,众生妄心执取其相,因为无常诸行被众生妄想取着,所以称为虚诳。

佛在经中所说的虚诳,就是众生妄心取着其相,第一位真实的东西就是涅槃,这不是众生妄心所取着的外相。因为佛经这样说过,应当知道有无常法的诸行虚诳和众生妄心所取之相。

答:万物虚诳,众生妄心取着,此中所取的对象是什么呢?佛说这样的事情,是为了说明万法皆空之真义。

如果说众生妄心所取之相就是虚诳,在这诸行当中，所取的对象是什么呢？佛这样讲，应当知道，这是为了说明空的含义。

原典

问曰：云何知一切诸行皆是空义？

答曰：一切诸行虚妄相故空，诸行生灭不住无自性故空。诸行名五阴，从行生故。是五阴皆虚妄无有定相。何以故？

如婴儿时色非匍匐时色，匍匐时色非行时色，行时色非童子时色，童子时色非壮年时色，壮年时色非老年时色，如色念念不住故，分别决定性不可得。婴儿色，为即是匍匐色，乃至老年色，为异，二俱有过。何以故？若婴儿色即是匍匐色，乃至老年色者，如是则是一色，皆为婴儿，无有匍匐乃至老年。

又如泥团常是泥团，终不作瓶。何以故？色常定故。若婴儿色异匍匐色者，则婴儿不作匍匐，匍匐不作婴儿。何以故？二色异故。如是童子、少年、壮年、老年色不应相续，有失亲属法，无父无子。若尔者，唯有婴儿应得父，余则匍匐乃至老年不应有分，是故二俱有过①。

问曰：色虽不定，婴儿色灭已，相续更生，乃至老年色，无有如上过？

答曰：婴儿色相续生者，为灭已相续生，为不灭相续生？若婴儿色灭，云何有相续？以无因故，如虽有薪可然，火灭故无有相续。若婴儿色不灭而相续者，则婴儿色不灭，常住本相亦无相续。

问曰：我不说灭不灭故相续生，但说不住相似生，故言相续生。

答曰：若尔者，则有定色而更生，如是应有千万种色，但是事不然，如是亦无相续。如是一切处求色无有定相，但以世俗言说故有。如芭蕉树求实不可得，但有皮叶，如是智者求色阴念念灭，更无实色可得，不住色形色相，相似次第生，难可分别。如灯焰分别定色不可得，从是定色更有色生不可得，是故色无性故空，但以世俗言说故有。

受亦如是，智者种种观察，次第相似故，生灭难可别知，如水流相续，但以觉故，说三受②在身，是故当知受同色说。想因名相生，若离名相则不生，是故佛说分别知名字相故名为相，非决定先有，从众缘生无定性。无定性故如影随形，因形有影，无形则无影，影无决定，若定有者，离形应有影，而实不尔，是故从众缘生，无自性故不可得。

想亦如是，但因外名相，以世俗言说故有。识因色、声、香、味、触等，眼、耳、鼻、舌、身等生，以眼等诸根别异故，识有别异。是识为在色，为在眼，为在中间？无有决定，但生已识尘，识此人识彼人，知此人识为即是，知彼人识为异，是二难可分别[3]。如眼识、耳识亦难分别，以难分别故，或言一或言异，无有决定分别。从众缘生故，眼等分别故，空无自性。如技人含一珠，出已复示人则生疑，为是本珠，为更有异？识亦如是，生已更生，为是本识，为是异识？是故当知识不住，故无自性，虚诳如幻。

诸行亦如是，诸行者身、口、意，行有二种，净、不净。何等为不净？恼众生贪着等，名不净。不恼众生、实语不贪着等，名净。或增或减，净行者，在人中欲天[4]、色天[5]、无色天[6]受果报已，则减；还作，故名增。不净行者亦如是，在地狱[7]、畜生、饿鬼[8]、阿修罗[9]中受果报已，则减；还作，故名增。是故诸行有增有减，故不住。如人有病，随宜将适，病则除愈。若不将适，病则还集。诸行亦如是，有增有减故不决定，但以世[10]俗言说故有，因世谛故得见第一义谛。

所谓无明缘诸行，从诸行有识着，识着故有名色[11]，从名色有六入[12]，从六入有触[13]，从触有受，从受有爱[14]，从爱有取[15]，从取有有[16]，从有有生[17]，从生有老死忧悲苦恼、恩爱别苦[18]，怨憎会苦[19]等，如是诸苦皆以行为本，佛以世谛故说。

若得第一义谛生真智慧[20]者，则无明息，无明息故，诸行亦不集[21]。诸行不集故，见谛[22]所断身见[23]、疑[24]、戒取[25]等断，及思维所断贪[26]、恚[27]色染、无色染调戏无明亦断，以是断故——分灭，所谓无明、诸行、识、名色、六入、触、受、爱、取、有、生、老死、忧悲苦恼、恩爱别苦、怨憎会苦等皆灭，以是灭故，五阴身毕竟灭，更无有余，唯但有空。是故佛欲示空义，故说诸行虚诳。

注释

① **是故二俱有过**：老少若同一则堕常过，这是色常观点，此破数论外道及其他大乘佛教派别。老少若异则堕断过，这是色无常观点，此破小乘佛教上座部和胜论外道。

② **三受**：即苦受、乐受和不苦不乐的舍受。

③ **分别**：梵文 Vibhājya 的意译，思量识别各种事物的道理称为分别，是心法和心所法的能动作用，所以分别是心法和心所法的异名，因为虚妄分别我、法，所以称为分别之惑。有三种分别：（一）自性分别，如眼识识别色，耳识识别声等，此为现量；（二）计度分别，

对于种种差别之事进行猛利思量推度；（三）随念分别，追忆思念经历过的事情。后二种分别只限于意识，通比量和非量。

④**欲天**：即欲界诸天，共六天，所以称为六欲天：四天王众天、三十三天、夜摩天、亲史多天、乐变化天、他化自在天。

⑤**色天**：即色界诸天，为离食、淫二欲众生所居住的处所，分四禅十七天。初禅三天是：梵众天、梵辅天、大梵天。二禅三天是：少光天、无量光天、极光净天。三禅三天是：少净天、无量净天、遍净天。四禅八天是：无云天、福生天、广果天、无烦天、无热天、善现天、善见天、色究竟天。此外，还有分为十六天、十八天的说法。

⑥**无色天**：即无色界诸天，在此居住者已经没有任何物质现象，没有形体，唯以命根、众同分赖以存在，因为有四处，所以称为四空天：空无边处、识无边处、无所有处、非想非非想处。

⑦**地狱**：梵文 Naraka 的意译，另译不乐、可厌、苦具、苦器等，音译那洛迦。六道轮回中的最恶道，最受苦的众生在此居住。相传有八大地狱，亦称八热地狱：（一）等活地狱，生此者互相残杀，凉风吹来，死而复活，再次受苦；（二）黑绳地狱，以黑铁绳绞勒罪

人；（三）众合地狱，以众兽、刑量等配合，残害罪人；（四）号叫地狱，罪人在此悲号；（五）大叫地狱；（六）炎热地狱；（七）大热地狱；（八）阿鼻地狱（Arīci），亦称无间地狱，此中众生不断受苦。

⑧ **饿鬼**：梵文 Preta 的意译，音译薛荔多、闭丽多等，六道轮回之一，居住于阎魔王的地下宫殿、人间坟地、黑山洞等，相传有很多种，经常受饿。

⑨ **阿修罗**：梵文 Asura 的音译，略称修罗，另译阿须罗、阿苏罗、阿素洛等，意译不端正、非天等。天龙八部之一、六道轮回之一，原为古印度神话中的一种恶神，后被佛教吸收。因为阿修罗经常与天神战斗，所以后世人把战场称为修罗场。

⑩ **世**，《碛砂藏》本此字下衍"谛"字，《藏要》本根据《高丽藏》本删。

⑪ **名色**：梵文 Nāmarūpa 的意译，十二因缘之一，五蕴中的受、想、行、识四蕴相当于名。五蕴中的色蕴相当于色，即地、水、火、风四大种以及由四大种所构成的物质世界和人身。

⑫ **六入**：亦称六处或六根，眼、耳、鼻、舌、身、意。

⑬ **触**：即六触身，眼触、耳触、鼻触、舌触、身触、意触。

⑭ **爱**：十二因缘之一，意谓贪爱，有三种爱：欲

爱、色爱、无色爱，与欲界、色界、无色界相对应。

⑮ **取**：十二因缘之一，意谓追求和执取。有四种取：欲取、见取、戒禁取、我语取。

⑯ **有**：梵文 Bhāva 的意译，意谓存在，十二因缘之一，由于"取"而决定来世的生存情况，有三有：欲有、色有、无色有，亦称三界。

⑰ **生**：梵文 Jāti 的意译，意谓产生，十二因缘之一，由五蕴、十二处、十八界产生命根。

⑱ **恩爱别苦**：八苦之一，即爱别离苦，与亲爱的人分离所造成的痛苦。

⑲ **怨憎会苦**：八苦之一，和讨厌的人在一起所造成的痛苦。

⑳ **真智慧**：二智之一，即真智、实智、正体智、无分别智、根本智等，是佛、菩萨认识真如理的智慧。

㉑ **集**：梵文 Samudgasatya 的意译，即四谛的集谛，行或业是集起有情众生痛苦的原因。

㉒ **见谛**：证悟真理。声闻预流果以上，菩萨初地以上的圣者。

㉓ **身见**：梵文 Satkāyadarśaṇa 的意译，音译萨迦耶见，亦称我见。认为我和我所都是真实存在的。

㉔ **疑**：梵文 Vicikitsā 的意译，对四圣谛等佛教真理有怀疑，使之不能行善。

㉕ **戒取**：即戒禁取。亦称戒取见，此见有二：（一）执取因为因，如以大自在天为生因；（二）执非道为道，如认为拜鸡狗可以升天。这是外道（非佛教派别）的两种见解。

㉖ **贪**：梵文 Rāga 的意译，三毒（贪、瞋、痴）之一，对世间财物的贪爱、贪欲，由此产生痛苦。

㉗ **恚**：即瞋，梵文 Pratigha 的意译，三毒之一，是仇恨并损害他人的心理状态。

译文

问：怎么知道一切诸行都是空之真义呢？

答：因为一切诸行都是虚妄之相，所以说是空，诸行生灭无常，不能常住，没有自性，所以说是空。诸行称为五阴，因为五阴是从行所生。这种五阴都虚妄不实，没有固定之相。为什么呢？

譬如婴儿时之色不是能爬时的色，能爬时之色不是行时之色，行时之色不是十五岁以下童子时之色，童子时之色不是壮年时的色，壮年时之色不是老年时之色，如色心念念不能留住，对此进行分别，其自性肯定不可得。婴儿时的色就是能爬时的色，乃至是老年时的色，此为相同，前述是相异，相同相异两种观点都有过失。为什么呢？如果婴儿时的色就是能爬时的色，乃至是老年时的色。这样，就是一种色，都是婴儿，没有能爬乃至老年。

又如泥团永远是泥团，终究不能作成瓶。为什么呢？因为色永远是固定的。如果说婴儿时的色不同于能爬时的色，那婴儿就不能爬，能爬的也不能是婴儿。为什么呢？因为婴儿时的色和能爬时的色，这二种色不相同的缘故。这样，童子、少年、壮年、老年时的色不应当是相续的，这就不能是亲属法，没有父亲，也没有儿子。如果是这样的话，只是婴儿有父亲，其余的如能爬阶段乃至老年都不应当有父亲，所以说相同、相异二种观点都有过失。

问：色虽然是不固定的，婴儿之色灭除以后，相续再生，乃至产生老年色，这就没有上述过失了吧？

答：如果说婴儿色相续产生的话，是灭除后相续产生呢，还是灭除前相续产生呢？如果婴儿色相灭的话，哪里还能有相续呢？因为没有因缘，如薪虽然可以燃烧，火灭以后就没有相续了。如果婴儿之色不灭除而相续的话，则婴儿之色就不灭除，永远留住于本相，也没有相续。

问：我不是说由于灭或不灭而有相续生，只是说不常住，与生相似，所以说是相续生。

答：如果是这样的话，就有固定不变的色再次产生，这样就会有千万种色，但是事实上并非如此，这样也就没有相续。这样，在一切处所寻求色，都没有固定不变的相，是随顺俗人而说有。如芭蕉树那样求果实而不可得，只有皮叶。有智慧的人这样寻求色阴，念念灭除，更没有真实的色可以得到，不留住于色形和色相，好像是次第产生，难以分别。如对灯和焰进行分别，固定不变的色不可得，从这样的定色再次产生色是不可能的，所以说色没有自性，所以是空，只是随顺俗人而说有。

受也是这样，有智慧的人通过种种观察，次第相似，生和灭很难分别知道，就像水流那样相续不断，只是由于感觉问题而说三受在身，所以应当知道受与色是相同的。想像因为名相而生，如果离开名相就没有生，所以佛说分别知道名字相，所以称为想，并非肯定先前实有，是从众缘和合而生，没有固定不变的自性。因为没有固定不变的自性，所以就如影随形一样，因为形而有影，没有形则没有影，影是不肯定的，如果是肯定有的，离形以外应当有影，但实际上不是这样，所以是从众缘和合而生，因为没有自性，所以是不可得的。

想也是这样，只是由于外表名相，随顺俗人而说有。识因为色、声、香、味、触等，使眼、耳、鼻、舌、身识等产生，因为眼等各种根不同，识也不同。这识是在色呢？还是在眼呢？还是在色、眼中间呢？不能肯定，只是产生以后，才能识别尘，认识这个人，认识那个人。了知这个人的识是同一，了知那个人的识是别异，这二者很难进行分别。如眼识、耳识那样，也难以分别。因为难以分别，或者说同一，或者说相异，没有固定的分别。因为是从众缘和合而生，眼等的分别，是空无自性。如演魔术的人，只含一珠，吐出来再让人们看，这使人们产生怀疑，这是原来的宝珠呢，还是另外一颗呢？识也是这样，产生以后再次生，这是本来的识呢，还是另外的识呢？所以应当知道，识不常住，所以说没有自性，是虚诳的，犹如幻化。

诸行也是这样，"诸行"是指身、口、意三行，有净和不净二种。什么是不净呢？恼害众生、有贪着等称为不净。不恼害众生、说实话、没有贪着等，称为净。或者增加，或者减少，净行存在于人中、欲界诸天、色界诸天、无色界诸天所受的果报，在此情况下则为减；再次造作，所以称为增。不净也是这样，在地狱、畜生、饿鬼、阿修罗趣中接受果报以后，则减；再次造作，所以称为增。所以说诸行有增有减，所以说不是常住。如人得病，随顺机宜，将使之舒适，病就会痊愈。如果得不到舒适，病就会继续发作。诸行也是这样，有增有减，所以是不肯定的，只是随顺俗人而说有，由于世谛而得第一义谛。

人们所说的无明缘诸行，由于诸行而有识，由于识而有名色，从名色而有六入，从六入而有触，从触而有受，从受有爱，从爱有取，从取而生有，从有而有生，从生有老死和忧悲苦恼、爱别离苦、怨憎会苦等，这样说来，各种苦都以行为本，佛随顺俗谛而说。

如果得第一义谛而生真智者，则无明就会息灭，因为无明息灭，诸行也不再集起。因为诸行不再集起，属于见谛所断的身见、疑、戒禁取等都断，以及属于思维所断的贪、瞋、色界之染、无色界之染的戏论无明也要断除。因为无明断除，每一部分的无明都要灭除，所说的无明、诸行、识、名色、六入、触、受、爱、取、有、生、老死、忧悲苦恼、爱别离苦、怨憎会苦等都要灭除，因为这些都灭除了，五阴身就毕竟灭除，没有一点剩余，只是空。所以说佛为了显示空义而说各种行都是虚诳的。

原典

复次，诸法无性故虚诳，虚诳故空，如偈说：

诸法有异故，知皆是无性。①

无性法亦无，一切法空故。②

诸法无有性。何以故？诸法虽生，不住自性，是故无性。如婴儿定住自性者，终不作匍匐乃至老年，而婴儿次第相续有异相现，匍匐乃至老年，是故说见诸法异相，故知无性。

问曰：若诸法无性，即有无性法，有何咎？

答曰：若无性，云何有法？云何有相？何以故？无有根本故。但为破性故说无性，是无性法若有者，不名一切法空；若一切法空，云何有无性法？

注释

① 上二句破除外道，如数论外道主张二十五谛，从细至粗，从粗至细，其体常有，体即是性。也破斥佛教内部的毗昙之性和摄论师的三性。

② 本颂后二句破斥成实之假和唯识的三无性。

译文

而且，因为各种事物都没有自性，所以是虚诳的，因为是虚诳的，所以是空，如偈颂这样说：

因为各种事物是有变异的，由此知道一切事物都是没有自性的。没有自性的事物也是没有的,因为一切事物都是空。

各种事物都没有自性。为什么呢?各种事物虽然产生,但不常住于自性,所以说没有自性。如果婴儿肯定常住自性,终究不能爬乃至老死,但是婴儿按照次第相续不绝,有变异相显现,从能爬乃至老死,所以说见到各种事物的变异相,由此而知没有自性。

问:如果各种事物没有自性,就有没自性的事物,这有什么错误呢?

答:如果没有自性,怎能有事物存在呢?怎能有体相呢?为什么呢?因为没有根本。只是为了破除自性而说无性,这种没自性的事物如果是有的话,就不能说一切事物是空;如果一切事物是空,怎能有无自性的事物呢?

原典

问曰:诸法若无性①,云何说婴儿,
　　　　乃至于老年,而有种种异?

诸法若无性,则无有异相,而汝说有异相,是故有诸法性。若无诸法性,云何有异相?

答曰:若诸法有性②,云何而得异?

  若诸法无性，云何而有异？

  若诸法决定有性，云何可得异？性名决定有，不可变异，如真金不可变，又如暗性不变为明，明性不变为暗。

  复次，是法则无异，异法亦无异。

  如壮不作老，老亦不作壮③。

  若法有异者，则应有异相，为即是法异，为异法异？是二不然。若是法异，则老应作老，而老实不作老。若异法异者，老与壮异，壮应作老，而壮实不作老，二俱有过。

  问曰：若是法即异，有何咎？如今眼见年少，经日月岁数则老。

  答曰：若是法即异，乳应即是酪。

  离乳有何法，而能作于酪？

  若是法即异者，乳应即是酪，更不须因缘，是事不然。何以故？乳与酪有种种异故，乳不即是酪，是故法不即异。若谓异法为异者，是亦不然，离乳更有何物为酪？如是思维，是法不异，异法亦无异，是故不应偏有所执。

注释

  ① **性**：外道认为性有二种：一者不异之性，二者

体性。

②若诸法有性，据《藏要》本校注，藏文《中论颂本》、宋译安慧著《中观释论》、唐译清辨著《般若灯论》、梵本月称著《中论疏》，本颂和下一颂合为一颂云：若无体性者，变异复何属？若为体性者，云何而得异？今译误开为二。

③老亦不作壮，《藏要》本校注称："番、梵云：老亦不作老。佛护释云：即壮为老，则有异法一处过。即老为老，则有分别无用过，今译错。"

译文

外人问：如果各种事物没有自性，怎么可以说从婴儿到老年有这种种的变异呢？

各种事物如果没有自性，就没有变异之相，但是你说有变异之相，所以有各种事物的自性。如果没有各种事物的自性，怎能有变异之相呢？

论主答：如果各种事物有自性，怎能有变异呢？如果各种事物没有自性，怎能有变异呢？

如果各种事物肯定有自性，怎么会有变异呢？自性称为肯定有，不能够变异，如真金不可改变一样，又如黑暗性不能变为光明，光明性不能变为黑暗。

而且，同一事物没有变异，不同的事物也没有变异，如壮年不能变作老年，老就是老，也不能说变作壮。

如果事物有变异的话，就应当有变异之相，是与同一事物的异相呢，还是与不同的事物相异呢？这两种观点都不对。如果说同一事物有变异，就应当说老变作老，但实际上，老并不变作老。如果不同事物相异的话，老年就与壮年相异，壮年应当变作老年，但是实际上，壮年不变作老年，这两种意见都有过失。

问：如果是同一事物相异，这有什么错误呢？如今亲眼见到是少年，经过日月年的变迁则变老。

答：如果说同一事物就是变异，乳应当就是酪。离开乳以外，还有什么东西能够作成酪呢？

如果说同一事物就是变异的话，乳就应当是酪，不再需要因缘。实际上此事并非如此。为什么呢？因为乳与酪有种种变异，乳不就是酪，所以说同一事物不就是变异。如果说不同的事物就是变异的话，这也不对，离开乳以外，还有什么东西是酪呢？进行这样的思维，同一事物不是变异，不同的事物也不是变异，所以说不应当有所偏执。

原典

问曰：破是破异，犹有空在，空即是法。

答曰：若有不空法，则应有空法。

实无不空法，何得有空[①]法？

若有不空法，相因故，应有空法，而上来种种因缘破不空法，不空法无故，则无相待。无相待故，何有空法？

问曰：汝说不空法无故，空法亦无。若尔者，即是说空，但无相待故，不应有执，若有对，应有相待；若无对，则无相待。相待无故，则无相；无相故，则无执。如是即为说空。

答曰：大圣[②]说空法，为离诸见[③]故。

若复见有空，诸佛所不化。

大圣为破六十二诸见[④]及无明、爱等诸烦恼故说空，若人于空复生见者，是人不可化。譬如有病须服药可治，若药复为病，则不可治。如火从薪出，以水可灭，若从水生，为用何灭？如空是水，能灭诸烦恼火。

有人罪重，贪着心深，智慧浅故，于空生见，或谓有空，或谓无空，因有无还起烦恼。若以空化此人者，则言："我久知是空，若离空则无涅槃道，如经说离空无相无作门得解脱者，但有言说。"

注释

①破空义有二：（一）论主申经说虚妄为示相，外人即执有空，故须破之；（二）外人自起空迷云："我本立有，汝破云无。即有其无，亦应有有。"故须破之。

②大圣，《藏要》本校注称："番、梵作诸胜者。"

③见：梵文 Dṛṣṭi 或 Darśana 的意译，是对事物的见解，据《大毗婆沙论》卷九十五，见有四义：观视（观察境界）、决度（形成判断）、坚执（固执己见）、深入（深化认识）。分正见、邪见、恶见等，佛教泛用时指错误见解。

④六十二诸见：外道的六十二种错误见解，佛典中的记载不一致，据《长阿含·梵动经》载，关于过去的见解有十八种：（一）自我和世界常住论有四种；（二）自我和世界亦常亦非常论有四种；（三）世界有边和无边论有四种；（四）诡辩论有四种；（五）自我和世界的无因论有二种。

关于未来的见解有四十四种：（一）死后有想论有十六种；（二）死后无想论有八种；（三）死后非有想非无想论有八种；（四）断灭论有七种；（五）现在涅槃论有五种。

译文

问：破是破除虚妄分别的事物，破除这些以后，还有空存在，空就是法。

答：如果有不空的事物，就应当有"空"这种事物。实际上没有不空的事物，哪里还有"空"这种事物呢？

如果有不空的事物，就应当有"空"这种事物，因为不空的事物和"空"这种事物相因待而成立，前文以种种因缘破除不空的事物，不空的事物没有了，相待的"空"这种事物也就没有了。因为没有相待了，哪里还有"空"这种事物呢？

问：因为你说没有不空的事物，"空"这种事物也就没有了。如果是这样的话，即使说空，但是因为没有相待，不应当有所执着，如果有对立的事物，就应当有相待的事物；如果没有对立的事物，就没有相待的事物。因为没有相待，就没有体相；因为没有体相，所以没有执着。这样，就说为空。

答：伟大的圣人佛陀说诸法性空，是为了让人们脱离各种错误的见解。如果有人由此又执见有空，诸佛都不能教化他们。

伟大的佛陀为了破除外道的六十二种错误见解，也为了破除无明、爱等各种烦恼，所以要说空，如果有人于空又生邪见，这种人是不可教化的。譬如说，人得了病，需要服药治疗。如果服药反而引起疾病，这就不可挽救了。譬如说，火从薪而出，用水可以灭除，如果火从水而生，用什么灭除呢？空就像是水一样，能够灭除各种烦恼火。

有的人罪孽深重，贪心太重，智慧浅薄，对于空产生邪见，或者认为有空，又因为有空或无空而生烦恼。如果以空教化这种人，他们会说："我早就知道这种空理了，如果离开空，就没有达到涅槃的道路，如佛经所说：离开空、无相、无作的法门，而能得解脱的说法，只是空谈而已。"

观合品第十四

原典

观合品① 第十四

说曰②：上破《根品》③中说见、所见、见者皆不成，此三事无异法故则无合④，无合义今当说。

问曰：何故眼等三事无合？

答曰：见可见见者，是三各异方。

如是三法异，终无有合时。

见是眼根⑤，可见是色尘⑥，见者是我，是三事各在异处，终无合时。异处者，眼在身内，色在外，我者或言在身内，或言遍一切处，是故无合。

复次，若谓有见法，为合而见，不合而见二俱不然。何以故？若合而见者，随有尘处应有根有我，但是事不然，是故不合。若不合而见者，根、我、尘各在异处，亦应有见而不见。何以故？如眼根在此不见远处瓶，是故二俱不见。

问曰：我、意、根、尘四事合故有知生，能知瓶、衣等万物，是故有见、可见、见者。

答曰：是事《根品》中已破，今当更说。汝说四事合故知生，是知为见瓶、衣等物已生，为未见而生？若见已生者知则无用，若未见而生者，是则未合，云何有知生？

若谓四事一时合而知生，是亦不然，若一时生则无相待。何以故？先有瓶，次见，后知生，一时则无先后。知无故，见、可见、见者亦无。如是诸法如幻如梦，无有定相，何得有合？无合故空。

复次，染与于可染，染者亦复然。

余入⑦余烦恼，皆亦复如是。

如见、可见、见者无合故,染、可染、染者亦应无合。如说见、可见、见者三法则说闻、可闻、闻者余入等,如说染、可染、染者则说嗔、可嗔、嗔者余烦恼⑧等。

复次,异法当有合,见等无有异。

异相不成故,见等⑨云何合?

凡物皆以异故有合,而见等异相不可得,是故无合。

复次,非但可见等,异相不可得,

所有一切法,皆亦无异相。

非但见、可见、见者等三事异相不可得,一切法皆无异相。

注释

①观合品:本品来意有六:(一)说明没有合与散,因为外人认为无相待无始之义与般若实相合,所以本品要进行破除;(二)说明没有执着没有理解,身心及"我"都不可得,谁理解呢?什么东西可以产生执着呢?(三)说明根、尘无合,以前破除了五阴、六情与行,意思还没有说彻底,所以有这一品;(四)以前已破实五阴,本品破假五阴;(五)详破一切异法,《观行品》破异是略破,本品是详破;(六)破一切法异,使

众生得到解脱。众生认为一切法异，由此产生惑障，所以本品要进行破除。

②说曰，《藏要》本校注称："《无畏》上有一问曰：诸物实有，世间现见合故。此文是答。"

③破《根品》：即第三品《观六情品》，因为六情即六根。

④合：据吉藏著《中观论疏》卷七末，主张"合"的有四种人：（一）世俗人主张六根与六尘合；（二）外道主张情、神、意、尘四合生知；（三）毗昙师主张别有触数，能和会根尘；（四）成实师主张根与尘合，无别触数。

⑤眼根：六根（眼根、耳根、鼻根、舌根、身根、意根）之一，眼识的所依，地、水、火、风四大种所造，发眼识的功能肉眼是看不见的，体质清净，此称净色根，亦称胜义根。肉眼可见之眼球称为扶根尘，亦称扶尘根。

⑥色尘：亦称色境，是眼识所缘的外境。六尘（色尘、声尘、香尘、味尘、触尘、法尘）之一，包括青、黄、赤、白等显色及男、女等形色。

⑦余入："入"为十二入，包括眼、耳、鼻、舌、身、意六根和色、声、香、味、触、法六尘。六尘是外六入，六根是内六入。"入"又有涉入的意思，六根六

尘互相涉入而生六识。十二入又称为十二处，"处"是所依之义，六根六尘是六识的所依。前文已经讲过眼根和色尘，所以"余入"是指其余的十入。

⑧ **余烦恼**：即其余的瞋、可瞋、瞋者，痴、可痴、痴者。

⑨ **等**：此中省略所见、见者。

译文

论主说：前文在破《根品》的时候说过：见、所见、见者都不能成立，这三种东西实际上没有相异之法，相异方能合，无异则无合。此无合义，今当明论。

问：为什么说眼等三种东西无合呢？

答：见之眼根、可见之色法、我或识之见者，这三者各各别异，各有各的方所位置。因为这三种东西不同，终究不会有和合的时候。

见是眼根，可见是色尘，见者是我，这三种东西各在不同的处所，终究没有和合的时候。所谓"异处"，眼在身内，色尘在身外，"我"或者说在身内，或者说普遍存在于一切处所，三者不相及，所以说没有和合。

而且，如果认为有见法，是和合而有呢，还是不和合而有呢？这两种意见都不对。为什么呢？如果认为和合而有见，随顺有尘的处所应当有根有我，但此事并非如此，所以说不是和合。如果认为不和合而有见，根、我、尘各在不同处所，也应当有见，而实不见。为什么呢？如眼根在这里，看不见远处的瓶，所以说合与不合二种情况都看不见。

问：我、意、根、尘四种东西和合，所以有"知"产生，能够知道瓶、衣等万事万物。既然有"知"，所以说有见、可见、见者。

答：此事在《根品》中已经破斥过了，现在应当再次说明，你说我、意、根、尘四种东西和合，所以有"知"产生，这种"知"是见瓶、衣等物以后而生呢，还是未见而生呢？如果说见以后而"知"生，"知"就没用了。如果说未见而"知"生，这就不会有和合，这怎能有"知"产生呢？

如果说我、意、根、尘四种东西一时合而使"知"产生，这也不对，如果说一时产生，就不会有先后相待。为什么呢？应当先有瓶，尔后见有瓶，然后"知"产生，知其为瓶，一时则无先后，所以实际上没有"知"，因为没有"知"，所以见、可见、见者也没有。如此看来，万事万物如幻如梦，没有固定不变之相，怎能有合呢？没有合，所以是空。

而且，见之贪染与可见之可染、见者之染者也是这样，其余的"入"和其余的烦恼也都是这样。

犹如见、可见、见者无合那样，染、可染、染者也应当是无合。如说见、可见、见者三法那样，说闻、可闻、闻者及其余的"入"等，皆可例知。如说染、可染、染者三法那样，说瞋、可瞋、瞋者及其余的烦恼等，亦可例知。

而且，相异之法应当有和合，见等没有别异相。既然异相不能成立，见等怎能有和合呢？

一切事物都是因为异而有合，见等其异相是不可得的，所以说没有合。

而且，不仅是可见等的异相不可得，所有的一切事物，也都是没有异相的。

不仅见、可见、见者三种东西，其异相是不可得的，所有的一切事物也都没有异相。

原典

问曰：何故无有异相？

答曰：异因异有异，异离异无异。

若法所因出①，是法不异因。

汝所谓"异"，是异因异法故名为异，离异法不名为异。何以故②？若法从众缘生，是法不异因，因坏异

经典・2 卷二——观合品第十四 237

亦坏故。如因梁、椽等有舍，舍不异梁、椽，梁、椽等坏，舍亦坏故。

问曰：若有定异法，有何咎？

答曰：若离从异异③，应余异有异。

离从异无异，是故无有异。

若离从异有异法者，则应离异有异法。而实离从异无有异法，是故无余异。如离五指异有拳异者，拳异应于瓶等异物有异。今离五指异拳异不可得，是故拳异于瓶、衣等无异法。

注释

① 若法所因出，《藏要》本校注称："番、梵云：若因彼为此，则不与彼异。"

② 何以故，《藏要》本校注称："《无畏》意谓：复次，若依彼法而起者，则与彼法不得有异。"

③ **若离从异异**：本颂清辨的《般若灯论》缺。"从异"，即事物所从生众缘上之异相，如林从树生，树异于林，树就是林的从异。指、土、布分别是拳、瓶、衣的从异，离开指、土、布以外，拳等同一空相，拳、瓶、衣实际上不是异。

译文

问：为什么说没有异相呢？

答：有异于因之异法，所以说有"异"，然而"异"离开异法以外就没有"异"。如果事物所以要产生，必然是由于因而出，这种事物就不异于因。

你所说的"异"，是有异于因的真实异法，如拳异于指，瓶异于土，拳与瓶异，所以称为"异"。你不知道异法皆空，若离异法，于"空"中求"异"不能称为"异"。为什么呢？如果事物是从众缘和合而生，这种事物都不异于因，因为因破坏，一切异法也要破坏。例如：因梁、椽等而有房舍，房舍不异于梁、椽。梁、椽等破坏，房舍也必然要破坏。

问：如果有肯定的异法，这有什么错误呢？

答：如果离开从异以外有异法，应当是与其余的异法有异。如果离开从异以外没有异法，所以说法空没有异。

如果离开从异有真实的异法，则应当说离开从异以外有异法。但实际上离开从异以外没有异法，所以再没有其余的异法。如果说离开五指从异以外，真的有拳异五指，则拳是异于因的实法，应当说于瓶、衣等异物有异。但是现在的实际情况是：离开五指从异以外，拳之异法不可得，所以说拳之异法全空，于瓶、衣等同是虚妄，实际上没有异法。

原典

问曰[1]：我经说异相不从众缘生，分别总相故有异相，因异相故有异法。

答曰：异中无异相，不异中亦无。

无有异相故，则无此彼异。

汝言分别总相[2]，故有异相，因异相故有异法。若尔者，异相从众缘生，如是即说众缘法是异相，离异法不可得故，异相因异法而有，不能独成。

今异法中无异相。何以故？先有异法故，何用异相？不异法中亦无异相。何以故？若异相在不异法中，不名不异法。若二处俱无，即无异相，异相无故，此彼法亦无。复次，异法无故，亦无合。

是法不自合，异法亦不合。

合者及合时，合法亦皆无。

是法自体不合，以一故，如一指不自合。异法亦不合，以异故，异事已成，不须合故。如是思维，合法不可得，是故说合者、合时、合法皆不可得。

注释

①问曰,《藏要》本校注称:"《无畏》问曰:缘起者非异,但待所谓异之共相而异。颂答。"

②**汝言分别总相**:如以林为总相,于中分出某树,某树为异相。

译文

问:我曾经说过,异相不是从众缘和合而生,对总相进行分别,所以有异相。因为有异相,所以有异法。

答:异相当中没有异相,不异中也没有差别性。因为没有异相,所以没有此法彼法之间的差别。

你说分别总相,所以有异相,因为有异相,所以有异法。如果是这样的话,这种异相就是从总相中之众缘而生。这样,就是仍说众缘生法是异相,因为异相离异法是不可得的,所以异相因异法而有,不能单独成立。

今且异法中实际上没有异相。为什么呢?现在既然先有异法,因为法外别无异相,哪里还用得着再说有异相呢?非异法也没有异相。为什么呢?如果异相在非异法中,就不能称为非异法。如果异法、非异法二处都没有异相,就知道实际上没有异相。因为没有异相,所以异法本无。因为没有异法，此法彼法也没有。而且，因为没有异法，也就没有合相。

在一种东西当中，不能自己与自己相合，在不同的东西当中，也不能和合。合者和合时、合法也都是没有的。

是一种东西，其自体不可能和合，因为是一体，如一个指头，自己不能与自己相合。不同的东西也不能和合，因为不同的东西完全是空，没有本体可合。你以为是有，认为不同的东西已经成立，这也不需要和合。这样考虑起来，和合的事物是不可得的，所以说合者、合时、合法都不可得。

3 卷三

观有无品第十五

原典

观有无品① 第十五

问曰：诸法各有性，以有力用故②，如瓶有瓶性，布有布性，是性众缘合时则出。

答曰：众缘中有性，是事则不然。

性从众缘出，即名为作法。③

若诸法有性，不应从众缘出。何以故？若从众缘出，即是作法，无有定性。

问曰④：若诸法性众缘作，有何咎？

答曰：性若是作者，云何有此义？

性名为无作，不待异法成⑤。

如金杂铜，则非真金，如是若有性，则不须众缘，若从众缘出，当知无真性。又性若决定，不应待他出，非如长短，彼此无定性，故待他而有。

注释

① **观有无品**：有、无即有见和无见，也就是常见和断见这二边见。本品依缘起法说明非有非无的中道实理。"有"是因缘和合的假有，因缘离散，幻化的法相离灭，这就是无。所以有、无离开因缘以外，不是存在，也不是非存在。一切事物都如有、无一样，没有实体自性，这就是缘起性空中道实理。

《中论》的《观有无品》不同于《十二门论》的《观有无品》，《十二门论》的《观有无品》是针对有为法的三相而说，生、住是有，灭是无。本品来意有四：广破有、无，对治迷惑，重破合，重破异。

② 以有力用故，《藏要》本校注称："《无畏》原云：现见能作各别业故，又如瓶性、衣性等从因缘起故。"

③ 关于本颂，《藏要》本校注称："番、梵颂云：性从因及缘，生起则非理，因缘所起性，应成有所作。"

④问曰,《藏要》本校注称:"勘《无畏》,释上颂分两段,此释后半征起之文也。释已重问,若性为所作,复有何咎?乃出此颂。"

⑤不待异法成,《藏要》本校注称:"番、梵云:又不待他故,与释相顺。"

译文

外人问:各种事物各有各的自性,因为各有力用,如瓶有瓶的自性,布有布的自性,这种自性当众缘和合的时候则出现。

论主答:各种条件中有自性,此事并非如此。既然自性是从各种条件的和合而生出,这就应当称为所造作的事物,不能称为自性。

如果说各种事物有自性,既然称为自性,就应当是为自己所本有,不应当是从各种条件的和合而生出。为什么呢?如果是从各种条件的和合而生出,这就是所造作的事物,没有一定的自性。

外人问:如果说各种事物的自性是由于各种条件的造作,这有什么错误呢?

论主答:如果说自性是由于各种条件的和合所造作,哪里还有自性的意思呢?自性称为非造作法,是不待其他事物而成的独立存在。

如金掺杂有铜，这就不是真金。这样看来，如果是有自性，就不需要有各种条件。如果是从各种条件的和合而生出，应当知道，这没有真正的自性。而且，如果说自性是肯定无疑的，不应当待其他事物而生出，不能像长短那样相待而成立，彼此之间没有固定的自性，所以要待其他事物而有。

原典

问曰：诸法若无自性，应有他性[①]？

答曰：法若无自性，云何有他性？

自性于他性，亦名为他性。[②]

诸法性众缘作故，亦因待成，故无自性。若尔者，他性于他亦是自性，亦从众缘生，相待故亦无，无故，云何言诸法从他性生？他性亦是自性故。

注释

① **他性**：相对自性而言，是依他而有的自性。自性是有义，他性是无义。如五阴中的人，体性为自，五阴为他。或者说以阴中人为自，自阴以外的一切事物都

是他。

② 本颂后半，《藏要》本校注称："番、梵云：他物之自性是说为他性。"

译文

外人问：各种事物如果是没有自性的话，是不是应当有他性呢？

答：事物如果没有自性，怎能有他性呢？自性对于他性来说，也称为他性。

各种事物的本性是由于各种条件的和合造作，又因为是相待而成立，所以说没有自性。如果是这样的话，他性对于其他事物来说，也是自性，也是从各种条件的和合而产生，也是相待而成立，所以也是空无，因为没有他性，怎能说各种事物是从他性而生呢？因为他性也就是自性，不能有。

原典

问曰①：若离自性、他性有诸法，有何咎？
答曰：离自性他性，何得更有法？
　　若有自他性，诸法则得成。

汝说离自性、他性有法者，是事不然。若离自性、他性则无有法。何以故？有自性、他性，法则成，如瓶体是自性，依②物是他性。

注释

①**问曰**：外人提此问题的意思是说：各种事物虽然不是自性有，也不是他性有，但终究应有世谛万法，既然论主不允许自性有和他性有，应有不自不他的因缘之有。

②依，《碛砂藏》本原作"衣"，《藏要》本根据《高丽藏》本改。

译文

外人问：如果离开自性、他性以外而有万事万物，这有什么错误呢？

答：离开自性、他性以外，哪里还有事物呢？假若实有自性、他性，万事万物就会得以成立。

你说离开自性、他性以外而有事物，此事并非如此。如果离开自性和他性以外，就不会有事物。为什么呢？有自性、他性，这种事物就会成立，如果瓶体是自性，所依之物就是他性。

原典

问曰：若以自性、他性破有者，今应有无①。

答曰：有若不成者，无云何可成？

　　因有有法故②，有坏名为无。

若汝已受"有"不成者，亦应受"无"亦无。何以故？有法坏败故名无，是无因有坏而有。

注释

①**今应有无**：外人此问有三意：（一）其宗立无，如谓世谛是有，真谛为无；（二）外人见论主觅有无从，遂立无；（三）外人见论主借无破有，外人即捉破为立。

②**因有有法故**，《藏要》本校注称："番、梵云：世人谓有物变异为无故，下长行坏败亦皆作变异。"

译文

外人问：如果以自性、他性破"有"的话，现在应当有"无"。

论主答："有"都不能成立，"无"怎能可以成立呢？因为先有一种有法，这"有"败坏以后才能称为"无"。

如果你已经接受"有"不能成立之理，也应当接受"无"也是没有的。为什么呢？实有的事物坏败才能称为"无"，这种"无"是因为"有"坏败而有。

原典

复次①，若人见有无②，见自性他性，
　　如是则不见，佛法真实义。

若人深着诸法，必求有见；若破自性，则见他性；若破他性，则见有；若破有，则见无；若破无，则迷惑。若利根③着心薄者，知灭诸见安稳故，更不生四种戏论④，是人则见佛法真实义，是故说上偈。

注释

① 复次，《藏要》本校注称："《无畏》问曰：有说以见真实成解脱故，诸物自性应有。颂答。"

② 若人见有无，《藏要》本校注称："番、梵以自他有无为次，与释相顺。"

③ 利根：梵文 Tiksa-indriya 的意译，"利"意谓锐

利或疾速,"根"意谓根机或根性。利根是能够很快理解佛法并能圆满达到解脱者的根机或根性。

④ **四种戏论**：即有、无、亦有亦无、非有非无。

译文

而且,如果有人在各种事物当中见到有性或无性,也就见到了自性或他性。这样,他就见不到佛法的真实含义。

如果有人深刻执着各种事物,他就必定进逐有见;如果破除自性,就会见到他性;如果破除他性,就会见到有;如果破除有,就会见到无;如果破除无,就会堕于迷惑。如果有的人是利根,其执着之心是薄弱的,灭除各种邪见,即达涅槃,再也不能产生四种戏论,此人就会见到佛法的真实含义,所以说了上述之偈。

原典

复次,佛能灭有无[①],于化迦旃延,

　　经[②]中之所说,离有亦离无。

《删陀迦旃延经》中,佛为说正见[③]义,离有离无。若诸法中少决定有者,佛不应破有、无。若破有则人谓为无，佛通达诸法相故说二俱无，是故汝应舍有、无见。

注释

① 灭有无，《藏要》本校注称："番、梵作知有无。"

② 经：即《化迦旃延经》，属于《杂阿含经》中的一部经。此经是小乘经，这说明小乘经中尚破有无，更何况大乘经呢？又说明学小乘的人尚不执着有无，更何况学大乘的人呢？

化迦旃延，亦称删陀迦旃延，即迦旃延（Kātyāyana），古印度阿盘提国婆罗门之子，姓"大迦旃延"，名"那罗陀"，原出家学外道，后从释迦牟尼出家，成为"十大弟子"之一，能够分别诸经，善说法相，所以称为"议论第一"。

③ 正见：梵文 Samyak-drṣti 的意译，八正道之一，对四谛等佛教真理的正确认识。

译文

而且，佛能够以缘起法灭除有和无，这是他在《化迦旃延经》中所说的，所以佛弟子们不仅应当离有，也应当离无。

在《删陀迦旃延经》中，佛为了说明正见的意思，是非有非无的，如果各种事物中有少许决定有或无的话，佛就不应当破有和无。然而如果破有，人们就认为是无。如果破无，人们就认为是有，执心难化，只有佛通达万事万物之相，所以他为迦旃延说有、无二者都无，因此，你们应当舍除有见和无见。

原典

复次，若法实有性①，后则不应无。

性若有异相②，是事终不然。

若诸法决定有性，终不应变异③。何以故？若定有④自性，不应有异相，如上真金喻。今现见诸法有异相故，当知无有定相。

注释

① 若法实有性，《藏要》本校注称："番、梵云：若由自性有，彼则不应无。"

② **性若有异相**：论主所以要破异，是因为对中道迷惑不解的人认为内外诸法并皆变异，故存在有法。因

为存在有法，所以存在无法。今求变异无从，这就不存在有法，有法既然是没有的，无法也就没有了。而且本无今有为生，则"无"变为"有"，已有还无为灭，"有"变异为"无"，今既破"异"，则具破"有"和"无"。

③ 终不应变异，《藏要》本校注称："《无畏》原作不应为无。"

④ 有，《碛砂藏》本原作"在"，《藏要》本根据《高丽藏》本和藏文本改。

译文

而且，如果事物实有自性，以后就不应当变为"无"。假若说自性有变异之相，此事终究是不可能的。

如果各种事物肯定有自性，终究不应当变异。为什么呢？如果事物之相肯定住在自性上，就不应当有变异之相，如上文所说的真金之喻。因为现在看见各种事物有变异之相，所以应当知道没有自性，没有定相。

原典

复次，若法实有性，云何而可异？
若法实无性，云何而可异？①

若法定有性，云何可变异？若无性，则无自体，云何可变异？

注释

① 关于本颂，《藏要》本校注称："番、梵此颂一、三句互倒。"据吉藏《中观论疏》卷七末，本颂上半重牒前有性门无异，破外道、《毗昙》等义，下半颂破《成实》及中假之流，言有因缘无性之异。

译文

而且，假若事物实有自性，怎么可以变异呢？假若事物实际上没有自性，怎么可以变异？

假若事物肯定有自性，怎么可以变异呢？假若没有自性，就没有自体，怎么可以变异呢？

原典

复次，定有则着常，定无则着断，
　　是故有智者，不应着有无①。
若法定有有相，则终无无相，是即为常。何以故？如说三世者[2],未来中有法相,是法来至现在,转入过去,不舍本相,是则为常。又说因中先有果[3],是亦为常。若说定有"无"[4],是"无"必先有今无,是则为断灭,断灭名无相续因[5]。由是二见即远离佛法。

注释

① 着有无,《藏要》本校注称:"番、梵作住有无。"
② **如说三世者**：此指小乘佛教说一切有部。
③ **又说因中先有果**：此指数论外道和胜论外道。
④ **若说定有"无"**：此指数论外道的创始人优楼迦(Uiūka),他主张过去未来二世无。
⑤ **断灭名无相续因**：前念为因,后念为果,前念既灭,则无后因。

译文

而且,如果认为各种事物肯定有实在的自性,这就必然执着其常。如果认为肯定没有自性,这就必然执着其断。所以,有智慧的人们不应当执着实有或实无。

如果事物肯定有自性，存在有相，终究不会有"无相"，这就是常见。为什么呢？如小乘佛教说一切有部所说的三世实有，未来世中有事物之相，这种事物来到现在世，又转入过去世，永远舍不掉本相，所以说这是常见。数论外道和胜论外道又说因中事先有果，这也是常见。如果像数论创始人优楼迦所说的那样肯定有"无"，这种"无"肯定是先有，现在是无，这就是断灭，断灭称为无相续因，所以说断、常二见离佛法甚远。

原典

问曰：何故因有生常见，因无生断见？

答曰：若法有定性[①]，非无则是常。

先有而今无，是则为断灭。[②]

若法性定有，则是有相，非无相，终不应无。若无则非有，即为无，先已说过故，如是则堕常见。

若法先有，败坏而无者，是名断灭。何以故？有不应无故。汝谓有无各有定相故，若有断常见者，则无罪福等，破世间事，是故应舍。

注释

① 若法有定性，《藏要》本校注称："番、梵作由自性有，次后均同。"

② 据吉藏著《中观论疏》卷七末，有无和断常的关系如下。一、粗论断常：（1）人断常，阴灭神灭是人断，阴灭神存是人常；（2）法断常，如三世有部（说一切有部）是法常，优楼迦所说的二世无义是法断。二、有无是断常：（1）有是常，如人不假阴成，阴虽断而人存，故是常；（2）无是断，因果相续是不断，今因遂灭无则果无所续。

译文

问：为什么说有因即生常见，无因即生断见呢？

答：如果说各种事物有肯定的自性，不是无，这就是常住。如果说先前的各种事物是实有，现在才归于灭无，这就是断灭。

如果说事物的自性肯定有，这就是固定有相，不是无相，终究不应当是无。如果肯定变为无，这就是非有，就称为无。肯定有的东西不应当变为无，先前已经说过了。这样，就会堕于常见。

如果说事物肯定是先前已有，因为败坏而无，这就称为堕于断灭之见。为什么呢？肯定先有，不应当变为无。如果你认为有、无各有固定之相，如果有断、常之见，就不会有罪、福等，这就破坏了尘世间之事，所以应当舍除。

观缚解品第十六

原典

观缚解品[①]第十六

问曰：生死非都无根本，于中应有众生往来[②]，若诸行往来[③]，汝以何因缘故说众生及诸行尽空，无有往来？

答曰：诸行往来者，常不应往来，

无常亦不应，众生亦复然。

诸行往来六道[④]生死中者，为常相往来，为无常相往来？二俱不然。若常相往来者，则无生死相续，以决定故[⑤]，自性住故。若以无常往来者，亦无往来生死相续，以不决定故，无自性故。若众生[⑥]往来者，亦有如是过。

复次[7]，若众生往来，阴界[8]诸入中，

　　　　五种[9]求尽无，谁有往来者？

生死阴、界、入即是一义[10]，若众生于此阴、界、入中往来者，是众生于《然可然品》中五种求不可得[11]，谁于阴、界、入中而有往来者？

复次，若从身至身[12]，往来即无身。

　　　　若其无有身，则无有往来。

若众生往来，为有身往来，为无身往来？二俱不然。何以故？若有身往来，从一身至一身[13]，如是，则往来者无身。又若先已有身不应复从身至身。若先无身则无有，若无有云何有生死往来？

注释

① 观缚解品：据吉藏著《中观论疏》卷七末，破缚解义有六：（一）今求内外缚解悉不可得，故名破缚解；（二）见有缚解，则名为缚，检缚解无从，乃名为解；（三）内外大小乘乃除于缚，不为缚所缚，犹未除解，今令其具脱缚解二缚；（四）内外大小言缚解二，并欲断缚而修解，今令其了缚即是解，故破缚解；（五）明大乘经中无缚无解义，如《大品》云：无缚无脱为大庄严等；（六）有缚有脱是有见，无缚无脱是无见，有

无是断常,故须破之。

②于中应有众生往来,《藏要》本校注称:"《无畏》原云:应有诸行有情流转涅槃缚解,今译往来即生死也。"

③**往来**:据吉藏著《中观论疏》卷七末,主张往来的有四种人:(一)莎提比丘,主张有一识往来生死;(二)数论及大乘人,都说无常往来;(三)外道,计众生是常,故往来;(四)内学,执众生无常,是故往来。

④**六道**:亦称六趣,众生由于生前的善恶业力,有六种轮回转生的趣向:天、人、阿修罗(Asura,恶神)、畜生、饿鬼、地狱。

⑤以决定故,《藏要》本校注称:"《无畏》原云:以决定住故,有自性故,不转变故。次释无常不成,反此,亦三因。"

⑥生,《碛砂藏》本此字下衍"故"字,《藏要》本根据《高丽藏》本和藏文本改。

⑦复次,《藏要》本校注称:"《无畏》问曰:不说有情与蕴等为常无常而流转,颂答。"

⑧**界**:即六界,亦称六大(Ṣaḍ-hātu),即地、水、火、风、空、识。

⑨**五种**:即五种方法,以五阴中的色阴为例:(一)色不是我,(二)离色没有我,(三)不离色也没

有我,(四)我中没有色,(五)色中没有我。以这五种方法寻求色阴中的我不可得。

⑩ **生死阴、界、入即是一义**:亦名生死,亦名阴界入,故云一义,又同是众生之一义,约能破门,同是五求不可得义。

⑪ 是众生于《然可然品》中五种求不可得,《藏要》本校注称:"《无畏》原云:于蕴界处是即,是异,彼中有此,此中有彼,此彼相应,互相推求无所得故。'种'字下原刻衍'品中五种'四字,依丽本刻删。"

⑫ 若从身至身,《藏要》本校注称:"四本颂云:若从取至取流转则无有,无有复无取何者当流转?此有、取皆属十二有支,今译脱误,长行例知。"

⑬ 从一身至一身,《藏要》本校注称:"《无畏》原云:由取至取而流转者,此中间位应无所谓有。次云:若无取亦无流转,以无有及取故。"

译文

问:生死并不是都没有根本,此中应当有众生往来,及诸行往来,你以什么因缘而说众生及诸行都空,没有往来呢?

答:在诸行往来生死当中,如果执着常住,就不应当有往来。如果说诸行是无常的，也不应当有往来，有情众生也是这样。

诸行在六道中往来生死，是以常恒之相往来呢，还是以平常之相往来呢？这二种意见都不对。如果是以常恒之相往来的话，就没有生死相续，因为是肯定常有，又因为是自性常住。如果是以无常往来的话，也没有往来生死相续，因为不是肯定有，又因为没有自性，自体寂灭，怎能往来呢？如果说有众生而有往来的话，也有这样的过失。

而且，假若说有众生的往来相续，在五阴、六界、六入的诸法当中，以五种方法推求神我，尽无所有，还有谁在往来呢？

生死与五阴、十八界、十二入诸法，如幻如梦，就是同一意义，如果有众生在这阴、界、入中往来的话，是众生有体，在《然可然品》中已经说过受与受者不能成立，实际上没有众生。在《观五阴品》中，也说众生五种阴身，求之不可得，既然没有众生，谁在阴、界、入中而有往来生死呢？

而且，假若从一个五阴身到另一个五阴身，这从前者到后者的往来就是无身。既然中间没有转移的身，就不会有往来。

如果说众生往来于阴、界、入中，是有身往来呢，还是无身往来呢？这二种观点都不对。为什么呢？如果是有身往来，则从此一身中至另一身中，这样，则往来者应当是无身。而且，如果先前已经有身了，不应当两身重迭，又从此身中至彼身中。如果先前无身，就不会有。如果没有的话，怎能有生死往来呢？

原典

问曰：经说有涅槃灭一切苦，是灭应诸行灭、若众生灭[1]。

答曰：二俱不然。何以故？

诸行若灭者，是事终不然。

众生若灭者，是事亦不然。[2]

汝说若诸行灭、若众生灭，是事先已答。诸行无有性，众生亦无，种种推求生死往来不可得，是故诸行不灭，众生亦无灭。

注释

[1] **是灭应诸行灭、若众生灭**：意谓经说涅槃灭人法，当知必有人法之生，何得云无人法往来生死？

[2] 本颂的意思是说：众生及诸行本自不生，今无

所灭。本自不生故，无有缚本。今无灭则无解本，无缚本故不生，无解本故不涅槃。

译文

外人问：佛经说有涅槃，灭除一切痛苦，这种灭应当是诸行灭和众生灭。

论主答：说诸行灭和众生灭都不对。为什么呢？

若说诸行有灭，此事终究是不可能的。若说众生有灭，此事也是不可能的。

你说诸行灭及众生灭，此事先前已经回答过了。诸行不存在有性，众生也不存在有性，进行种种推求，生死往来皆不可得。诸行和众生本来没有，本来没有就不应当有灭。所以说诸行无灭，众生也无灭。

原典

问曰[1]：若尔者，则无缚无解，根本不可得故。[2]

答曰：诸行生灭相，不缚亦不解。

众生如先说，不缚亦不解。[3]

汝谓诸行及众生有缚解者，是事不然，诸行念念生灭，故不应有缚解，众生先说五种推求不可得，云何有缚解？

注释

① 问曰，《藏要》本校注称："《无畏》原云：无依则缚解不成，故应是诸行及有情二者缚解。"

② 外人此问的意思是说：生死是缚本，涅槃是解根，若如上破无生死涅槃，则无根本。无根本故，应无缚解。若无缚解，则无凡无圣，无因无果，而实有缚解，故知根本不无。

③ 本颂上半破法无缚解，下半破人无缚解。诸行生灭念念不住，云何能缚？既其无缚，云何有解？众生毕竟空故，亦无缚解可说。

译文

外人问：如果是这样的话，就没有缚，也没有解，因为缚和解是根本不可得的。

答：诸行是无常的，其相如幻，不是缚也不是解。众生如先前所说的无往来一样，不是缚，也不是解。

你说诸行及众生应当有缚解，此事并非如此，诸行是念念生灭的，不应当有缚解，众生如先前所说的五种阴身，推求而不可得，怎能说有缚解呢？

原典

复次①，若身名为缚，有身则不缚②，

无身亦不缚③，于何而有缚？

若谓五阴身名为缚，若众生先有五阴则不应缚。何以故？一人有二身故。无身亦不应缚。何以故？若无身则无五阴④，无五阴则空，云何可缚？如是第三更无所缚。

注释

① 复次，《藏要》本校注称："《无畏》问曰：今不说有情与有无取是即是异而缚，颂答。颂中'身'字，番、梵均作'取'，《无畏》释同。"

② 有身则不缚：据《中观论疏》卷七末，此有四义：一者身不自缚，如指不自触；二者若是能缚，则无所缚；三者若是所缚，则无能缚；四者若有能缚所缚，便有二十五阴身也。

③ 无身亦不缚：因为"无身"没有能缚和所缚。

④若无身则无五阴，《藏要》本校注称："《无畏》原云：是则无有，即无由成缚故。"

译文

而且，如果说身体称为缚，有身就不是缚，无身也不是缚，还有什么可缚呢？

如果说众生所受五阴身称为缚，这是不可能的，如果说众生身外先有五阴身，就不应当相缚。为什么呢？众生一身，五阴又一身，则是一人有二身。如果先前没有五阴身，也不应当缚。为什么呢？如果无身，就没有五阴。没有五阴就是空，怎能可缚呢？这样看来，第三义更没有所谓"缚"。

原典

复次，若可缚先缚，则应缚可缚，
　　而先实无缚，余如去来答。①

若谓可缚先有缚，则应缚可缚，而实离可缚先无缚，是故不得言众生有缚②。或言众生是可缚，五阴是缚。③或言五阴中诸烦恼是缚，余五阴是可缚，④是事不然。何以故？

若离五阴先有众生者,则应以五阴缚众生,而实离五阴无别众生,若离五阴别有烦恼者,则应以烦恼缚五阴,而实离五阴无别烦恼。复次,如《去来品》中说:已去不去,未去不去,去时不去。如是未缚不缚,缚已不缚,缚时不缚。

注释

① 据吉藏著《中观论疏》卷七末,外人计缚义有二:(一)五阴是能缚,众生是所缚;(二)行阴中烦恼是能缚,五阴是所缚。上半纵之,若可缚之前别有能缚,应将能缚来缚可缚,如离众生前别有五阴,应将五阴来缚众生,今离众生之前无别五阴,云何将五阴以缚众生?

② 是故不得言众生有缚,《藏要》本校注称:"《无畏》原云:取为缚五成,结上一段文也。"

③ 上二句,是犊子部的主张。

④ 上二句,是毗昙师的主张。

译文

而且,假若在可缚(即所缚)之先,已经有一个能缚者，就应当说有能缚可缚。在所缚之先实际上没有能缚者，其余内容如《观去来品》中所回答的。

如果说可缚之众生，先有所缚者，则应当有缚，缚可缚之众生，但实际上离可缚之众生，先前没有所缚，所以不能说众生有有缚。或如犊子部所说的那样，众生是可缚，五阴是缚。或如毗昙师所说的那样，五阴中的各种烦恼是缚，其余的五阴是可缚，此事并非如此。为什么呢？

如果说离开五阴先有众生的话，就应当以五阴束缚众生，但实际上离开五阴之外，没有另外的众生。如果说离开五阴另有烦恼的话，就应当此烦恼束缚五阴，但实际上离开五阴以外，没有另外的烦恼。而且，如《观去来品》中所说：已去没有去，未去没有去，去时没有去。这样看来，未缚没有缚，已缚没有缚，缚时没有缚。

原典

复次①，亦无有解。何以故？

　　缚者无有解②，不缚亦无解③。

　　缚时有解者④，缚解则一时。

缚者无有解。何以故？已缚故。无缚亦无解。何以故？无缚故。若谓缚时有解，则缚、解一时，是事不然，又缚、解相违故。

注释

①复次,《藏要》本校注称:"《无畏》问曰:解脱是有,颂答。"

②**缚者无有解**:即已缚无解,此论断惑义,已缚者在惑已谢,何所断耶?而且,缚已谢则无缚,怎能有解呢?

③**不缚亦无解**:即未缚无解,未缚无缚可待,亦无解。此明惑在未来,解如何断呢?

④**缚时有解者**:解惑一时则不得并存,如计我见是惑,无我心是解,正起我见时,无有无我解,有无我解时,无我见惑,怎能一时呢?

译文

再者,既然没有缚,也就没有解。为什么呢?

曾被系者,是没有解脱的。如果不曾被系缚,也没有解脱。如果说正当系缚的时候有解脱,系缚与解脱就存在于同一时间。

曾被系缚者没有解脱。为什么呢?因为已经系缚了。既然是系缚,就不能称为解脱。如果是不曾被系缚者,也没有解脱。为什么呢?因为先前没有系缚,为什么说是解脱呢？如果说系缚的时候有解脱，则系缚和解脱就存在于同一时间，此事并非如此，因为系缚和解脱互相违逆，不应当并存。

原典

问曰：有人修道现入涅槃得解脱，云何言无？[①]

答曰：若不受诸法[②]，我当得涅槃。

若人如是者，还为受所缚。

若人作是念，我离受得涅槃，是人即为受所缚。

注释

[①] 此问是数论外道和大乘人提出的，意思是说：既然有涅槃可入，有解脱可得，为什么说无呢？

[②] **若不受诸法**：据吉藏著《中观论疏》卷七末，无受有二：一、以五阴名受，二、以取着之心名之为受。入无余涅槃时无此二受，所以说不受着法。

译文

问：有人修行佛道，现在证入涅槃而得解脱，这就是解脱所缚,怎能说无呢?

答:如果有人认为:不受、不取着各种事物,我将来就能够证得无余涅槃。如果有人这样想,他还是为受所系缚。

如果有人这样想:我想脱离受而得涅槃,这人就是为受所系缚。

原典

复次①,不离于生死,而别有涅槃,②
实相义如是,云何有分别?③

诸法实相④第一义中,不说离生死别有涅槃,如经说:涅槃即生死,生死即涅槃。如是诸法实相中,云何言定是生死是涅槃?

注释

① 复次,《藏要》本校注称:"《无畏》问曰:且流转及涅槃是有,二者有一即有余故。颂答。"

② **不离于生死,而别有涅槃**:生死即涅槃,故不缚;涅槃即生死,故不解。惑者多谓断缚得解,除生死得涅槃,故起缚解二见。现在了悟到生死本来四绝(非

有、非无、非亦有亦无、非非有非无），即是涅槃，故知不了解涅槃四绝者翻成生死。

③关于本颂，《藏要》本校注称："番、梵颂云：无处灭生亦无流转舍，于此中分别何流转何灭？月称释乃谓于一切可知相胜义中云云，今译第三句，盖是译人所加也。"

④**实相**：与法性、真如等同义，"实"是非虚妄之义，"相"为无相。佛教认为万事万物的真实相状是空，是无相。

译文

而且，不能说离生死以外另有涅槃，实相的意思也是这样，怎能说有分别呢？

各种事物的实相，以真谛来看，不能脱离生死另有涅槃，如佛经说：涅槃即生死，生死即涅槃。如此看来，在各种事物的实相当中，怎能说肯定是生死或是涅槃呢？

观业品第十七

原典

观业品① **第十七**

问曰：汝虽种种破诸法，而业决定有②，能令一切众生受果报，如经说：一切众生皆随业而生，恶者入地狱，修福者生天，行道者得涅槃，是故一切法不应空。所谓业者：

人能降伏心③，利益于众生④，

是名为慈善⑤，二世果报种。

人有三毒，恼他故生，行善者先自灭恶，是故说降伏其心，利益他人。利益他者，行布施、持戒、忍辱⑥等，不恼众生，是名利益他，亦名慈善福德，亦名今世、后世乐果种子。

注释

① 观业品，《藏要》本校注称："梵作《观业果品》。"本品是世间集的最后一品，中心内容是烦恼和业的关系。

② 业决定有：业是梵文 Karma 的意译，音译羯磨，是有情众生的身心活动，相当于行为，一般分为三种：身业、语业、意业，亦称三行。外人认为：业是一切众生接受果报的原因，这种业因肯定存在。

③ 心：按照唯识的解释，心的意义有六：（一）集起名心；集诸种子，起诸现行，此义只属第八识阿赖耶识；（二）积集名心，此义唯属前七转识，能集名心，能熏积诸法种子存于阿赖耶识之中；（三）绝虑名心，八个心王都能缘虑自分境；（四）心又称为识，识有了别的意思；（五）心又可以称为意，意即思量；（六）据特别殊胜的意义而论，唯指第八识阿赖耶识。

④ 利益于众生，《藏要》本校注称："番、梵作利益他，与释合。又次二句云：此慈心为法，此他世果种。"

⑤ 慈善：能降伏恶的业是止善，利益众生是行善，伏恶利物通称为慈善，是今世、后世乐果之因。伏恶是自行，益物是化他。

⑥ 忍辱：梵文 Kṣānti 的意译，音译履提，六度之一。一般分为耐怨害忍、安受苦忍、谛察法忍三种。耐怨害忍，是说菩萨能够忍耐其他有情众生对自己所作的怨对损害。安受苦忍，是说菩萨在修行道法的时候，对于饥渴寒热等痛苦，能够安然忍受。谛察法忍，菩萨对甚深难解的法义，能以坚忍的意志审谛观察思维。

译文

你虽然以各种各样的方法破除各种各样的事物，但是"业"是肯定有的，这业能使一切有情众生接受果报。如佛经说：一切有情众生都随业力而生，行恶者下地狱，行善者升天，修行佛道者能够得涅槃，所以说一切事物不应当是空。所说的"业"就是：

人能够降伏心，能够给有情众生带来利益，这就称为慈善，能够种下今世、后世好的果报种子。

人有贪、瞋、痴三毒，因为恼害其他有情众生而产生，这就称为恶业。行善者必须首先亲自灭除邪恶，所以说降伏其心，是为了给其他有情众生带来利益。为了给其他有情众生带来利益，就要实行布施、持戒、忍辱等六度，不恼害有情众生，这就称为给其他有情众生带来利益，也称为慈善福德，也称为获得今世、后世享乐果报的种子。

原典

复次[①]，大圣说二业，思与从思生，
　　　　是业别相中，种种分别说。

大圣略说业有二种：一者思，二者从思生。是二业如阿毗昙[2]中广说。

　　　　佛所说思者，所谓意业[3]是。
　　　　所从思生者，即是身口业[4]。

　　思是心数法，诸心数法中能发起有所作故名业，因是思故起外身、口业。虽因余心、心数法有所作，但思为所作本，故说思为业。

注释

①复次，《藏要》本校注称："《无畏》原云：此复如何？说颂云云。"

②**阿毗昙**：梵文 Abhidharma 的音译，意译为论。相当于三藏之一的论藏。

③**意业**：三业之一，指人的心理活动。

④**身口业**：身业是三业之一，指有情众生的行为。口业又称为语业，是指有情众生说话这种行为。

译文

　　而且，伟大的佛所说的业，从根本上来讲有二种：即思业和思心所法所产生的业，这二业的别相，在佛教经论中又作各种各样的分别说。

伟大的佛简略说明业有二种：一是思业，二是从思业所产生的业。这二业如佛教论典所详细解说。

佛所说的思业，就是所谓的意业。从思心所法所产生的业，就是身业和口业。

思是心所法，诸心所法中有能发起身业、口业者，有所作用者，所以称为业。因为是一种思，能够生起思之外的身业、口业。虽然因为发起身业、口业之余心法、心所法而有所作用，为从思所生之业，但思为所作根本，也总说思为业，名为意业。

原典

是业今当说相①

　　身业及口业②，作与无作业，

　　如是四事③中，亦善亦不善。

　　从用④生福德，罪生亦如是，

　　及思为七法⑤，能了诸业相。

口业者⑥，四种口业⑦；身业者，三种身业⑧。是七种业有二种差别：有作、有不作。作时名作业，作已常随逐生，名无作业。是二种有善⑨、不善。不善名不止恶；善名止恶。

复有从用生福德，如施主⑩施受者，若受者受用，施主得二种福：一从施生，二从用生。如人以箭射人，若箭杀一人有二种罪：一者从射生，二者从杀生。

若射不杀，射者但得射罪，无杀罪，是故偈中说罪福从用生。如是名为六种业⑪，第七名思，是七种即是分别业相。是业有今世、后世果报，是故决定有业有果报，故诸法不应空。

注释

① 是业今当说相，《藏要》本校注称："《无畏》原云：复次，总略相如何？说颂云云。"

② 关于本颂，《藏要》本校注称："四本颂云：谓语及行动，未远离无表及诸余远离无表亦如是，受用所生福非福相如是，并思为七法，应许为知业。今译文错。"

③ 四事：身、口二业，各有作、无作二业，故称四事。四事只有善恶二性，没有无记性。

④ 从用：有二种从用：（一）身从用，（二）口从用。身从用如把衣服交给别人穿，这就是无作之善。口从用如一位法师讲经，由其弟子复述，弟子复述即无口无作。

⑤ 七法：此指七业，七业的名称，颂文及青目、

清辨的释都没说清楚，释善因的《中论述义》卷三把前文的四事再加身无作（身从用）和口无作（口从用）二种，再加思业即成七业。这显然是错误的，因为四事中已有身无作和口无作。吉藏的《中观论疏》本卷八分为善七业和恶七业，善七业如下：身、口、作、无作、作时善、受用善和思业。恶七业是：身、口、作、无作、作时恶、受用恶和思业。印顺法师的《中观论颂讲记》认为七业应该是身、口、作、无作、善、不善和思业。

⑥ 口业者，《藏要》本校注称："《无畏》原云：语者四口业，行动者四身业。与牒颂合。"

⑦ **四种口业**：即妄言、绮语、两舌、恶口。

⑧ **三种身业**：即杀、盗、淫。

⑨ 是二种有善，《藏要》本校注称："《无畏》释云：无表二种，若受不善律仪而未舍者，所起为未远离；已舍者，所起为远离，并身语业为四。佛护释：身语本是业道，今亦入业数也。"

⑩ **施主**：梵文 Dānapati 的意译，音译陀那钵底。意谓进行布施的主人，或者是利用自己的资财召开法会或供养僧人者。

⑪ **六种业**：即口业、身业、有作、无作、善与不善。

译文

对于这二种业,现在应当略说其相:

身业和口业,各分为作业与无作业,在这四事当中,有善性和不善性。

二种从用产生福德,罪过的产生也是这样,再加"思"心所法,即为七法。这样,就能了知各种业相。

关于口业的问题,有四种口业。关于身业的问题,有三种身业。这七种恶业有二种差别:有作、有不作。为什么呢?作时称为作业,已作常常随逐此人而生果报,这称为无作业。在这二种当中,有善,有不善。不善之名是不止前七种恶;善之名是止前七种恶。

如果推论而说,又有从用产生福德,从用产生罪过,如施主布施给受者,如果受者受用,施主就获得二种福报:一是从布施所产生的福报,二是从他受用所产生的福报。这就是从用所产生的福德。比如有人以箭射人,如果用箭射杀一个人,这就要犯二种罪过:一者是从"射"这种动作所产生的罪过,二者是从"杀"所产生的罪过。

如果射而不杀,射者只得因为"射"而产生的罪过,没有因"杀"而产生的罪过。这就是从用所产生的罪过。所以偈颂中说:罪福是从作用产生的。这样,就有六种业，都是从"思"心所法产生的，第七种业是思业，这样，共有七种业，这就是分别业相。这种业可以产生今世果报和后世果报，所以说肯定有业有果报，各种事物不应当是空。

原典

答曰：业住至受报①，是业即为常。

若灭即无常，云何生果报？②

业若住至受果报即为是常③，是事不然。何以故？业是生灭相，一念尚不住，何况至果报？若谓业灭，灭则无，云何能生果报？

注释

① 受报，《藏要》本校注称："番、梵作熟时。"

② 本颂破斥的对象有五。（一）小乘佛教说一切有部，该部认为现在生起的善业和恶业，对于过去来说是"得"，以后假若果生起，此"得"则断。此义具断、常二义，起而即谢为断，在过去不灭为常。（二）法藏部，该部主张过去的业现在谢灭，其体为无，但有"曾有"之义，所以得果，这也具有断、常二义，过去的业

谢灭，此为断。有"曾有"之义，此为常。（三）饮光部，该部主张过去的业传到现在，未得果时常在，此义同说一切有部。以后果生起，业即谢灭而无，此义同饮光部。（四）梁钟山开善寺智藏，他主张过去的业谢灭，成就现在的业，所以现在心中有成就业和现起业。（五）摄论师，他们主张阿赖耶识持善恶世及出世种子，所以能够得果。

③业若住至受果报即为是常，《藏要》本校注称："《无畏》原云：若计业或住或灭而生果报，皆不然也。"

译文

答：业力的存在一直到感受果报，这业就是常住。假若未感果时即灭，这业就是无常的，这怎么能够产生果报呢？

假若业住至受果报时，这就是常，此事并非如此。为什么呢？业是生灭相，一念之倾尚且不能留住，何况住至受果报时呢？如果说业初生即灭，灭则无体，怎能产生果报呢？

原典

问曰：如芽等相续，皆从种子生，
从是而生果，离种无相续。
从种有相续，从相续有果，
先种后有果，不断亦不常。
如是从初心，心法相续生，
从是而有果，离心无相续。
从心有相续，从相续有果，
先业后果，不断亦不常。

如从谷有芽①，从芽有茎、叶等相续，从是相续而有果生，离种无相续生，是故从谷子有相续，从相续有果，先种后有果故，不断亦不常②，如谷种喻业果亦如是。初心起罪福犹如谷种③，因是心余心、心数法相续生乃至果报。先业后果故，不断亦不常，若离业有果报，则有断常。

注释

① 如从谷有芽，《藏要》本校注称："《无畏》原云：此中种子生芽相续则灭，由种子现起芽等相续。"

② 不断亦不常，《藏要》本校注称："《无畏》次释

云：种子有相续转故不断，种子有灭不住故不常。"

③ 初心起罪福犹如谷种，《藏要》本校注称："《无畏》原云：思业之心灭时起心相续，由相续而起果。"

译文

问：如芽、茎等的相续，都是从种子产生的，由于种子而相续，由相续而生果，假若离开种子，就不会有芽等的相续。

既然是从种子而有相续，从相续而有果，那就是先有种子而后有果，不是断见，也不是常见。

这样看来，虽然最初心所生起的罪福业，刹那即灭，但心、心所法是相续而生的，从此心心相续而有果，假若离开心法和心所法，就不会有相续。

既然是从心而有相续，从相续而有果，这是先有业而后有果，这就能够成立不断亦不常的中道。

如从谷有芽一样，从芽有茎、叶等的相续，从这样的相续而有果产生，离开种子以外就没有相续产生，所以说从谷子有相续，所以是不断也不常，如以谷种为喻，应当知道业果也是这样。最初之心生起罪福之业相，犹如谷种一样，因为是最初之心，就有其余的心法、心所法相续产生，乃至生出果报。因为是先有业而后有果，所以不是断，也不是常，所以说果报由业而生，假若离开业而有果报，就会有断有常，实际上并不是这样。

原典

是善业因缘果报者①，所谓：
能成福业者，是十白业②道，
二世五欲③乐，即是白业报。
白名善净④，成福德因缘者，从是十白业道生不杀⑤、不盗⑥、不邪淫⑦、不妄语⑧、不两舌⑨、不恶口⑩、不无益语⑪、不嫉⑫、不恚⑬、不邪见⑭，是名为善，从身、口、意生。是果报者，得今世名利，后世天、人中贵处生，布施恭敬等，虽有种种福德，略说则摄在十善道中。

注释

①是善业因缘果报者，《藏要》本校注称："《无畏》原云：何谓成法（善业）方便？何为果报？说颂云云。颂中福业白业，番、梵比作'法'。"

②白业：与黑业相对，即善业。因为善业为清白

之业，又感清白无垢之果，故称善业为白业。

③**五欲**：有二解：（一）色、声、香、味、触五境，因为这五种外境能够引起人们的贪心欲，故称五欲；（二）财欲、色欲、饮食欲、名欲、睡眠欲。

④白名善净，《藏要》本校注称："《无畏》释云：此以佛所教说法方便及果，是故业果相连无断常过。"

⑤**不杀**：杀生是以刀枪木石等，断绝有情众生的生命。故意杀人是不可忏悔的根本大罪，误伤是可以忏悔的杀罪。杀生是十恶之一，不杀是十善之一。

⑥**不盗**：盗意谓偷盗他人财物，故意偷盗他人财物是不可忏悔的根本大罪，误盗是可以忏悔的。偷盗是十恶之一，不盗是十善之一。

⑦**不邪淫**：与非自己妻子或丈夫之外的女人、男人发生淫事为邪淫；夫妻在不适当的时间、不适当的地点发生淫事，也是邪淫。邪淫是十恶之一，不邪淫是十善之一。

⑧**不妄语**：妄语是为了骗人故意说虚妄不实的假话。妄语是十恶之一，不妄语是十善之一。

⑨**不两舌**：两舌又称为离间语，为了达到自己的私欲，对有情众生进行挑拨离间，使之不合。两舌是十恶之一，不两舌是十善之一。

⑩**不恶口**：恶口又称为粗恶语，以粗秽的语言恼

害众生。恶口是十恶之一，不恶口是十善之一。

⑪ **不无益语**：无益语又称为绮语，即花言巧语，因为能够引发无益之事，故称无益语。无益语是十恶之一，不无益语是十善之一。

⑫ **不嫉**：嫉意谓对其他人的成果产生嫉妒之情。嫉是十恶之一，不嫉是十善之一。

⑬ **不恚**：恚是对有情众生瞋恚恼害。恚是十恶之一，不恚是十善之一。

⑭ **不邪见**：邪见是对佛法等的错误见解，特指谤因、谤果、谤作用、谤实有事等。邪见是十恶之一，不邪见是十善之一。

译文

关于善因缘果报的问题，是指的白业道。

能够成就福业的，是十种白业道，能够得到今世、来世的五欲快乐，这就是十白业道的果报。

"白"称为善净，能够成就福德因缘，从这十白业道，能够产生不杀、不盗、不邪淫、不妄语、不两舌、不恶口、不绮语、不嫉、不恚、不邪见等各种净行，这就称为善，从身、口、意三种善业，产生善的这种果报，能够获得今世的名誉利益，后世可生天、人中的善趣，如果实行布施、恭敬等，虽然也有种种福德，简略来说都包括在十善道之中。

原典

答曰[1]：若如汝分别，其过则甚多，
　　　　是故汝所说，于义则不然。[2]

若以业果报相续，故以谷子为喻者，其过甚多，但此中不广说。汝说谷子喻者[3]，是喻不然。何以故？谷子有触，有形可见，有相续。我思维是事，尚未受此言，况心及业，无触无形，不可见，生灭不住，欲以相续？是事不然。

复次，从谷子有芽等相续者，为灭已相续，为不灭相续？若谷子灭已相续者，则为无因。若谷子不灭而相续者，从是谷子常生诸谷。若如是者，一谷子则生一切世间谷，是事不然，是故业果报相续则不然。

注释

[1] 答曰，《藏要》本校注称："《无畏》、佛护皆作余人说曰，月称释云：余人出前人过而另为说也。今译章句疑误。"

②本颂义有二：（一）外人虽有此救，终究离不开断见和常见，所以不能接受；（二）为了以后从总的方面进行破斥，这里先简略破斥。

③汝说谷子喻者，《藏要》本校注称："佛护释过云：种果各自相生不乱，而诸趣心与相续引生不定也，与释论同。今译云云，与《灯论》同。"

译文

论主答：假若像你们譬喻师所分别的那样，其过失就太多了，所以，你们所说的根本不合道理。

如果是因为业的果报相续，于是就以谷子为喻，其过失就太多了，但这里不详细解释。你所说的以谷子作比喻，这种比喻是不对的。为什么呢？因为谷子可以接触，是有形体的，可以看见，有相续。至于我思维这件事，尚且不能接受这种话，更何况说心和业，不可接触，没有形相，看不见，生灭无常，不可常住，想以此相续常住，是根本不可能的。

而且，如果说从谷子有芽等相续的话，是灭除以后相续呢，还是没有灭除而相续呢？如果说谷子灭除以后而相续的话，就是无因。如果说谷子没有灭除而相续的话，从这粒谷子永远产生各种谷子。如果是这样的话，一粒谷子就可以产生世间的一切谷子,这是根本不可能的,所以你们所说业的果报相续,也是根本不可能的。

原典

问曰[1]:今当复更说,顺业果报义,
　　　　诸佛辟支佛,贤圣[2]所称叹。
所谓[3]:不失法如券,业如负财物[4],
　　　　此性则无记[5],分别有四种[6]。
　　　　见谛所不断[7],但思维所断[8],
　　　　以是不失法,诸业有果报。
　　　　若见谛所断,而业至相似[9],
　　　　则得破业等,如是之过咎。
　　　　一切诸行业,相似不相似[10],
　　　　一界初受身[11],尔时报独生[12]。
　　　　如是二种业[13],现世受果报,
　　　　或言受报已,而业犹故在。[14]
　　　　若度果已灭[15],若死已而灭[16],
　　　　于是中分别,有漏及无漏。

不失法者当知如券,业者如取物。是不失法欲界系[17]、色界系[18]、无色界系[19]、亦不系[20],若分别善、不善、无记中,但是无记,是无记义阿毗昙中广说。见谛所不断,从一果至一果于中思维所断,是以诸业以不失法故果生[21]。若见谛所断者,业至相似则得破业过,是事阿毗昙中广说。

复次,不失法者于一界诸业相似、不相似,初受身时果报独生[22]。于现在身从业更生业[23],是业有二种,随重而受报。或有言是业受报已业犹在,以不念念灭故。若度果已灭[24],若死已而灭者,须陀湖[25]及阿罗汉等度果已而灭,诸凡夫死已而灭。于此中分别有漏及无漏者[26],从须陀湖等诸贤圣有漏无漏等应分别[27]。

答曰:是义俱不离断、常过,是故亦不应受。

注释

① 问曰,《藏要》本校注称:"《无畏》云:如何得成?说曰。"

② **贤圣**:"贤"为贤人,虽然已经离恶,但是还没有产生无漏智,还没有证理,还没有断惑,还在凡夫位。如果已经产生无漏智,已经证理,已经断惑,已经舍除凡夫之位,这就是"圣",见道前七方便位称为"贤",见道以上称为"圣"。据《藏要》本校注,这里的"贤圣"二字,梵文本和藏文本都是"声闻"。

③ 所谓,《藏要》本校注称:"此复是何?说曰。"

④ **业如负财物**：世人出债必须具备四个条件：（一）财主，（二）有负债人，（三）立券书，（四）负债人必须偿还财物。财主如六道众生。负债人犹如六道中的善业和恶业。作业的时候必须有一法随业而起，维持业使之不失其果，如取财时必须立券。负债人必须把东西偿还给财主，善业和恶业必须成就六道之果，使人们接受这种果报。

⑤ **此性则无记**：《藏要》本校注称："番、梵云：此依界有四，又自性无记，与下文相顺，今译文倒。"无记，梵文 Avyākṛtāg 的意译，记，意谓断定，不可断定为善，也不可断定为恶，是非善非恶的无记性。在作业的时候有善性和恶性，作过之后的果就是非善非恶的无记性。关于这种属性问题，说一切有部主张通善、恶、无记三性，正量部、摄论师和法藏部都主张是无记性，这里讲的是正量部观点。

⑥ **分别有四种**：即欲界系、色界系、无色界系、和不系。正量部认为随便生起一念善或一念恶，就有不失法与之共起，使之不失果，如果生起三界系业，就有三界系不失法，所以不失法为三界系，生起无漏业也有不失法与之共起，不失法称为不系。摄论师认为是阿赖耶识，它有三界内外种子，三界内种子就是三界系，三界外种子就是不系。

正量部主张有四种无记：（一）根本无记，即心王和心所；（二）自性无记，除善色、恶色以外其余的无记，即身色、口色及其他的一切色；（三）有覆无记，即身见、边见和色界、无色界的烦恼；（四）无覆无记，即白净无记。也可以解释为如下四种无记法：（一）能变，即第八识阿赖耶识；（二）所变，即三类境——性境、带质境、独影境；（三）分位，即不相应行法；（四）胜义，即无为法。

⑦ **见谛所不断**：《藏要》本校注称："番、梵云：非由断而断，《无畏》释乃云非见苦等谛而可断也。"见谛，亦称见道、见谛道，佛教修行的阶位之一，与修道、无学道合称三道，以无漏智现观四谛，在此道之前的修习位均属凡夫位，其智慧为有漏慧，经过四善根进入此道，升为圣者，所获智慧称为无漏智，属于菩萨十地的第一地。

⑧ **但思维所断**：思维所断即修道，在见道领悟四谛理以后，经过反复修行，以断修惑，菩萨十地的第二地至第十地统称为修道。摄论师成立的阿赖耶识，是生死苦谛报，是无记性，被见谛惑缘缚，见谛解，断缘缚不尽，思维解，断缘缚尽，所以说"见谛所不断，但思维所断"。

⑨ **而业至相似**，《藏要》本校注称："番、梵作度

业相似。"

⑩ **相似不相似**：善业望善业，恶业望恶业，称之为似，善恶互望，称之为不相似。善得苦果，恶感乐果，也称为不相似。

⑪ **一界初受身**：不可能在三界同时受生，只能在随便一界受生。

⑫ **尔时报独生**：业是果报之因，因果必须先后隔世，所以因灭于前，果生于后，此称报独生。不失法待报起即灭，这也是"报独生"的意思。关于本颂，《藏要》本校注称："番、梵颂云：同界业一切，同分不同分，即彼结生时，唯一种当生。现法中一切，二类业与业，各别而生起，又熟已仍住。"

⑬ **二种业**：有三释：（一）似与不似二业；（二）似与不似中的轻、重二业；（三）从业更生业，这也称为二业。

⑭ **或言受报已，而业犹故在**：分别说部主张：业果同时并存，因必须养果。比如说一百年可以得到的果报，在业未灭前三十年，虽然受果，此业犹存，一百年后业力才能谢灭。

⑮ **度果已灭**：小乘佛教的前三果（入流果、一来果、不来果），学人舍下果得上果。

⑯ **死已而灭**：罗汉无上果可度，所以业与报死后

便灭。凡夫也没有果可度，只有一形之业和一形之报，死后便灭。这里所说的凡夫死后便灭，是指的现报（今世造业，今世受报）、后报（多生受报）。

⑰ **欲界系**：欲界是梵文 Kāmadhātu 的意译，是食欲、睡眠欲、淫欲三欲的有情众生所住之处，上有六天，四方有四大洲，下有八大地狱。欲界的世物称为欲系。

⑱ **色界系**：色界是梵文 Rūpadhātu 的意译，三界之一，为离食欲、淫欲的有情众生所住之处，"色"为物质，在此居住者仍有宫殿，有形体。属于欲界的事物称为欲界系。

⑲ **无色界系**：无色界是梵文 Arūpadhātu 的意译，在此居住者已无形体，只以命根、众同分赖以存在。共分四处：空无边处、识无边处、无所有处、非想非非想处，所以又称为四空天。属于无色界的东西称无色界系。

⑳ **不系**：不属于欲、色、无色三界的东西，即无为法。

㉑ 是以诸业以不失法故果生，《藏要》本校注称："《无畏》原谓见道后仍生诸业果。佛护释云：此中异生业已断，但以不失法得异熟，而不各有业。"

㉒ 初受身时果报独生，《藏要》本校注称："《无畏》意谓一切不失法中唯一种当生也。"

㉓ 于现在身从业更生业，《藏要》本校注称："《无

畏》释云：是时各各业与业，或思思已，或善不善，一切二类不失，乃至有业熟已不灭，但不生果，如已用券。"

㉔若度果已灭，《藏要》本校注称："《无畏》释云：不失法有二种灭，得果断及思维断法度果灭，结生时独生法死已灭。"

㉕ **须陀湖**：梵文 Srotāpanna 的音译，意译预流。小乘佛教修行的第一果位。有二义：（一）预流果，由于思悟四谛之理而断灭三界见惑所达到的最初修行果位，从此进入无漏的圣道之流；（二）正在断除见惑并趋向预流果的修行者称为预流向。

㉖ **于此中分别有漏及无漏者**：有三义：（一）得果舍果，此之二灭只属于无漏；（二）凡夫业果灭，只属于有漏；（三）罗汉舍除故业和报身是有漏，如果舍智入涅槃，这是无漏。

㉗从须陀湖等诸贤圣有漏无漏等应分别，《藏要》本校注称："《无畏》、佛护此下皆接次颂，问答一段勘系次后征起之文，今译错。"

译文

正量部问：现在我应当再次说明随顺业力感果报的正义，这是诸佛、辟支佛、声闻等各种贤圣所共同称颂赞叹的。

所谓：联系业果的不失法如借券，业力如所负欠的财物，这不失法的属性是无记性，其分别有欲界系、色界系、无色界系和无漏不系四种。

这种不失法是见谛所不能断的，只是为思维道所断，因为这种不失法，使各种业有各种各样的果报。

如果说不失法是见谛所断，又说业力能够感到相似的果报，这就犯了破坏业等感报的过失。

一切各种行的业，有与果相似的，有与果不相似的，只有一欲界的业生果，最初生起受身，此时就有果报单独生起。

这种相似、不相似的二业，现世就可以感受果报。或者说受报以后，保证业力的不失法仍然存在。

如果说从前果至后果，灭去后果应灭的业力，入于无余涅槃的时候，就灭除了有漏不失法，此中应当分别其有漏和无漏。

关于不失法的问题，应当知道，就如借券一样。关于业的问题，就如所借取的财物。这种不失法能够成为欲界业系、色界业系和无色界业系，也能够成为超出三界之外的不系净业。如果分别善、不善、无记三性，在无记性中只能属于能变无记，这种无记的意思，在小乘论典中详细解释过，不是见惑，所以不是见谛所断，能够从一果更至一果，在这无记性中只是思惑，是思维所断，不是圣者不能除灭，所以各种各样的业，因为有不失法，所以有果产生。假若是见谛所断，如见惑之本空，妄谓有业，住至果生，业相与果相相似，这样就得破有业之过，此事在论典中详细解释过。

而且，现在所说的不失法，在一果的各种业中，不管果相相似不相似，最初受生时，只以其有前存之不失法，所以今生虽然还没有作业，但果报独自产生于现在身。而且，从业更生业，这种业有轻、重二种，随顺重的首先受报。或者说这种业受报以后，业仍然存在，因为业不是念念而灭，颂文的"若度果已灭，若死已而灭"，意思是说：假若说得无余涅槃后，即证得须陀洹和阿罗汉等果，得度证果后而灭；一切凡夫每一期的生命，因受业报净尽，生命就结束了。颂文的"于此中分别有漏及无漏"，意思是说：从须陀洹等一切贤圣，下及凡夫有漏、无漏等业，应当分别说明。这种种观点都说明有业有果报，怎能说没有呢？

答：这些意见都不离断、常二见之过，所以不应当接受。

原典

问曰：若尔者，则无业果报。

答曰：虽空亦不断①，虽有而不常②，
　　　业果报不失，是名佛所说。③

此论所说义离于断常④。何以故？业毕竟空，寂灭相，自性离有，何法可断？何法可失？颠倒⑤因缘故，往来生死亦不常。何以故？若法从颠倒起，则是虚妄无实，无实故非常。复次，贪着颠倒，不知实相，故言业不失，此是佛所说。

注释

① **虽空亦不断**：这里说明业虽然是毕竟空，但不是断灭，这不同于外道邪见之空、方广道人的空和小乘佛教声闻、缘觉二乘人所说的空，这些空都是断灭，《中论》所讲的空是有空，有宛然而空，但不住于空，这称为不断。

② **虽有而不常**：《藏要》本校注称："下二句番、梵云：流转亦不常，诸业不失法。"本句说明有不是常，破其常见。因为有是空有，所以有不是常。这不同于外道、小乘和大乘有宗。本句和上句说明非断非常的中道

实理，真谛虽空而有，俗谛虽有而空。虽空而有，所以不是断见。虽有而空，所以不是常见。这就是非空非有、非断非常的中道。

③ **本偈下半有二意**：（一）说明业具真、俗二谛，所以不是断，也不是常，这就能够使果报不失，没有另外的不失法维持业，使之不失，此义是如来依真、俗二谛说法，故云"是名佛所说"；（二）如果依长行释，上半说明业是真俗二谛，所以不是断见，也不是常见，这说明对偏中的中道正义，对方不知道二谛中道而说不失法，误认为是佛说，所以要进行破斥。

④ 此论所说义离于断常，《藏要》本校注称："《无畏》释，诸行无外所执我为空，以不失法为不断云云，今译全异。"

⑤ **颠倒**：以无常为常，以苦为乐，等等。与真理根本违背的妄见，是由无明所产生的。有三种颠倒：想颠倒、见颠倒、心颠倒。

译文

问：如果是这样的话，就没有业的果报。

答：虽然是空，但不是断灭的。虽然是有，但不是常住的。业的果报不失，这是佛说的。

这部论所说的意思，不是断，也不是常。为什么呢？业是毕竟空的，在寂灭相中自性远离，有什么东西可断呢？有什么东西可失呢？由于颠倒因缘，并不是没有业报，然而虽然见到往来生死，也不是常见。为什么呢？如果事物从颠倒而起，就是虚妄无实，所以不是常。而且，由于有情众生的贪着颠倒，不知事物的真实情况，所以业不失是佛所说。

原典

复次[1]，诸业本不生，以无定性故。
诸业亦不灭[2]，以其不生故。
若业有性者，是即名为常，
不作亦名业，常则不可作。
若有不作业，不作而有罪，
不断于梵行[3]，而有不净过。
是则破一切，世间语言法，
作罪及作福，亦无有差别。
若言业决定，而自有性者，
受于果报已，而应更复受。
若诸世间业，从于烦恼出，
是烦恼非实，业当何有实[4]？

第一义中诸业不生。何以故？无性故。以不生因缘故则不灭[5]，非以常故不灭。若不尔者，业性应决定有，若业决定有性，则为是常，若常则是不作业。何以故？常法不可作故。复次，若有不作业者，则他人作罪，此人受报。又他人断梵行，而此人有罪，则破世俗法。若先有者，冬不应思为春事，春不应思为夏事，有如是等过。

复次，作福及作罪者则无有别异，起布施、持戒等业名为作福，起杀、盗等业名为作罪，若不作而有业，则无分别。复次，是业若决定有性，则一时受果报已，复应更受，是故汝说以不失法故有业报，则有如是等过。

复次，若业从烦恼起，是烦恼无有决定，但从忆想分别有。若诸烦恼无实，业云何有实？何以故？因无性故业亦无性。

注释

① 复次，《藏要》本校注称："《无畏》此下论主答曰：此二种说犹不离断常过，业自性不成故，云何不成？举颂云云。"

② 不灭，《藏要》本校注称："番、梵作不失。"

③ **不断于梵行**:《藏要》本校注称:"番、梵云:不住于梵行而亦成住过,今译意反。"梵行,"梵"意谓清净,断淫欲之法称为梵行,即梵天之行法,修梵行可生梵天。梵行包括四禅四无色定。涅槃也称为"梵",证涅槃之万行称为梵行。慈悲喜舍四无量心又称为四梵行。

④ 业当何有实,《藏要》本校注称:"《无畏》牒颂云:云何从作,下长行同。"

⑤ 以不生因缘故则不灭,《藏要》本校注称:"此答他宗以佛说不失法执业为有也。"

译文

而且,各种业本来是不生的,因为没有固定的自性。各种业也不是不灭的,因为本来就没有生。

如果执着业是有自性的,这业就是常住的。如果业是常住的,在不作以前,也可以称为业。业既然是常住的,常住法是不可造作的。

如果承认不经过造作而有业力,就会不作恶而有罪,即使不断地修梵行,也有罪业不净的过失。

这就破坏了世间人们所说的一切事物,作罪的和作福的,就没有差别了。

如果说业是肯定有自性的,受了果报以后,来生还应当再次受果报。

如果说世间的各种善业和不善业，都是从烦恼造作出来的，这烦恼因就不是实在的，业怎能有实在的自性呢？

以真谛看问题，各种业是不生的。为什么呢？因为没有自性，因为不生之因缘，也就没有灭，并不是因为常而不灭。如果不是这样的话，业的自性应当是肯定有，如果业肯定有自性，这是永恒的，如果业是永恒的，则人不作也有业。为什么呢？因为永恒的事物，人是不能造作的。而且，如果有不需造作的自然业，其他人造罪，这个人就会受果报。而且，其他人断除梵行，这个人就会犯罪，这就破坏了世俗法。而且，如果业是永恒的，不起思而先有，春天的事情冬天就先有了，在冬天不应当思虑春天的事情；夏天的事春天先有了，在春天不应当思虑夏天的事情。有这样的过失。

而且，作福者和作罪者就没有差别了。为什么呢？修布施、持戒等业，称为作福。生起杀、盗等业，这称为作罪。如果是不经造作而自然有业，就没有这种分别。而且，如果这种业肯定有自性，一时接受果报以后，应当是再次受报，因为业有固定的自性，永远不灭。所以你说的因不失法而有业报就不合道理，既然是不失，就和永恒一样，并不是念念而灭，认为有肯定的自性，就有这么多过失。如果说既是永恒，又是非永恒，这就是我说的没有固定的自性，各种业是不生的。

而且，如果业是从烦恼生起，这种烦恼就不是肯定的，只是从忆想分别而有。如果各种烦恼不是真实的，业怎能是真实的呢？为什么呢？因为烦恼之因没有自性，业也没有自性。

原典

问曰：若诸烦恼及业无性不实①，今果报身现有，应是实。②

答曰：诸烦恼及业，是说身因缘，

烦恼诸业空，何况于诸身③？

诸贤圣说烦恼及业是身因缘④，是中爱能生着，业能作上中下、好丑、贵贱等果报，今诸烦恼及业，种种推求，无有决定，何况诸身有决定？果随因缘故。

注释

① 若诸烦恼及业无性不实，《藏要》本校注称："《无畏》原云：业及烦恼实有自性，诸烦恼果业及身相又业果身相是有故。"

② 此问的意思是说：承认因无，但认为果有。

③ 何况于诸身，《藏要》本校注称："番、梵云：云何说彼身？"

④ 诸贤圣说烦恼及业是身因缘，《藏要》本校注称："《无畏》次云：是假名而非胜义。"

译文

问：如果说各种烦恼和业是没有自性的，是不真实的，现今的果报身表现为有，应当是真实的。

答：各种烦恼和业，被说成是果报身的因缘，既然作为身因缘的烦恼和各种业是空，更何况是各种身呢？

各种贤人和圣人说烦恼和业是身体的因缘，此中贪爱能够产生执着，业能够造作上等中等下等、好看丑恶、贵贱等果报，现今的各种烦恼和业，进行种种推求，都没有肯定的实体，更何况是各种身体，岂反有决定实体呢？为什么呢？因为果必须随从因缘而有。

原典

问曰[①]：汝虽种种因缘破业及果报，而经说有起业者。起业者有故，有业有果报。

如说：无明之所蔽，爱结②之所缚。

而于本作者③，不异亦不一。

《无始经》中说：众生为无明所覆，爱结所缚，于无始生命中往来，受种种苦乐。今受者于先作者，不即是亦不异④。若即是，人作罪受牛形，则人不作牛，牛不作人。若异，则失业果报，堕于断灭。是故受者于先作者不即是，亦不异。

答曰：业不从缘生，不从非缘生，

是故则无有，能起于业者。

无业无作者，何有业生果？

若其无有果，何有受果者？

若无业无作业者，何有从业生果报？若无果报，云何有受果报者？业有三种，五阴中假名人是作者，是业于善、恶处生，名为果报。若起业者尚无，何况有业、有果报及受果报者？

注释

① 问曰，《藏要》本校注称："《无畏》释：决定有业，有受用彼果之受用者故，云何可知？说颂云云。"

② **爱结**：贪爱之烦恼，贪爱缚人，使之不得解脱，所以称之为"结"。

③ 而于本作者,《藏要》本校注称:"番、梵云:彼受者与作。"

④ 于先作者,不即是亦不异,《藏要》本校注称:"《无畏》次结云:是故定有业。"

译文

问:你虽然以种种因缘破除业和果报,但佛经说有起业者,因为有起业者,所以有业有果报。

比如说:被无明所遮蔽,被爱结所系缚。受果者和本作者是不相异也不同一的。

《无始经》说:有情众生之心被无明所遮覆,被爱结所系缚,自无始以来,在轮回生死中往来,受各种各样的苦和乐。现今受果报者对于以前的作者来说,不是同一,也不相异。如果同一的话,人犯罪得牛形,但为人时不作牛相,为牛时不作人相,人牛各异,不能说是同一。如果相异的话,则彼此无涉,失去业的果报之理,堕于断灭,所以受者对于以前的作者来说,不同一,也不相异。

答:业不是从缘而生。也不是从非缘而生,所以没有能起这业的作者。

没有所作的业,也没有能作者的人,哪里还有业所生的果呢？如果业没有果，哪里还有受果报的人呢？

如果没有业，就没有作业者，哪里还有从业产生的果报呢？如果没有果报，哪里还有受果报的人呢？业有身、口、意三种，五阴中假名为人，这就是作业者，作完这业以后，在恶处和恶处受生，这就称为果报。如果说连起业者都没有，更何况有业有果报，并有受果报者呢？

原典

问曰[①]：汝虽种种破业、果报及起业者，而今现见众生、作业、受果报，是事云何？

答曰：如世尊[②]神通[③]，所作变化人。

如是变化人，复变作化人[④]。

如初变化人，是名为作者。

变化人所作，是则名为业。

诸烦恼及业，作者及果报，

皆如幻如梦[⑤]，如焰亦如响。

如佛神通力所作化人，是化人，复化作化人。如化人无有实事，但可眼见。又化人口业说法身业布施等，是业虽无实而可眼见，如是生死身作者及业亦应如是知。

烦恼者名为三毒，分别有九十八使[6]、九结[7]、十缠[8]、六垢[9]等无量诸烦恼。业名为身、口、意业，今世、后世、分别有善、不善、无记、苦报、乐报、不苦不乐报，现报业[10]、生报业[11]、后报业[12]如是等无量。作者名为能起诸烦恼业，能受果报者，果报名从善恶业生无记五阴。如是等诸业皆空无性，如幻、如梦、如响、如焰。

注释

① 问曰，《藏要》本校注称："《无畏》问曰：如是决定说作者等是无耶？答曰：若法是缘起，何得说有、说无？破彼执故应复说喻，举颂云云。"

② **世尊**：梵文 Bhagavat 的意译，音译薄伽梵，是释迦牟尼佛的一个尊号，意谓佛具备各种高贵品德，受到世间人的尊重。

③ **神通**：梵文 Abhijñā 的意译，亦称神通力、神力、通力等，是通过禅定所得到的一种神秘力量。一般来讲有五通或六通：（一）神足通，身体变化自在，能够飞天入地，出入三界；（二）天眼通，能见世间种种形色；（三）天耳通，能够听到六道众生的各种声音；（四）他心通，知道六道众生的各种心思；（五）宿命

通，能知自身一世、二世等所作之事；（六）漏尽通，断一切烦恼惑业，摆脱生死轮回。

④化人：佛为了救度众生，以权巧方便手段，暂时变化为人。

⑤皆如幻如梦，《藏要》本校注称："番、梵云：如健达缚城，如焰亦如梦。"

⑥九十八使：又称为九十八随眠，烦恼的异名，因为烦恼经常随逐于人，所以称为"随"，幽微难知如眠性，所以称之为"眠"。即贪、瞋、痴、慢、疑、身、边、邪、取、戒之十随眠，配于三界五部，即欲界见苦所断十种、见集及见灭所断七种、见道所断八种并欲界修所断四种，合之欲界有三十六种。色界、无色界无瞋，所以在五部减之，各有三十一种，故有九十八种，即见惑八十八使，再加修惑十使。

⑦九结："结"意谓结缚有情众生，使之烦恼，不得解脱。九结如下：爱、恚、慢、无明、见、取、疑、嫉、悭。

⑧十缠：有十种妄惑，缠缚有情众生，使之摆脱不掉生死轮回，使之得不到涅槃，所以称为缠。十缠是：无惭、无愧、嫉、悭、悔、睡眠、掉举、昏沉、瞋忿、覆。

⑨六垢：即六垢法，垢秽真心之六法：诳、谄、

憍、恼、恨、害。

⑩ **现报业**：现在作善业和恶业，现世得善报和恶报。

⑪ **生报业**：今生作善、恶之业，来世得苦、乐果报。

⑫ **后报业**：过去世所作之业，现在世或未来世受报。

译文

问：你虽然以种种方式破除业、果报和起业者，但现今亲眼见到众生、作业并受果报，这是怎么回事呢？

答：如佛世尊以神境通的力量，作出种种变化人。这样的变化人，又变作其他的变化人。

如最初的变化人，被称为作者。变化人的造作，称为业。

烦恼和业，作者和果报，都如幻、如梦、如阳焰、如谷响。

如佛以其神通力所变现的化人，这种化人又变现为化人。这初化之人没有实在东西，犹如众生没有实体，但是眼可以看见。而且，化人又变现化人，犹如众生有口业说法，有身业进行布施等，这种业虽然没有实在东西，但如化人，可以亲眼见到。这样，生死身作者和业，也应当这样知道。众生如化人，业如化人又变现为化人。

而且，所谓烦恼，称为三毒，分别有九十八使、九结、十缠、六垢等无量各种烦恼业，称为身、口、意三业。于今世、后世中分别有善、不善、无记等业，能够招感苦报、乐报、不苦不乐的舍报以及现报业、生报业、后报业，如是无量各种业的果报。作者称为能够生起各种烦恼业者，也称为能受果报者。果报是从善、恶业所产生的无记五阴身，这种种烦恼和业、作者和果报都是空，都无自性，和化人相同。如幻、如梦、如谷响、如阳焰。

观法品第十八

原典

观法品①**第十八**

问曰②：若诸法尽毕竟空，无生无灭，是名诸法实相③者。云何入④？

答曰：灭我、我所⑤着故，得一切法空无我慧，名为入⑥。

问曰：云何知诸法无我？

答曰：若我是五阴，我即为生灭。⑦

若我异五阴，则非五阴相。⑧

若无有我者，何得有我所？
灭我我所故，名得无我智[9]。
得无我智者，是则名实观。
得无我智者，是人为希有。[10]
内外我我所[11]，尽灭无有故，
诸受[12]即为灭，受灭则身灭[13]。
业烦恼灭故，名之为解脱，
业烦恼非实，入空戏论灭。[14]
诸佛或说我，或说于无我。
诸法实相中，无我无非我。[15]
诸法实相者，心行言语断。
无生亦无灭，寂灭如涅槃。[16]
一切实非实，亦实亦非实，
非实非非实，是名诸佛法。[17]
自知不随他，寂灭无戏论，
无异无分别，是则名实相。
若法从缘生，不即不异因，
是故名实相，不断亦不常。
不一亦不异，不常亦不断，
是名诸世尊，教化甘露味。[18]
若佛不出世，佛法已灭尽，[19]
诸辟支佛智，从于远离生。

注释

① **观法品**：《藏要》本校注称："番作《观我法品》，梵作《观我品》，以下《无畏论》卷五。"本品来意有四：（一）业法之别，前品观业空，此品观法空；（二）前别此总，前十七品破法中之别，此若人若法皆名为法，故名总观；（三）明其得意，依大纲破世间人法，明大乘观行，此品正明得益；（四）明实相用。

② **问曰**，《藏要》本校注称："《无畏》问曰：何为实相？由何得入？答曰：离我、我所为实相，安立道理为先而遍知为悟入，此云何者，颂答云云。"

③ **实相**：佛教所说事物的真实相状为空，无我、我所，与法性、真如等同义。

④ **云何入**：意思是说：虚妄不可得入实相，实相也不能入实相。而且，虚妄不可得，究竟以何物入实相呢？

⑤ **我所**："我"是自身，我所是身外的事物，为我所有，如国家、财物、妻子等，断我得我空，断我所得法空。

⑥ **入**：有三解：（一）领悟真理称为"入"；（二）知解事物称为"入"；（三）根境互相涉入而生识，如十二入。此中用第一义或第二义。外人认为有实相是所入，行人为能入，大、小乘学人都说有人能证得菩提，

菩提是所证。论主认为如果能够断除能入之人和所入之法，毕竟没有能入和所入，这才能称为"入"。

⑦ 本颂上半的意思是说：如果"我"就是五阴，五阴有生灭变化，"我"也应当有生灭变化。如果"我"就是五阴，"阴"有五个，"我"也应当是五个。"我"是一个，"阴"也应当是一个。实际上并非如此，所以"我是五阴"之说是错误的。

⑧ 本颂后半的意思是：如果"我"与五阴相异，就是离"阴"而有我体，也应当是离"阴"而有我相。如果以阴为我相，也应当以阴体为我体，所以"我异五阴"之说也不能成立。

⑨ 名得无我智，《藏要》本校注称："番、梵云：无我、我所执。"

⑩ 关于本颂，《藏要》本校注称："《无畏》先征云：如是见真实而无执着，即我、我所。颂答，番、梵颂云：无我、我所执，彼亦无所有，见无执着依，此则为不见。今译文错。"

⑪ **内外我我所**："我"为其内，我所为其外。即阴我为内，离阴我为外。我所也有二种：五阴为内所，瓶、衣等为外所。

⑫ **诸受**：即诸取：（一）我语取，主张有"我"；（二）欲取，执着追求五境；（三）见取，固执己见；

（四）戒禁取，坚持错误的戒律。

⑬身灭，《藏要》本校注称："番、梵作生灭。"

⑭关于本颂，《藏要》本校注称："番、梵颂云：灭业则惑解，业惑依分别，分别依戏论，戏论因空灭。今译脱误。"

⑮关于后半颂，《藏要》本校注称："番、梵云：诸佛亦复说我无我俱非。"

⑯关于本颂，《藏要》本校注称："四本（藏译《中论本颂本》、宋译安慧著《中观释论》、唐译清辨《般若灯论》、梵本月称著《中论疏》）颂云：遣离于所说，遣心行境故，不生亦不灭法性同涅槃。勘《无畏》释，分段钩锁而下，因空灭戏论者，遣所说空故。所说空者，心行灭故，观法不生灭同涅槃故。今译错乱。"

⑰古代的天台宗和三论学者，根据本颂说有四门可以入实相：一切实门、一切非实门、亦实亦非实门、非实非非实门。天台宗认为：第一门是藏教，认为有为、无为一切法都是真实的；第二门是通教，认为一切事物都是虚假不实的；第三门是别教，真俗非实，非空非有的中道是真实；第四门是圆教，圆融无碍。清辨和青目都判本颂为三门：（一）差别门，即一切实非实；（二）圆融门，即亦实亦非实；（三）绝待门，非实非非实门。

⑱甘露味：甘露是梵文 Amṛta 的意译，是一种天酒之名，饮之能够长生不老。甘露味是譬喻涅槃的解脱味。

⑲佛法已灭尽，《藏要》本校注称："番、梵云：诸声闻已灭，彼独觉智慧以无依而生。《无畏》释云：以夙习因得生。月称释云：无依即身心寂静之谓。"

译文

问：如果各种事物灭尽而毕竟空，就没有生，也没有灭，这就是各种事物的实相。怎样才能悟入实相呢？

答：灭除对我和我所的执着，得到一切事物皆空无我之慧，这就称为悟入。

问：怎能知道各种事物无我呢？

答：如果"我"是五阴的话，"我"就应当和五阴一样有生灭变化，实际上并非如此。如果"我"异于五阴，就不是五阴之相，事实上也不是这样。

如果知道没有"我"，"我"尚且没有，哪会有我所呢？因为灭除了我和我所，这就称为得到了无我智。

得到无我智的人，就能够如实观察各种事物的真实之相。得到这种无我智慧的人，是最为稀有的。

因为把内我和外我都灭除干净，使之空无所有，各种"取"也就灭除了。因为各种"取"灭除了，受生老病死的苦报身也就随之而灭。

业和烦恼灭除了，这就称之为解脱。因为业和烦恼不是真实的，悟入空性以后，各种戏论都熄灭了。

诸佛对有的人说有我，对另外一些人说没有我，但在各种事物的实相当中，是没有我也没有非我的。

关于各种事物的实相问题，不能想也不能说，不能生也不能灭，如涅槃一样，远离各种戏论。

有四门可以悟入实相：（一）一切事物都是真实存在；（二）一切事物都不是真实存在；（三）一切事物既是真实存在，又不是真实存在；（四）一切事物既不是真实存在，又不是非真实存在。这就是诸佛所说的教法。

一切事物的实相，要靠自己去体会，不能依靠别人的言论去理解，它是寂灭而无生灭，没有各种戏论，没有差异，没有分别。这就是善解实相的人。

如果知道事物是从因缘而生，果法不即是因，也不异于因，这就称为通达实相者。此人所见，不堕于断见，也不堕于常见。

不是一，也不是异，不是常，也不是断。这就是诸佛所教化的涅槃解脱味。

在前佛灭度，后佛还没有出世的时期，佛的教法已经灭除干净。诸辟支佛的真智，是从于远离尘俗而生的。

原典

有人说神①应有二种：若五阴即是神，若离五阴有神。若五阴是神者，神则生灭相，如偈中说："若神是五阴，即是生灭相。"何以故？生已坏败故，以生灭相故，五阴是无常。如五阴无常，生、灭二法亦是无常。何以故？生灭亦生已坏败，故无常。②

注释

①神：此指神我，即起主宰作用的灵魂。
②本段说明生、灭二无常有二义：（一）为了说明五阴的能相和所相都是无常，神我与五阴一样，也应当是无常；（二）为了破斥分别说部和法藏部，分别说部认为生灭相是常，法藏部认为灭相是常。

译文

有人说神我应当有二种：或者说五阴就是神我，或者说离五阴而有神我。如果说五阴就是神我，神我就有生、灭相，如偈颂中这样说："如果说神我是五阴的话，神我就有生、灭相。"为什么呢？因为生以后就要败坏，因为有生灭相，所以五阴是无常。如果五阴是无常的话，生、灭二法也是无常。为什么呢？因为生灭也是生以后坏败，所以是无常的。

原典

神若是五阴，五阴无常故，神亦应无常生灭相，但是事不然。若离五阴有神，神即无五阴相，如偈中说："若神异五阴，则非五阴相。"而离五阴更无有法，若离五阴有法者，以何相何法而有？若谓神如虚空，离五阴而有者，是亦不然。何以故？《破六种品》中已破虚空①，无有法名为虚空。

若谓以有信故有神，是事不然。何以故？信有四种：一现事可信②；二名比知可信③，如见烟知有火；三名譬喻可信④，如国无铁石喻之如金；四名贤圣所说故可信⑤，如说有地狱、有天⑥、有郁单越⑦，无有见者，信圣人语故知。

是神于一切信中不可得，现事中亦无，比知中亦无。何以故？比知名先见故，后比类而知，如人先见火有烟，后但见烟则知有火。神义不然，谁能先见神与五阴合，后见五阴知有神？

若谓有三种比知，一者如本，二者如残，三者共见。

如本,名先见火有烟,今见烟知如本有火。

如残,名如炊饭,一粒熟知余者皆熟。

共见,名如眼见人从此去到彼,亦见其去。日亦如是,从东方出至西方,虽不见去,以人有去相故,知日亦有去。

问曰:如是苦、乐、憎爱、觉知等,亦应有所依,如见人民,知必依王。

答曰:是事皆不然。何以故?共相信先见人与去法合而至余方,后见日到余方,故知有去法。无有先见五阴与神合,后见五阴知有神,是故共相比知中亦无神。

圣人所说中亦无神。何以故?圣人所说,皆先眼见而后说。又诸圣人说余事可信故,当知说地狱等亦可信,而神不尔,无有先见神而后说者,是故于四信等诸信中求神不可得,求神不可得故无,是故离五阴无别神。

注释

①《破六种品》中已破虚空,《中论》第五品《观六种品》中有这样一颂:"空相未有时,则无虚空法。若先有虚空,即为是无相。"

② **现事可信**：相当于因明现量（Pratyakṣapramāṇa），是感觉器官对于事物的直接反映，如眼见、耳听等。

③ **比知可信**：相当于因明比量（Anumānapramāṇa），以现量为基础，由已知推论未知。

④ **譬喻可信**：相当于因明的譬喻量，是令人由已知类似事物认识另一事物。

⑤ **贤圣所说故可信**：相当于因明圣言量，又称为声量，是通过可信赖人有益的教训所得到的认识。

⑥ **天**：梵文 Deva 的意译，音译为提婆，即天神和天神所居住的处所。

⑦ **郁单越**：梵文 Uttarakuru 的音译，另译郁多罗究留等，意译北拘卢洲，四大部洲的北洲。在此居住者，可以长寿至千岁。

译文

如果神我是五阴的话，因为五阴是无常的，神我也应当是无常的，也应当有生灭相，但此事并非如此。如果说离五阴而有神我，神我就没有五阴之相，如偈颂中这样说："如果神我与五阴相异，就不是五阴之相。"但是，离开五阴以外，再没有其他事物。如果说离开五阴以外还有其他事物，有什么相状呢？有什么事物呢？如果说神我如虚空一样离五阴而有,这也不对。为什么呢?因为在《观六种品》中已经破除虚空,没有一种东西称为虚空。

如果说因为信而有神我,这也不对。为什么呢?因为信有四种:一称为现事可信,如世间现见其有;二名比知可信,如看见烟,知道有火;三名譬喻可信,如一个国家没有鉴石,人们没有看见过,把它比喻为金,人们都像见到鉴石一样;四名贤圣所说故可信,比如说有地狱、有天、有北拘卢洲。没有见过的人们,相信圣人所说的话,所以知道地狱等是有的。

这种神我在四信中求之而不可得,现有的东西中也没有,比知中没有,譬喻中也没有,圣人所说中也没有。为什么呢?关于现事的问题,世俗人只见过五阴,没见过神我。关于比知的问题,必须首先见其事物的全体,然后通过推理而知。比如人们首先见到火有烟,后来只看见烟,就推知有火。神我的意思不是这样,谁能够首先见到神我与五阴和合,然后只见五阴即知其中有神我呢?

如果你认为共有三种比知,这里说的只是一种,不足为破,我应当再说三种比知:一者名如本,二者名如残,三者名共见。

关于如本的问题,此名的意思是说:以前曾经见过火有烟，现在看见烟，就可以知道如本有火。这就是前文所说的如本比知中没有神我。

关于如残的问题，此名的意思是说：比如做饭的时候，只要是一粒米熟了，就可以知道其余的米都熟了。谁见过一个人的五阴中有神我，就知道其余人的五阴中都有神我呢？由此可见，如残比知中没有神我。

关于共见的问题，此名的意思是说：比如亲眼看见有人从这里到那里去，大家都看见他去了，因为大家都看见了，所以叫作共见。由此可知，太阳也是这样，从东方出来，到西方去，人们虽然仰望晴空，日体不动，没有看到太阳在"去"，因为人有"去"之相，由此可知，太阳也有"去"，这就称为共见比知。

问：如果是这样的话，则苦乐、憎爱、觉知等也应当有神我，为彼所依。为什么呢？就像看见人民，就知道他们必须依靠国王，如见牙爪，就知道它们必依其身。

答：这些比喻都不对。为什么呢？共见之相，方信其有。王与身都可以亲眼见到，神我有谁看见过呢？应当知道，必须首先共见人与"去"法和合而到其余地方去，然后才能见到太阳到其他地方去。由此而知，日体也有"去"法。其他方面的"去"法，人人共见。原先没有共见那种五阴与神我和合而成人身，后见这种五阴身，由此推知一定有神我，这是不对的，所以共见相比知中也没有神我。在三种比知中，都没有可信，譬喻中也没有神我。为什么呢？这个国家虽然没有鉴石，那个国家的人民都看见过金，所以以金为喻。现在有哪个国家的人民看见过神我呢？在如今的譬喻当中也没有可信的神我。

在圣人所说当中也没有神我。为什么呢？因为圣人所说都是首先眼见然后而说。而且，诸圣人说其余的事可信，应当知道说地狱等也可信。但神我并不是这样，没有圣人先见神我然后才说，所以在圣人所说的话当中也没有可信的神我。在四信的各种信当中求神我而不可得，由此可知没有神我，所以离五阴以外没有另外的神我。

原典

复次，《破根品》中见、见者、可见破故，神亦同破。又眼见粗法尚不可得，何况虚妄忆想等而有神？是故知无我。因为我故有我所，若无我则无我所①。修习八圣道分②，灭我、我所因缘故，得无我无我所决定智慧。

又无我、无我所者，于第一义中亦不可得。无我、无我所者③，真见诸法。凡夫人以我、我所障慧眼④故，不能见实。今圣人无我、我所故，诸烦恼亦灭。诸

烦恼灭故,能见诸法实相。内外我、我所灭故,诸受亦灭[5]。诸受灭故,无量后身皆灭,是名说无余涅槃[6]

注释

[1] 若无我则无我所,《藏要》本校注称:"《无畏》次结云:如是无我、我所为真实相。"

[2] **八圣道分**:即八正道(Ārgāstaṅgikamārga),通向涅槃解脱的八种正确途径,释迦牟尼佛在鹿野苑初转法轮时对五比丘所说。八正道如下:

(一)正见(Samgak-drsti),对四谛等佛教真理的正确见解;

(二)正思维(Samyak-samkalpa),对佛教义理的正确思维;

(三)正语(Samyak-vāc),说符合佛教义理的话;

(四)正业(Samyakkarmānta),做符合佛教义理的正确行为;

(五)正命(Samyākajva),按照佛教戒律的规定,过正常合法的生活;

(六)正精进(Samyak-vyāyama),勤修涅槃之道法;

(七)正念(Samyakmṛti),明记四谛等佛教义理;

(八)正定(Samyaksamādhi),正确修习佛教禅定。

因为八正道使众生从迷界此岸到达涅槃彼岸,所以往往把八正道比喻为八船或八筏。

③无我、无我所者,《藏要》本校注称:"《无畏》原云:若见无,执有所无,则成倒见,坏慧眼不见真实。"

④**慧眼**:五眼(肉眼、天眼、慧眼、法眼、佛眼)之一,智慧即眼,持业释。智慧能够观照诸法皆空之理,因为这种空慧能够观察,所以称之为眼。

⑤诸受亦灭,《藏要》本校注称:"勘《无畏》释:四取亦灭,取灭则有尽,有尽则生尽,是为悟入人无我断烦恼障,得有余涅槃。今译无余,错。"

⑥**无余涅槃**:与有余涅槃相对,生死因果都尽,不再受生于三界。

译文

而且,在《观六情品》中,把见法、见者和可见都破除了,神我也同样被破。而且,亲眼见到的粗显东西尚且不可得,更何况是由于虚妄忆想而说的神我呢?由此而知没有神我。人们因为认为有我,所以认为有我所。假若知道没有我,就没有我所。人们能够修习八正道,灭除"我"和我所的因缘,获得无我、无我所的决定智慧。

而且，认识到无我、无我所道理的人们，在第一义谛中也说第一义谛不可得。而且，理解了无我、无我所的人们，才能真正见到各种事物的真正本性。那种凡夫人以"我"和我所障碍慧眼，看不到事物的实相。现今的圣人们因为悟入无我和无我所，所以各种烦恼也都灭除了。因为各种烦恼都灭除了，所以能够认识到各种事物的实相。而且，因为内我和外我所都灭除了，各种受也就灭除了。因为各种受灭除了，以后的无量身也都灭除了，这就被说成是无余涅槃。

原典

问曰：有余涅槃云何[1]？

答曰：诸烦恼及业灭故，名心得解脱，是诸烦恼、业皆从忆想分别生，无有实。诸忆想分别皆从戏论生，得诸法实相毕竟空，诸戏论则灭，是名说有余涅槃[2]，实相法如是。诸佛以一切智[3]观众生故，种种为说，亦说有我，亦说无我。

若心未熟者，未有涅槃分[4]，不知畏罪，为是等故说有我。又有得道者知诸法空，但假名[5]有我，为是等故说我无咎。

又有布施、持戒等福德，厌离生死苦恼，畏涅槃永灭，是故佛为是等说无我诸法，但因缘和合，生时空生，灭时空灭，是故说无我，但假名说有我。

又得道者知无我不堕断灭故，说无我无咎。是故偈中说："诸佛说有我，亦说于无我。若于真实中，不说我非我。"

注释

① 有余涅槃云何，《藏要》本校注称："《无畏》次云：今当说悟入法无我，断所知障，得无余方便。举颂云灭业惑则解等。释云：戏论以证法无我相而灭故，是说悟入无余灭界，今译有余，错。"

② **有余涅槃**：亦称有余依涅槃，与无余涅槃相对，作为生死之因的烦恼已经断尽，但作为前世惑业造成的果报身还留在世间，所以称为有余涅槃。

③ **一切智**：佛所具有的无所不知的智慧，破除一切无明，悟入诸法皆空的真如，所以一切智又称为空智。

④ **涅槃分**："分"有三义：（一）部分，往生极乐世界，证得一部分涅槃，证理还没有圆满；（二）"分"为因之义，即证得涅槃的因分；（三）"分"为分齐，即涅槃证果之分齐，与涅槃同义。

⑤ **假名**：佛教认为世间万物的名称都是虚假的，没有与之对应的实体。

译文

问：有余涅槃如何呢？

答：因为烦恼和业灭除了，这就称为心得解脱，这种种烦恼和业，都是从忆想分别产生的，没有实体。各种忆想分别都是从戏论产生的，要得各种事物的实相，知毕竟空义，各种戏论就会灭除，这就被说成是有余涅槃实相法，诸佛就是这样地以一切智观察众生，所以有各种各样的说法。对主张无我者说有我，对执我者说无我。

假若其心没有成熟的人们，没有证得涅槃的因分，不懂得畏惧罪恶，所以要对这样的人说有我。又有得到佛道的人们，知道各种事物都是空，只是假名有我。对这种人说有我，没有任何错误。

又有的人积累布施、持戒等福德，厌离生死苦恼，但畏惧达到涅槃后是永久断灭，所以佛为这种人说无我等教法，意思是说：只有因缘和合，生的时候因为我空没有生，灭的时候因为我空没有灭，所以说其实没有我，只是以世间假名说有我，所以我灭不必畏惧。

又有得佛道的人，因为他们已经知道没有我了，不会堕于断灭，为他们说没有我，也不会犯任何过失。所以偈颂中这样说："诸佛对有的人说有我，对另外一些人说没有我。但在讲各种事物实相的时候，不说有我，也不说非我。"

原典

问曰[1]：若无我是实，但以世俗故说有我，有何咎？

答曰：因破我法有无我，我决定不可得，况有无我？若决定有无我，则是断灭[2]，生于贪着[3]，如《般若》[4]中说："菩萨有我亦非行，无我亦非行。"

注释

[1] 问曰：提以下问题者有三种人：（一）毗昙师，他们主张无我是实，以世俗假名而论有我；（二）成实师，认为俗谛中有我，真谛中无我；（三）有所得大乘人，主张二无我。

[2] 断灭：佛教认为万事万物是无常的，又是因果相续的，所以是非断的，否定因果相续的理论，称之为

断灭之见，即断见，是邪见中的极恶者。

③**贪着**：由于邪念而生贪心，贪心固着不离称为贪着，由于贪着而生烦恼。

④**般若**：即《般若经》，旧译《般若波罗蜜经》，新译《般若波罗蜜多经》。

译文

问：如果真的没有"我"，只是随顺世俗的观点而说有我，这有什么错误呢？

答：因为破除了我法，所以说有"无我"，"我"与"无我"相待而成立，"我"尚且是不可得的，更何况是肯定有"无我"呢？如果肯定有"无我"，这就是断见，这种断见是生于贪着的，如《般若经》中这样说："菩萨有我也不发生作用，无我也不发生作用。"

原典

问曰：若不说我、非我、空、不空，佛法为何所说？

答曰：佛说诸法实相，实相中无语言道，灭诸心行①。心以取相缘生，以先世业果报故有，不能实见诸法，是故说心行灭。

问曰：若诸凡夫心不能见实，圣人心应能见实，何②故说一切心行灭？

答曰：诸法实相即是涅槃，涅槃名灭，是灭为向涅槃故，亦名为灭。若心是实，何用空等解脱门③？诸禅定④中，何故以灭尽定⑤为第一，又亦终归无余涅槃？是故当知一切心行皆是虚妄，虚妄故应灭。诸法实相者，出诸心数法，无生无灭，寂灭相如涅槃。

注释

① **心行**：心为念念迁流，或者心中念念不忘，此称心行，善、恶之所念，也称之为心行。

② 何，《碛砂藏》本在此字下衍"以"字，《藏要》本根据《高丽藏》本改。

③ **解脱门**：空、无相、无愿三种禅定是达到涅槃之门，所以称为解脱门。

④ **禅定**：禅定是梵文 Dhyāna 音译禅那之略，意译为静虑，为了深入思虑佛教义理，使心绪宁静，专注一境。因为禅属于佛教定慧，所以称为禅定。

⑤ **灭尽定**：梵文 Nirodhasamāpatti 的意译，亦称灭受想定，是克制思想使之停止活动的一种禅定，修习这种禅定可以灭除心法和心所法。

译文

问：如果不说我与非我、空与不空，佛法究竟为何而说呢？

答：佛演说各种事物的实相，实相中没有言语道，灭除各种心行。心以取相因缘而生，由于前世业的果报，所以有这心，不能真实认识各种事物，所以心行应当灭除。既然没有言语和心行，哪里还有"我"和"无我"、空和不空呢？

问：如果诸凡夫之心认识不到各种事物的实相，圣人之心应当是能够认识各种事物的实相，为什么说一切心行都应当灭呢？

答：各种事物的实相就是涅槃，涅槃称为灭，这就是心行灭。因为它能够通向涅槃之道，所以又称为真空寂灭相。如果此心是真实的，为什么还用空等解脱门呢？在各种禅定中，为什么以灭尽定为第一呢？而且，涅槃虽然也称为有余，为什么最终归于无余涅槃呢？由此应当知道一切心行都是虚妄，因为是虚妄的，所以应当灭除。而且，所谓各种事物的实相，都是出于各种心所法以外，没有生，也没有灭，在各种事物的寂灭实相当中，就像涅槃一样。

原典

问曰：经中说诸法先来寂灭相即是涅槃，何以言如是涅槃？

答曰：着法者分别法有二种：是世间、是涅槃，说涅槃是寂灭，不说世间是寂灭。此论中说一切法性空寂灭相，为着法者不解故，以涅槃为喻，如汝说涅槃相、空无相寂灭无戏论，一切世间法亦如是。

问曰[1]：若佛不说我非我诸心行灭言语道断者，云何令人知诸法实相？

答曰：诸佛无量方便[2]力，诸法无决定相，为度众生或说一切实，或说一切不实，或说一切实不实，或说一切非实非不实。

一切实者[3]，推求诸法实性[4]，皆入第一义平等[5]一相[6]，所谓无相[7]，如诸流异色异味入于大海，则一色一味[8]。

一切不实者，诸法未入实相时，各各分别观皆无有实，但众缘合故有。

一切实不实者，众生有三品，有上、中、下，上者观诸法相非实非不实，中者观诸法相一切实、一切不实，下者智力浅故，观诸法相少实少不实。

观涅槃无为法不坏故实，观生死有为法虚伪故不实。非实非不实者，为破实不实故说非实非不实。

注释

① 问曰，《藏要》本校注称："《无畏》问曰：若胜义中是无生灭法性如灭度者，以世俗言辞说，其相如何？"

② **方便**：梵文 Upāya 的意译，音译沤和，佛度脱众生所采取的各种灵活手法。

③ 一切实者，《藏要》本校注称："《无畏》释云：眼等色等不违俗谛而有故，说一切皆实，胜义中缘生如幻，不如所执，故说非实。二谛相待，故说亦实亦非实，行实相无分别故，说非实非非实，次下更有一解。"

④ **实性**：与真如同义，诸法实性，清净平等，非有非无。

⑤ **平等**：没有高下、深浅等差别，称为平等，如圣凡不二，人心平等。

⑥ **一相**：即无二之相，没有差别之相，平等一味。

⑦ **无相**：佛教真理没有各种外相，涅槃没有色相、声相、香相、味相、触相、生住坏相、男相、女相，所以称为无相。诸法皆空、不二法门等都是无相。

⑧ **一味**：佛的教法，犹如甘露，教法的理趣唯一无二，所以称为一味。

译文

问：佛经中说各种事物原来是寂灭相，即涅槃，为什么说如涅槃呢？

答：执着事物的人们，把事物分别为二种：一是世间法，一是涅槃。只说涅槃是寂灭，不说世间法也是寂灭。这部论中说：世间的一切法性，没有一个不是空、不是寂灭相的，因为执着事物的人们不理解，所以以涅槃为比喻。比如你说涅槃之相是空，是无相，已经没有各种戏论，应当知道人世间的一切事物，其实也都是这样。

问：如果佛不说我和非我，不说各种心行灭和言语道断，怎能另有方便法门，使人们知晓各种事物的实相呢？

答：诸佛有无数方便力，演说各种事物没有决定之相，为了救度众生，或者说一切是真实的，或者说一切是不真实的，或者说一切事物既是真实的又是不真实的，或者说一切事物不是真实的也不是非真实的。

所谓一切都是真实的，推求各种事物的真实之性，都入真谛，都是毫无差别的一相，即无相。犹如各种河流是不同的颜色和不同的味道，但河水流入大海以后，就是一色一味。

所谓一切事物都是不真实的，在还没有悟入各种事物实相的时候，对它们分别进行观察，都不是真实的，都是各种因缘和合而有，所以不是真实的。

所谓一切事物既是真实的，又不是真实的。有情众生分为三个等级，即上、中、下。上等众生观察各种事物之相，既不是真实的，也不是不真实的。中等众生观察各种事物之相，认为一切事物既是真实的，又是不真实的。下等众生因为智力浅薄，观察各种事物之相，认为有的事物是真实的，有的事物是不真实的。

观涅槃无为法，因为不被破坏，所以是真实的。观察生死有为法，是虚妄不实的。佛为中、下等人说万事万物既真实又不真实，所谓既不是真实又不是不真实，是为了破斥既真实又不真实，所以说不是真实又不是不真实，这是为上等众生所说。

原典

问曰：佛于余处说离非有非无①，此中何以言非有非无是佛所说？

答曰：余处为破四种贪着故说，而此中于四句无戏论，闻佛说则得道，是故言非实非不实②。

注释

① **非有非无**：此指非有、非无、非亦有亦无、非非有非无四句。

② **非实非不实**：此指非实、非不实、非亦实亦不实、非非实非不实四句。

译文

问：佛在其他地方说应当离非有、非无等四句，这里为什么说非实、非不实等四句，同于非有、非无等四句，也是佛所说呢？

答：其他地方说这四句，就产生四种贪着，为了破除这四种贪着，所以说应当离四句，绝百非。但这里于四句中已经知道没有戏论，闻佛所说则不执着，自然得道，所以说非实、非不实等四句。

原典

问曰：知佛以是四句因缘说，又得诸法实相者，以何相可知？又实相云何？

答曰：若能不随他。不随他者[1]，若外道[2]虽现神力说是道、是非道[3],自信其心而不随之,乃至变身,虽不知非佛,善解实相,故心不可回。此中无法可取可舍,故名寂灭相,寂灭相故,不为戏论所戏论,戏论有二种:一者爱论[4],二者见论[5],是中无此二戏论。二戏论无故,无忆想分别,无别[6]异相,是名实相。

注释

① 不随他者,《藏要》本校注称:"《无畏》释云:自知者无教而证,寂者离自性,非戏论者所说相灭,无分别者不作此法是此分别,非异者法性一味。"

② **外道**:佛教之外的宗教哲学派别。主要指释迦牟尼时代的外道六师和九十六种外道。道,梵文 Marga 的意译,是能通文义,有三种道:(一)有漏道,善业使众生至善趣,恶业使众生至恶趣,善业、恶业称之为道,所至之趣也称之为道,如六道;(二)无漏道,七觉支、八正道能使众生达涅槃,所以称之为道,如道谛、道品、声闻道、佛道等;(三)涅槃之体,涅槃能够排除一切障碍,无碍自在,所以称之为道。

③ **非道**:邪行违逆正道,所以称为非道。

④ **爱论**:二种戏论之一,由于贪爱执着之迷心,使之产生各种各样不正确的言论。

⑤见论：二种戏论之一，顽固坚持我见、边见等。

⑥别，《碛砂藏》本原作"分别"，《藏要》本根据《高丽藏》本改。

译文

问：已经知道诸佛以这样的四句因缘为说，又不解得各种事物的实相者，以什么相状可以知道是实相呢？而且，实相究竟如何呢？

答：若能如偈所说，自知不随他，即可知实相，所谓"不随他"者，意思是说：如果遇见外道，虽现神通力为之说什么是道，什么是非道，此人自信其心而不迷惑，不随外道之说，乃至外道变身如佛，此人虽然不知道其非佛，因为善解实相，其心不可回。知此实相中，无法可取，无法可舍，所以称为寂灭相。因为善解寂灭实相，不为戏论所迷惑，这就称为能知实相。而且，戏论有二种：一者爱论，二者见论。在这实相中没有这二种戏论，所以没有忆想分别。因为没有分别，所以没有异相，没有异相就叫作实相。

原典

问曰[1]：若诸法尽空，将不堕断灭耶？又不生不灭或堕常耶？

答曰：不然。先说实相无戏论，心相寂灭，言语道断，汝今贪着取相[2]，于实法中见断、常过。得实相者说诸法从众缘生，不即是因，亦不异因，是故不断不常。若果异因则是断，若不异因则是常。

注释

① 问曰，《藏要》本校注称："《无畏》云：今复说余真实相。"

② **取相**：由于妄惑而取执事理之相，见思取生死相，尘沙取涅槃相，无明取断、常二边见。

译文

问：如果各种事物都是空，会不会堕于断灭呢？不生不灭，会不会堕于常见呢？

答：不会。首先说明实相没有戏论，心相寂灭，不能用语言表达，哪里会有断见和常见呢？你现在仍然贪着取相，于实相法中见有断、常之过。那些悟入实相者，如说各种事物从各种因缘和合而生，不等同于因，也不异于因，所以是不断不常。为什么呢？如果说果异于因，就是断见；如果说果不异于因，就是常见。所以悟入实相者，不堕于断、常二边见。

原典

问曰[①]：若如是解有何等利？

答曰：若行道者能通达如是义，则于一切法不一不异、不断不常，若能如是即得灭诸烦恼戏论，得常乐涅槃。是故说诸佛以甘露味教化，如世间言得天甘露浆，则无老、病、死，无诸衰恼，此实相法是真甘露味。

佛说实相有三种：若得诸法实相，灭诸烦恼，名为声闻[②]法；若生大慈[③]，发无上心，名为大乘。若佛不出世，无有佛法时，辟支佛因远离生智。若佛度众生已，入无余涅槃，遗法灭尽，先世若有应得道，少观厌离因缘，独入山林，远离愦闹，得道，名辟支佛。

注释

① 问曰，《藏要》本校注称："《无畏》云：今由此

分别非一异等。"

②**声闻**：梵文Śrāvaka的意译，三乘之一，直接听闻佛陀言教四谛理而觉悟者，最高果位是阿罗汉，最终目的是达无余涅槃。

③**慈**：《高丽藏》本作"悲"。慈是梵文Maitri的意译，佛、菩萨爱护众生，给与欢乐。

译文

问：如果作这样的解释，这有什么好处呢？

答：如果修行佛道的人们，能够通达这样的意思，则对一切事物深明不一不异、不断不常之理。如果能够作这样的理解，就能够灭除各种烦恼戏论，得到永远享乐的涅槃。所以说诸佛以甘露味教化众生，如人世间有这样的说法：得到天上的甘露浆，就没有老、病和死，也没有各种衰败和烦恼，这种实相法是真正的甘露味。

而且，佛说悟入实相者有三种人：一、如果悟入各种事物的实相，灭除各种烦恼，这就是得到了声闻乘法；二、假若产生大慈，发无上心，这就是得到了大乘法；三、假若佛不出世，在没有佛法的时候，辟支佛因为远离尘世，得生智慧。如果佛度脱众生以后，入无余涅槃，无佛出世，年久遗法灭尽，后之学者，如果前世有应当得道的善根，少许观想厌离尘世的因缘，独自进入山林，远离惯闹的尘世，也能够得道，这称为辟支佛。

观时品第十九

原典

观时品[①]**第十九**

问曰：应有时，以因待故成，因有过去时，则有未来、现在时，因现在时有过去、未来时，因未来时有过去、现在时，上、中、下、一、异等法亦相因待故有。

答曰：若因过去时，有未来现在。

　　未来及现在，应在过去时[②]。

若因过去时有未来、现在时者，则过去时中应有未来、现在时。何以故？随所因处有法成[③]，是处应有是法。如因灯有明成，随有灯处应有明，如是因过去时成未来、现在时者，则过去时中应有未来、现在时。若过去时中有未来、现在时者，则三时尽名过去时。何以故？未来、现在时在过去时中故。

若一切时尽过去者，则无未来、现在时，尽过去故。若无未来、现在时亦应无过去时。何以故？过去时因未来、现在时故名过去时。如因过去时成未来、现在时，如是亦应因未来、现在时成过去时。今无未来、现在时，故过去时亦应无。是故先说因过去时成未来、现在时，是事不然。

注释

①观时品：外道和佛教内部派别对佛教的看法都有不同观点，胜论认为时间有其实体，使一切事物表现出前后、来去、变迁等相。时论外道认为时间是万物本源。佛教内部对时间的看法也不相同，譬喻师认为时间有其本体并是常住的。说一切有部认为过去世、现在世、未来世三世实有。大众部、分别说部和经量部主张现在是实有，过去、未来是假有。唯识派认为现在是有，过去、未来是无。中观派认为过去、现在、未来三世是性空幻有。

②时，《藏要》本校注称："番、梵作'有'。"

③随所因处有法成，《藏要》本校注："《无畏》意谓于彼有二法，乃成相待故。"

译文

问：应当有时间，以因相待而成，因为有过去时，则有未来时和现在时；因为有现在时，则有过去时和未来时；因为有未来时，则有过去时和现在时。上、中、下、一、异等事物，也是相因待而有。

答：如果因为过去时而有未来时和现在时，则未来时和现在时应当在过去时当中。

如果因为过去时而有未来时和现在时，则过去时中应当有未来时和现在时。为什么呢？随顺所因之处，得有相应的事物成立，在其因处应当有相应的事物。如因灯而有光明成立，随顺有灯之处，应当有光明。这样，因为过去时而成未来时和现在时，则过去时当中应当有未来时和现在时。如果在过去时中有未来时和现在时，则过去、现在、未来三时应当都称为过去时。为什么呢？因为未来时和现在时，都在过去时当中。

如果一切时间都称为过去时，就没有未来时和现在时了，因为都称为过去时的缘故。如果没有未来时和现在时也应当是没有过去时。为什么呢？过去时因为有未来时和现在时，所以称为过去时。犹如因有过去时方成未来时和现在时。这样，则也应当是因未来时和现在时，方成过去时。现在因为没有未来时和现在时，过去时也应当是没有的。所以先前说的因为过去时而成未来时和现在时，这是不对的。

原典

若谓过去时中无未来、现在时，而因过去时成未来、现在时，是事不然。何以故？

若过去时中，无未来现在，

未来现在时，云何因过去？①

若未来、现在时不在过去时中者，云何因过去时成未来、现在时？何以故？若三时各异相，不应相因待成，如瓶、衣等物，各自别成，不相因待。

而今不因过去时则未来、现在时不成；不因现在时则过去、未来时不成；不因未来时则过去、现在时不成。汝先说过去时中虽无未来、现在时，而因过去时成未来、现在时者，是事不然。

注释

① 本颂是逼对方犯自教相违之过，如果过去时中没有未来时和现在时，未来时和现在时就是独立存在。

但对方的观点正如本品开头所说的：过去、未来、现在三时互相因待而成立。

译文

如果说过去时中没有未来时和现在时，但因过去时而成未来时和现在时，这是不对的。为什么呢？

如果过去时中没有未来时和现在时，未来时和现在时怎能因过去时而成立呢？

如果未来时和现在时不存在于过去时中，怎能因过去时而成未来时和现在时呢？为什么呢？如果过去时中没有未来时和现在时，则过去、现在、未来三时各自异相，不应当是相因待而成立，如瓶、衣等东西，各自分别成立，不是相因待而成立。

但是现在所说，不因为过去时使未来时和现在时不得成立；不因为现在时使过去时、未来时不得成立；不因未来时使过去时、现在时不得成立。你先前说过去时中虽然没有未来时和现在时，但因过去时而成未来时和现在时，这是不对的。

原典

问曰：若不因过去时成未来、现在时，而有何咎？
答曰：不因过去时，则无未来时，
　　　亦无现在时，是故无二时。①

不因过去时则不成未来、现在时。何以故？若不因过去时有现在时者，于何处有现在时？未来亦如是，于何处有未来时？是故不因过去时则无未来、现在时。如是相待有故，实无有时。

　　以如是义故，则知余二时。
　　上中下一异，是等法皆无。

以如是义故，当知余未来、现在亦应无，及上、中、下、一、异等诸法亦皆无。如因上有中、下，离上则无中、下，若离上有中、下，则不应相因待。因一故有异，因异故有一，若一实有，不应因异而有。若异实有，不应因一而有，如是等诸法，亦应如是破。

注释

① 根据对方在本品开头申明的观点，过去、现在、未来三时相因待而成立，没有过去时之因，就不会有未来时和现在时。

译文

问：如果不因过去时而有未来时和现在时，这有什么错误呢？

答：如果没有过去时之因，就没有未来时，也没有现在时，所以没有未来、现在二时。

没有过去时之因，就不能成立未来时和现在时。为什么呢？如果没有过去时之因而有现在时，在什么处所有现在时呢？未来时也是这样，在什么处所有未来时呢？所以没有过去时之因，就没有未来时和现在时。过去、现在、未来三时就是这样相待而有，所以实际上没有时间。

以这样的意思为根据，则知道不但没有过去时，其余的现在、未来二时，及上、中、下三根，同一、相异，如此等等的各种事物都是没有的。

以这样的意思为根据，应当知道不但没有过去时，其余的未来时和现在时也应当是没有的，以及上、中、下三根，同一、相异等一切事物，也都是没有的。比如说：因为上而有中和下，离开上就没有中和下，如果离开上而有中和下，就不应当是相因待。因为同一而有相异，因为相异而有同一，如果同一实有，不应当因为相异而有。如果相异实有，不应当因为同一而有，如此等等的一切事物，也应当这样破除。

原典

问曰：如有岁、月、日、须臾①等差别，故知有时。

答曰：时②住不可得，时去亦叵得。

时若不可得，云何说时相？③

因物故有时，离物何有时？

物尚无所有，何况当有时？

时若不住不应可得，时住亦无。若时不可得，云何说时相？若无时相则无时。因物生故则名时，若离物则无时，上来种种因缘破诸物，物④无故何有时？

注释

① 须臾：梵文 Kṣaṇa 的音译，意译刹那。据《摩诃僧只律》，二十念称为一眴，二十眴称为一弹指，二十弹指称为一颇罗，二十颇罗称为一须臾。据《俱舍论》卷十二，一弹指顷等于六十五须臾。

② 时：《摄大乘论》区分为五种时：（一）日时，

以明暗为异，所以以日夜为数，名为日时；（二）月时，月有黑白之异，所以分为两半，两半合论，一半为盈，一半为亏，此称月时；（三）年时，十二个月分为三分，一分有两时，一时有二月，故称年时；（四）行时，日则六月，从南行至北，故以六月为一行时；（五）双时，五年五月五日有润以为一双，所以称为双时。

③关于本颂，《藏要》本校注称："番、梵颂云：不住时叵取，若有可取时，是住亦非有，叵取时安说。《无畏》释云：若物不住，即不得彼取时，若谓异物别有可取之时为住法者，此亦非有，既不可取，云何得说有时？佛护释：取谓量取长、短等也。"

④物，《碛砂藏》本原无此字，《藏要》本根据《高丽藏》本加。

译文

问：如今现有年、月、日、刹那等时相差别，由此可知有时间。

答：时间的住相不可得，时间的去相也不可得，时间都不可得，怎能说有时间相呢？

因为事物而有时间，离开事物，哪有时间呢？事物尚且是没有的，哪里还可说有时间呢？

假若时间不住，时间不应当是可得的，因为没有固定的时间。时间住，也没有时间，因为没有迁流的缘故。时间尚且不可得，怎能有年、月等的时相呢？如果没有时相，就没有时间。而且，如果因为事物有生灭变化而称为时间的话，假若离开事物，就没有时间。前文已经以种种因缘破除各种事物，因为各种事物是没有的，怎能有时间呢？

观因果品第二十

原典

观因果品[①] 第二十

问曰[②]：众因缘和合现有果生[③]，当知是果从众缘和合有。

答曰：若众缘和合，而有果生者，[④]

和合中已有，何须和合生？

若谓众因缘和合有果生者，是果则和合中已有，而从和合生者，是事不然。何以故？果若先有定体，则不应从和合生。

注释

① **观因果品**：《藏要》本校注称："番、梵作《观和合品》，《灯》作《观因果和合品》。"本品来意有二：一远因，二近因。远因义有二：（一）重辨因果，因果是众义之宗，立信之本。惑者多生谬计，以前虽然简略破斥，现在需要重论；（二）正论因果，前文虽破因果，是为了成立其他意思，和第一品《观因缘品》破四缘因果是为了成立"无生"之义。近因之义如下：外云无三世之时，宁有因果之法？而因果道理不可令无故应有时，是以今破。

② **问曰**，《藏要》本校注称："《无畏》问曰：实有时、时合因及缘等乃成果故，以此亦有和合性及果。颂答。"

③ **众因缘和合现有果生**：立这种主张有三种原因：（一）现见果从因而生，所以说因中有果；（二）果假借缘而生，由此而知缘中有果，若缘中无果，虽合而不生；（三）佛经中说过有果产生。

④ **若众缘和合，而有果生者**：本颂破斥数论师的因中有果论。

译文

问：众多条件和合后，现见有果产生，应当知道这种果是从众多条件和合而有。

答：假若如你所说，众多条件和合才有果产生，既然和合中已经有果了，哪里还需要和合再生呢？

如果说众多条件和合后有果产生，这种果就应当是在因缘和合中已经有了，但仍然说从和合而生，这是不对的。为什么呢？假若果于缘中先前已经有了固定本体，则果体已有，不应当说从和合而生。

原典

问曰：众缘和合中虽无果，而果从众缘生者，有何咎？[1]

答曰：若众缘和合，是中无果者，
云何从众缘，和合而生果？[2]

若从众缘和合则果生者，是[3]和合中无果，而从和合生，是事不然。何以故？若物无自性，是物终不生。

复次，若众缘和合，是中有果者，
和合中应有，而实不可得。

若从众缘和合中有果者，若色应可眼见，若非色应可意知，而实和合中果不可得，是故和合中有果，是事不然。

复次，若众缘和合，是中无果者，

是则众因缘，与非因缘④同。

若众缘和合中无果者，则众因缘即同非因缘，如乳是酪因缘，若乳中无酪，水中亦无酪。若乳中无酪则与水同，不应言但从乳出，是故众缘和合中无果者，是事不然。

注释

①这种问题是数论外道和胜论外道提出的，他们主张没有过去世和未来世，只有现在世。

②关于本颂，《藏要》本校注称："四本（宋译安慧《中观释论》、唐译清辨《般若灯论》、梵本月称《中论疏》、藏译《中论疏》）颂云：若诸因缘等合而有生者，和合中无果，云何从合生？此与前颂相对而言，今译参差。"

③是，《碛砂藏》本原作"若"，《藏要》本根据高丽藏》本和藏文本改。

④因缘，《碛砂藏》本原作"缘中"，《藏要》本根据《高丽藏》本和藏文本改。

译文

问：各种条件和合中虽然没有果，但果从各种条件而生，这有什么错误呢？

答：如果各种条件和合后，此中没有果的话，怎能从各种条件和合产生结果呢？

如果从各种条件和合，则有结果产生，这种和合中没有果，但从和合而生，这是不可能的。为什么呢？如果事物先前没有自性，这种事物终究不会产生。

而且，如果各种条件和合后，此中有果，和合中应当有果体可得，但实际上不可得。

如果从各种条件和合后，此中藏有果体。如果是色的话，眼睛应当是可以见到；如果是非色，意识应当可以知道。但实际上，和合中其果不可得，所以说和合中有果，这是不可能的。

而且，如果说各种条件和合后，此中没有果。这样各种因缘与非因缘就相同了。

如果说各种条件和合后，此中无果，则此种因缘，在其不藏果方面，与非因缘完全相同。如乳是酪的因缘，如果说乳中没有酪，水中也没有酪。如果乳中没有酪，就与水相同了，不应当说酪从乳出，不从水出。所以说各种条件和合后，此中无果，这是不对的。

原典

问曰：因为果作因已灭[1]，而有因果生[2]，无如是咎。

答曰：若因与果因[3]，作因已而灭。

是因有二体，一与一则灭。

若因与果作因已而灭者，是因则有二体：一谓与因，二谓灭因。是事不然，一法有二体故，是故因与果作因已而灭，是事不然。

注释

[1] **因为果作因已灭**：据吉藏著《中观论疏》本卷九，此有二义：一者性灭，二是转义。因为性灭，所以果灭果生。因为转变，所以转因作果。

[2] 而有因果生，《藏要》本校注称："《无畏》意谓：和合中无果，果亦得为有因也。"

[3] 因，勘藏文本《中论疏》、梵本月称著《中论疏》、唐译清辨著《般若灯论》，此字为衍文。

译文

问：因为果生，因的作用就灭除了。这样，就有因有果产生，就没有这种错误。

答：假若因能给与果以助力，此因能生果，为果作因以后就要灭除。这样，因就有二种体了：一是给与生果以助力的因，另一则是灭。

假若因给与生果以助力，作因以后而灭除。此因就有二种体：一是给与生果以助力，作生果因之用的因体；二是果成因灭之因体。这是不对的，因为一个事物出现了二个本体。所以，因给与生果以助力，作生果之因以后而灭，这是不可能的。

原典

问曰：若谓因不与果作因已而灭①，亦有果生，有何咎？

答曰：若因不与果，作因已而灭，

因灭而果生，是果则无因。②

若是因不与果作因已而灭者，则因灭已而果生，是果则无因，是事不然。何以故？现见一切果无有无因者，是故汝说因不与果作因已而灭，亦有果生者，是事不然。

注释

①若谓因不与果作因已而灭,《藏要》本校注称:"《无畏》原作因灭无间而有果生。"

②因灭无果之前,是无因之果,怎能生起呢?假若使果生起,这就是无因之果,是根本不可能的。前偈说明二因过,此偈说明无因过。前偈破成实师和大众部,此偈破毗昙师和上座部。

译文

问:假若因不是给果作因以后而灭,也有果产生,这有什么错误呢?

答:假若因不是给果作因以后而灭,因灭以后果才产生,这果就是无因了。

假若因不是给果作因以后而灭,就是因先灭尔后果生,这果就是无因而生,这是不对的。为什么呢?现在看见的一切果,没有无因而生的,所以你说因不给果作因以后而灭,也有果产生,这是根本不可能的。

原典

问曰:众缘合时而有果生者[1],有何咎?

答曰:若众缘合时,而有果生者,

　　　生者及可生,则为一时俱。

若众缘合时有果生者,则生者、可生即一时俱[2],但是事不尔。何以故?如父子不得一时生,是故汝说众缘合时有果生者,是事不然。

注释

[1] **众缘合时而有果生者**:这就避免了无因之过,成实师主张色、受、想、行、识五阴一时成人;说一切有部主张八相一时共起。

[2] 则生者、可生即一时俱,《藏要》本校注称:"《无畏》意谓能生者和合,所生者果,应一时俱。"

译文

问:各种条件正在和合的时候就有果产生,这有什么错误呢?

答:如果说各种条件正在和合的时候就有果生起,

能生者（条件）和所生果就成为同时具有了。

如果说各种条件正在和合的时候就有果生起，则生者条件和可生果就是同时俱生，但事实上并非如此。为什么呢？因为父亲和儿子不能同时而生，所以你说各种条件正在和合的时候就有果生起，这是根本不可能的。

原典

问曰：若先有果生，而后众缘合[①]，有何咎？

答曰：若先有果生[②]，而后众缘合。

此即离因缘，名为无因果。

若众缘未合而先有果生者[③]，是事不然，是果离因缘故则名无因果，是故汝说众缘未合时先有果生者，是事则不然。

注释

[①] 若先有果生，而后众缘合，《藏要》本校注称："《无畏》次云：而后有和合性得以显了，如灯照瓶。"

[②] 若先有果生，《藏要》本校注称："番、梵云：若于和合前已有果生者，与释相顺。"

[③] **若众缘未合而先有果生者**：如须达未修精舍之

因，已有大堂之果。本有涅槃之果，而后修行以达涅槃。

译文

问：假若先有果生，然后各种条件和合，这有什么错误呢？

答：假若先有果生起，然后各种条件和合。这就是离因缘而有果，这就称为无因而有果。

假若各种条件还没有和合而先有果产生，这是不可能的，因为这种果离因缘而生，所以称为无因之果，因此你说的各种条件还没有和合的时候，先有果产生，这是根本不可能的。

原典

问曰：因灭变为果者[①]，有何咎？

答曰：若因变为果[②]，因即至于果。

是则前生因，生已而复生。[③]

因有二种：一者前生[④]，二者共生[⑤]。若因灭变为果，是[⑥]前生因应还更生，但是事不然。何以故？已生物不应更生。若谓是因即变为果，是亦不然。何以故？

若即是不名为变，若变不名即是。

问曰：因不尽灭，但名字灭，而因体变为果，如泥团变为瓶，失泥团名而生瓶名。

答曰：泥团先灭而有瓶生、不名为变。又泥团体不独生瓶，瓮瓷等皆从泥中出，若泥团但有名，不应变为瓶，变名如乳变为酪，是故汝说因名虽灭而变为果，是事不然。

注释

① 因灭变为果者，《藏要》本校注称："《无畏》意谓因不舍自性而住于果位，即因转变成果也。"

② 若因变为果，《藏要》本校注称："番、梵云：若因灭为果，则成因徙异。佛护释：如人易衣，非别有人。第三句番、梵云：又复前生因，盖为第二种过也。"

③ 本颂主要破数论外道，这一外道主张因中有果，自性按照神我的要求创造出五大、五唯、五知根、五作业根和我慢、心根、统觉。

④ 前生：前生因是相生因果，因在前生，果在后生，所以称为前生因。相生因果分为二种：一者同时，如大小生；二者前后，如报因因果。

⑤ 共生：共生因是相缘因果，如梁柱与房舍同时

而有，互相为缘。

⑥是，《碛砂藏》本此字下原衍"果"字，《藏要》本据《高丽藏》本和藏文本删。

译文

问：因灭变为果，这有什么错误呢？

答：如果说因灭变为果，前因之体就要移至于后果当中。这样，前生之因体，生过以后又再生。

因有二种：一者前生因，二者共生因。如果前生因灭，变为今果，则今果之体就是前生之因体。这一果体前生已生，今生又生，以后应当是再生，但此事并非如此。为什么呢？已经生的东西不应当再生，如果说就是此因，还没有灭的时候就变为果，共在一生，这也不对。为什么呢？如果就是，就不能称为"变"，如果是"变"，就不能称为"就是"，因为这两种意思互相违逆。

问：我所说的灭，并不是因都灭，只是名字灭，而因体变为果，如泥团变为瓶以后，就失掉泥团之名，而生瓶名。

答：泥团只是先灭除其名，但泥团之体仍然存在，虽然有瓶产生，但是不能称为变。而且，泥团之体并不是只生瓶，瓮、瓮等都出自于泥。如果说泥团只有名字灭，不应当肯定变为瓶。而且，"变"之名，如乳变为酪。所以你说的名称虽然灭除了，但其本体变为果，这是不对的。

原典

问曰[①]：因虽灭失而能生果，是故有果，无如是咎？
答曰：云何因灭失，而能生于果？
　　　又若因在果，云何因生果？[②]
若因灭失已，云何能生果？若因不灭而与果合，何能更生果？

注释

① 问曰，《藏要》本校注称："《无畏》问曰：因先有果性故，因灭即得生果。颂答：若灭已则失云云。"

② 关于后半颂，《藏要》本校注称："《无畏》释，此答有果因住而生果也。番、梵云：果相合之因住复如何生？"

译文

问：因虽然灭失，但能生果，所以有果，这就没有这样的过失了。

答：因既然已经灭失，还怎能生于果呢？而且，假若因转变了，但因体仍在果中，怎能说因生果呢？

假若因灭失以后，怎能生果呢？假若因不灭失，而因体与果体和合，怎能再生果呢？

原典

问曰[1]：是因遍有果而果生。

答曰：若因遍有果[2]，更生何等果？

因见不见果[3]，是二俱不生。

是因若不见果，尚不应生果，何况见？若因自不见果，则不应生果。何以故？若不见果，果则不随因。又未有果，云何生果？若因先见果，不应复生果，已有故。

注释

[1] 问曰，《藏要》本校注称："《无畏》问曰：因与果不相属而能生果。颂答。"

② 若因遍有果,《藏要》本校注称:"番、梵云:若因果不属。"

③ 因见不见果,《藏要》本校注称:"《无畏》释:次就眼根为眼识生因而辨也,见则成无用,不见则无因。"

译文

问:果体散在因中,这因中遍处有果而果生,这有什么错误呢?

答:假若因中普遍存有一切果,那还再生什么果呢?总之,因中见果不见果,这二种情况都不能生果。

如果在因中不见因中有果,尚且不应当生果,何况见其遍处有果呢?假若因为自视,不见因中有果,就不应当生果,这是什么缘故呢?若不见因中有果,那么果就不在因中。若因中未有果生,哪里能生果呢?假若因中先前见到遍处有果,不应当再次生果,因为果先前已经有了。

原典

复次①,若言过去因②,而于过去果,
　　　未来现在果,是则终不合。③

若言未来因，而于未来果，
现在过去果，是则终不合。④
若言现在因，而于现在果，
未来过去果，是则终不合。⑤

过去果不与过去、未来、现在因合⑥，未来果不与未来、现在、过去因合，现在果不与现在、未来、过去因合。如是三种果终不与过去、未来、现在因合。

注释

①复次，《藏要》本校注称："《无畏》云：若计依因生果相到而生者，此合即不得成，举颂云云。"

②若言过去因，《藏要》本校注称："番、梵此颂各句因果二字皆互倒，与下释相顺。又未来、现在皆作未生、正生。"

③本颂说明过去因不与三世果合。

④本颂说明未来因不与三世果合。

⑤本颂说明现在因不与三世果合。

⑥过去果不与过去、未来、现在因合，《藏要》本校注称："《无畏》释：过未无因果故，现在无果故，又因果不一时起故，三时绮互皆不能合。"

译文

　　而且，如果说过去因，对于过去果及未来果、现在果，终究不能和合。

　　如果说未来因，对于未来果及现在果、过去果，终究不能和合。

　　如果说现在因，对于现在果及未来果、过去果，终究不能和合。

　　过去果不与过去因、未来因、现在因和合，未来果不与未来因、现在因、过去因和合，现在果不与现在因、未来因、过去因和合。如此看来，过去、未来、现在三种果终究不与过去因、未来因、现在因和合。

原典

　　复次，若不和合者，因何能生果？

　　若有和合者，因何能生果？①

　　若因果不和合则无果，若无果云何因能生果？若谓因果和合则因能生果者，是亦不然。何以故？若果在因中，则因中已有果，云何而复生？

注释

① 本颂的意思是说：合是因，已经与果和合，则是已经有果，不需要相生。假若不合是因，不与果和合，这是无果的意思，无不可生。

译文

而且，假若因不与果和合，因怎能生果呢？假若因与果和合，因中已经有果了，还怎能生果呢？

假若因果不和合在一起，因中就没有果。假若因中没有果的话，因怎能生果呢？如果说因果和合，则因就能生果的话，这也不对。为什么呢？假若果存在于因中，则因中已经有果了，哪里还需要再生果呢？

原典

复次①，若因空无果②，因何能生果？
　　　若因不空果③，因何能生果？

若因无果者，以无果故因空，云何因生果？如人不怀妊，云何能生子？若因先有果，已有果故，不应复生。

注释

① 复次，《藏要》本校注称："《无畏》原云：次就因异门分别。"

② **若因空无果**：此破因中无果论者。

③ **若因不空果**：此破因中有果论者。

译文

而且，假若因中空而无果，此因怎能生果呢？假若因中不空而有果，此因怎能生果呢？

假若因中没有果的话，因为没有果，所以是因空。既然是因空，此因怎能生果呢？如人不怀孕，怎能生孩子呢？假若因中先前有果，因为已经有果了，所以不应当再次生果。

原典

复次①，今当说果。

果不空②不生，果不空不灭。

以果不空故，不生亦不灭。

果空③故不生，果空故不灭。

以果是空故，不生亦不灭。

果若不空[4]，不应生不应灭。何以故？果若因中先决定有，更不须复生，生无故无灭，是故果不空故不生不灭。若谓果空故有生灭，是亦不然。何以故？果若空，空名无所有，云何当有生灭？是故说果空故不生不灭。

注释

①复次，《藏要》本校注称："《无畏》原云：次就果异门分别。"

②果不空：果体不空即果体实有。

③果空：果体空即果体实无。

④果若不空，《藏要》本校注称："勘《无畏》，意谓果生以前，若果自性不空者，不生不灭。"

译文

而且，现在应当总说果相。

果体不空，不可说果生；果体不空，不可说果灭。假若认为果体不空，它就没有生，也就没有灭。

果体空，不可说果生；果体空，不可说果灭。假若认为果体空，它就没有生，也就没有灭。

假若果体不空，不应当有生，也不应当有灭。为什么呢？假若果体在因中先前决定实有，就不需要再次产生。因为没有生，所以没有灭。因此说果体不空，没有生，也没有灭。如果认为果体空而有生灭，这也不对。为什么？果体若空，空就意味着无所有，怎能说生和灭呢？所以说果体空，没有生，也没有灭。

原典

复次①，今以一异破因果。

因果是一者②，是事终不然。
因果若异者③，是事亦不然。
若因果是一，生及所生一。
若因果是异，因则同非因。
若果定有性④，因为何所生？
若果定无性，因为何所生？
因不生果者，则无有因相。
若无有因相，谁能有是果？
若从众因缘⑤，而有和合法⑥
和合自不生，云何能生果？
是故果不从，缘合不合生，
若无有果者⑦，何处有合法？

是众缘和合法不能生自体，自体无故，云行能生果？是故果不从缘合生，亦不从不合生。若无有果者，何处有合法？

注释

① 复次，《藏要》本校注称："《无畏》原云：次就因果一异性异门分别。"

② **因果是一者**：此有四过：（一）只有因而无果，无果也无因；（二）只有果而无因，没有因，也就没有果；（三）既是同一物，不可说因与果；（四）因果既然同一，作者和作业也应当同一，陶师与瓶也应当同一。

③ **因果若异者**：此有四过：（一）因与果异，也与非因异，则俱成非因；（二）因和非因俱成因；（三）因成非因，非因成因；（四）有因有非因，则有异有不异。

④ 若果定有性，《藏要》本校注称："《无畏》释，此下复就果有无性异门分别。"

⑤ 若从众因缘，《藏要》本校注称："《无畏》释，此答得和合则能生果。"

⑥ **和合法**：数论外道和胜论外道主张有和合。

⑦ 若无有果者，《藏要》本校注称："《无畏》释，此答和合是物自分故有。"

> 译文

再者,现在以同一和相异来破除因果。

假若认为因果是同一体,此事是终究不可能的。假若认为因果是异体,此事也是终究不可能的。

假若认为因果是同一体,能生和所生,也就是同一体了。假若认为因果是异体,因就等同于非因。

假若果肯定有自性,因为何而生呢?假若果肯定没有自性,因为何而生呢?

假若因都不生果,就没有因相了。假若没有因相,谁能有这种果呢?

假若从众多因缘而有的和合法,是没有自体的。和合法自己本身都不能生起,怎能生果呢?

所以说果不从因缘和合而生,因缘不和合,更不能生。假若没有果法,哪里还有和合法呢?

如果认为是众多因缘的和合法,缘不能生果之自体,因为果之自体实际上是没有的,众多因缘怎能生果呢?所以说果不从因缘和合而生。假若因缘不合,则更不能生,所以也不从不合而生。假若没有果产生的话,一切事物都是空,哪里还有因缘和合法呢?

观成坏品第二十一

原典

观成坏品[1] 第二十一

问曰[2]：一切世间事现是坏败相[3]，是故有坏。

答曰：离成[4]及共成[5]，是中无有坏。

离坏[6]及共坏[7]，是中亦无成。

若有成若无成，俱无坏。若有坏若无坏，俱无成。何以故[8]？

若离于成者，云何而有坏？
如离生有死，是事则不然[9]。
成坏共有者[10]，云何有成坏？
如世间生死，一时则不然。
若离于坏者，云何当有成？[11]
无常未曾有，不在诸法时。

若离成[12]，坏不可得。何以故？若离成有坏者，则不因成有坏，坏则无因。又无成法而可坏，成名众缘合，坏名众缘散，若离成有坏者，无成谁当坏？如无瓶不得言瓶坏，是故离成无坏。

若谓共成有坏，是亦不然。何以故？法先别成而后有合[13],合法不离异,若坏离异,坏则无因,是故共成亦无坏。若离坏共坏,无有成者。若离坏有成,成则为常,常是不坏相[14],而实不见有法常不坏相,是故离坏无成。

若谓共坏有成者,是亦不然。成、坏相违,云何一时有?如人有发无发不得一时俱,成、坏亦尔,是故共坏有成,是事不然。何以故?

若谓分别法者[15],说"成"中常有"坏",是事不然。何以故?若"成"中常有"坏",则不应有住法,而实有住,是故若离坏、共坏不应有"成"。

注释

① **观成坏品**:本品来意有六:(一)前二十品求我、法不可得,外道人便认为是众义本成,因破便坏,既然有成坏,则万化不空;(二)外道人于前二十品所立的世间法被破,又立世间法无常败坏相,故总破之;(三)外道认为大小内外各部被破,则龙树义成,如果是这样的话,不无万法,故须破之;(四)外人认为因果被破,破则坏,有坏则有成;(五)以上各品多破内法,本品破外法;(六)凡夫、外道、大乘人和小乘人认为五阴和合众生成,散便众生坏,乃至瓶衣成坏,人

死生成坏等，由此起爱见烦恼业苦，不得解脱。因怜愍此等众生，说明实际上没有成坏之义，故有此品。

②问曰，《藏要》本校注称："《无畏》问曰：时等定有，为起灭因故。颂答。"

③**一切世间事现是坏败相**：本品是破世间法的最后一品，所以偏向世间。而且，世间无常的事物有成坏，所以偏问世间。

④**离成**：意谓坏与成相离，即无成。

⑤**共成**：意谓坏与成共处，即有成。

⑥**离坏**：意谓成与坏相离，即无坏。

⑦**共坏**：意谓成与坏共处，即有坏。

⑧何以故，《藏要》本校注称："《无畏》下复次释。"

⑨是事则不然，《藏要》本校注称："番、梵云：无起则无坏。"

⑩成坏共有者，《藏要》本校注称："四本（西藏译《中论本颂本》、宋译安慧《中观释论》、唐译清辨《般若灯论》、藏译《中论疏》）次皆有二颂，就坏与成、俱成与俱坏分辨，文句大同，今译略为一颂。"

⑪上半颂的意思是说：如果离开"坏"而有"成"，"成"就是不待因而生，"成"即为常法，即永恒的事物。

⑫若离成，《藏要》本校注称："勘《无畏》下三

段皆释初颂,余释从略也。"

⑬ **法先别成而后有合**:《藏要》本校注称:"《无畏》原云:如是各别成就故,则无因而起,又各别成就而执为俱有者,亦不然。"意思是说:"成"与"坏"同在一处,则成"坏","坏"与"成"同在一处,就成"坏"。"坏"成故"成",无"成"则无"坏",要想使"坏"与"成"合,必须使二者首先成立,既然"坏"与"成"都不能各别成立,哪能成"合"呢?

⑭ **不坏相**,《藏要》本校注称:"《无畏》意谓不转变。"

⑮ **分别法者**:阿毗昙人主张八相与法体并起,所以生、住相中常有异、灭相,所以现在要对此进行破斥,如果常有异、灭,就不会有生、住。此中所说的八相是指有为法的生、住、异、灭四相各有大、小二相,即成四本相、四随相,合为八相。

译文

问:一切世间事物,现见都是坏败相,所以说有"坏"。

答:离开成相和共成相,此中没有"坏"相。离开坏相和共坏相,此中没有"成"相。

不管是有"成",还是无"成",二处都没有坏相。

不管是有"坏",还是没有"坏",二处都没有成相。为什么呢?

假若离开"成",怎能有"坏"呢?犹如离生而单独有死,这是根本不可能的。

成相和坏相同时而有,怎能有成相和坏相呢?如人世间的生和死,同时而有是根本不可能的。

假若离开坏相,怎能有成相呢?无常相遍一切时,从来就没有不在各种事物上的时候。

假若离开成相,坏相不可得。为什么呢?坏相因成相而有,假若离开成相而有坏相,则不因成相而有坏相,坏相则无因。而且,没有我法称为可坏,应当知道,"成"是各种因缘的和合,"坏"是各种因缘的散灭。假若离"成"而有"坏"的话,既然没有成法,有谁应当坏呢?比如说:没有瓶,就不能说瓶坏,所以说离开"成"就没有"坏"。

假使反过来说,认为"坏"共于"成",则必然有"坏",这也不对。为什么呢?事物必须是首先分别而成,然后才能合成,分别而成就是异,合成的事物不能有分离各异之相,因为合是成,异是坏。假若坏离于异,坏就无因了。假若说共成有坏,当合时就是异时,这也不对,所以共成也没有"坏"。假若成离于坏,成共于坏,都没有成者。如果说离坏而有成,成非因坏而有,"成"就是永恒的,永恒是不坏相,但是,实际上没有见过任何事物具有永恒的不坏之相,所以说离"坏"没有"成"。

如果说与"坏"共同在一起有"成"的话,这也不对。"成"与"坏"互相违逆,怎能同时而有呢?比如人有发无发不能同时成立,"成"和"坏"也是这样,所以说和"坏"共同一起的有"成",这是不可能的。而且,事物有住相,不能共"坏"有"成"。为什么呢?

若论分别法者,说成相中常有坏相,所以共"坏"有"成",其实并非如此。为什么呢?假若成相中真的常有坏相,就不应当有持续而住的事物,但是事物实际上有持续而住的时候,怎能说共"坏"有"成"呢?所以说,不管是离"坏",还是共"坏",都不应当有"成"。

原典

复次,成坏共无成①,离亦无有成。

是二俱不可,云何当有成?

若成、坏共亦无成,离亦无成,若共成则二法相违,云何一时?若离则无因,二门俱不成,云何当有成?若有应说。

注释

① 成坏共无成：意谓"成"与"坏"共同在一起，"成"和"坏"都不能成立，因为"成"和"坏"的属性互相违逆。最后的"成"字意谓其义能够成立。"成"和"坏"在一起，其义都不能成立。

译文

而且，"成"和"坏"共同在一起，其义都不能成立，"成"、"坏"相离，其义也不能成立。共、离二者都不可能使之成立，怎能说应当有"成"和"坏"呢？

成相和坏相共同在一起，其义不能成立。"成"和"坏"相离，其义也不能成立。为什么呢？假若"坏"共于"成"，或"成"共于"坏"，"成"、"坏"二法的属性互相违逆，怎能同时而有呢？假若"坏"离于"成"，"成"离于"坏"，则彼此无因，共、离二门者不能使成、坏成立，怎能说应当有"成"和"坏"呢？假若有的话，应当明说其理。

原典

问曰[①]：现有尽灭相法，是尽灭相法亦说尽[②]，亦说不尽，如是则有成、坏。

答曰：尽则无有成，不尽亦无成。

尽则无有坏，不尽亦无坏。

诸法日夜中念念常灭尽过去，如水流不住，是则名尽，是事不可取不可说。如野马[③]无决定不可得，如是灭尽无决定性可得，云何可得分别说有成？是故言尽亦不成。成无故亦不应有坏，是故说尽亦无有坏。

又念念生灭，常相续不断，故名不尽。如是法决定常住不断，云何可得分别说言今是成时？是故说无尽亦无成。成无故无坏，是故说不尽亦无坏。如是推求，实事不可得故，无"成"无"坏"。

注释

①问曰，《藏要》本校注称："《无畏》问曰：物有坏性，以生无间住，住后仍灭故，灭与生可互无而有，此即念念相续灭尽之意。"

②尽：尽即坏，不尽即成。

③ **野马**：经太阳照射所产生的一种气体，即阳焰。被风吹动，如野马。

译文

问：现有目前转瞬尽灭相法，这种尽相法，深深推求，可以说是尽，也可以说是不尽。这样，就有成相和坏相。

答：一切事物念念不住的尽灭相，就没有"成"，一切事物常相续而不断的不尽相也没有"成"。尽就没有"坏"，不尽也没有"坏"。

各种事物日日夜夜中，永远是念念灭尽过去，犹如流水不住，这就称为"尽"。这种事物不可取，也不可说，如野马一样无实，决定体相不可得，在这样的灭尽法中，既然没有决定性可得，怎能可以得到分别，说其有"成"呢？所以应当说"尽"也不能成立。因为没有"成"，也不应当有"坏"，所以应当说"尽"也没有"坏"。

而且，各种事物都是念念生灭，永恒相续不断，所以称为不尽。这样看来，各种事物都是肯定常住不断，怎能有分别，说成现今是"成"的时候呢？所以应当说无尽也没有"成"。因为没有"成"，所以没有"坏"，所以应当说不尽也没有"坏"。这样进行推求，人世间的实际东西是不可得的，所以一切事物没有"成"，也没有"坏"。

原典

问曰：且置成坏①，但令有法有何咎②？

答曰：若离于成坏，是亦无有法。

若当离于法，亦无有成坏。③

离成、坏无法者④，若法无成无坏，是法应或无或常，而世间无有常法，汝说离成、坏有法，是事不然。

问曰：若离法但有生、灭，有何咎？

答曰：离法有成、坏，是亦不然。何以故？若离法谁成谁坏？是故离法有成、坏，是事不然。

注释

① 且置成坏，《藏要》本校注称："《无畏》原云：'成'、'坏'定有，是物之法故。次下颂文'法'字，番、梵皆作'物'。"

② 前文已经破除"成"和"坏"，外人又以法体设救，认为人世间亲眼见到有物。既然有物，就应当有

"成"和"坏"。

③ 本颂说明论主"离相无法"的主张，离法就是无法，此破说一切有部、分别说部、法藏部等，这些部派认为法体以外另有生、住、异、灭四相。

④ **离成、坏无法者**：假若主张离成、坏有法，就要犯二种过失：一者都无此法，二者假设有此法，就要犯常见之过。

译文

问：暂且设置"成"和"坏"，使事物实有，这有什么错误呢？

答：假若离开成相和坏相，也就没有这一事物了。离开某一事物的当体，也就没有成相和坏相了。

离开成相和坏相，就没有这一事物。假若有的事物能够没有"成"没有"坏"，这种事物应当或者是无，或者是永恒的，只有这样才可以没有"成"没有"坏"，但是人世间没有永恒的东西，所以你说离开"成"和"坏"有事物，这是不对的。

问：假若离开事物，只有生（成）和灭（坏），这有什么错误呢？

答：认为离开事物而有"成"和"坏"，这也不对。为什么呢？假若离开事物，谁成谁坏呢？所以说，离开事物有成有坏，这是根本不可能的。

原典

复次，若法性空者①，谁当有成坏？

若性不空者，亦无有成坏。②

若诸法性空③，空何有成有坏？若诸法性不空，不空则决定有④，亦不应有成、坏。

注释

①若法性空者，《藏要》本校注称："番、梵释皆无法性二字，《无畏》释乃云物自性空不空。"

②本颂的"性"字意谓体性，如果事物有体性，就是永恒的。既然是永恒的，就没有"成"和"坏"。如果没有体性，就没有事物。既然没有事物，哪里还有"成"和"坏"呢？

③**性空**：自性之空有四种：（一）定性之空，即是邪见空；（二）破性说空，名之为空；（三）性有本空，名为性空；（四）诸法因缘合成，本性是空。

④不空则决定有,《藏要》本校注称:"《无畏》意谓住而不变。"

译文

而且,假若事物的体性是空,谁应当有"成"和"坏"呢?假若事物的自性不空,也没有"成"和"坏"。

假若各种事物的体性是空,空哪里还有"成"和"坏"呢?如果各种事物的体空不空,不空就是肯定有,也不应当有"成"和"坏"。

原典

复次,成坏若一者,是事则不然。

成坏若异者,是事亦不然。

推求成、坏一则不可得。何以故?异相故,种种分别故。又成、坏异亦不可得。何以故?无有别故①。

注释

① 无有别故,《藏要》本校注称:"《无畏》原云:同依一物故。"

译文

而且，假若说成、坏同一，这是不对的。假若说成、坏相异，这也不对。

进行推求，假若说成、坏同一，其同一性是不可得的。为什么呢？因为成相和坏相是相异的，是有种种分别的。而且，成、坏相异也不可得。为什么呢？因成有坏，因坏有成，成与坏相待而成立，不能分立，没有别体，也没有他因。

原典

复次，若谓以现见，而有生灭者，
　　则为是痴妄，而见有生灭。

若谓以眼见有生灭者，云何以言说破？是事不然。何以故？眼见生灭者，则是愚痴颠倒故见。诸法性空无决定，如幻如梦，但凡夫先世颠倒因缘得此眼，今世忆想分别因缘故，言眼见生灭，第一义中实无生灭，是事已于《破相品》中广说[1]。

注释

① **是事已于《破相品》中广说**：《破相品》即《观三相品》，本品最后一偈是："如幻亦如梦，如干闼婆城。所说生住灭，其相亦如是。"

译文

而且，假若因为世间现见生、灭就认为有生和灭，这是因为痴妄心而见各种事物的生和灭。

如果认为世人都亲眼见到生、灭法，为什么只以言说进行破斥呢？因为以世人所见为根据是不对的。为什么呢？世人眼见生和灭，是由于愚痴颠倒而见各种事物的属性是空而无决定，如幻如梦，只是因为凡夫前世的颠倒因缘而得此肉眼。又因为今世的忆想分别因缘而说眼见生和灭，殊不知第一义中实际上是没有生和灭的，此事已在《观三相品》中详细解说过了。

原典

复次，从法不生法，亦不生非法①。
从非法不生，法及于非法。

从法不生法者②,若至③、若失④二俱不然。从法生法,若至若失,是则无因,无因则堕断、常。若以至从法生法,是法至已而名为生,则为是常,又生已更生,又亦无因生,是事不然。

若以失从法生法者,是则失因,生者无因,是故从失亦不生法。从法不生非法者,非法名无所有,法名有,云何从有相生无相?是故从法不生非法。从非法不生法者,非法名为无,无云何生有?

若从无生有者,是则无因,无因则有大过,是故不从非法生法。不从非法生非法者,非法名无所有,云何从无所有生无所有?如兔角不生龟毛,是故不从非法生非法。

注释

① 非法,藏文本和梵文本皆作有物、无物。

② 从法不生法者,《藏要》本校注称:"《无畏》释云:若计生灭依物而有者,应从物生物等。与此文异。"

③ **至**:能生法体移至所生法中。主张"至"的有成实师、数论外道和大众部。

④ **失**:能生、所生相失无关。主张"失"的有胜论外道、上座部和毗昙师。

译文

　　而且，从自体存在的实物不可能生另一个自体存在的实物，也不可生自相无的非实之物。从自相无的非实之物不可能生自体存在的实物，及自相无的非实之物。

　　所说从自体存在的实物不可能生另一个自体存在的实物，不管是至，还是失，这二种情况都不可能。从自体存在的实物生另一个自体存在的实物，不管是至，还是失，都是无因，无因就会堕于断见和常见。为什么呢？假若以"至"从自体存在的实物，这种实物"至"后就称为生，则未"至"之前，实物本体先有，就应当是常。而且，实物本体先前已经生了，不需要再生。而且，实物本体先生，就堕于无因而生，这是不可能的。

　　如果以"失"为从自体存在的实物生另一个自体存在的实物，则自体存在的实物就失掉生因，生者无因，为什么能生呢？这就堕于断见，所以"失"不生自体存在的实物。所说从自体存在的实物不生自相无的非实之物，自相无的非实之物是无所有的，自体存在的实物是有，怎能从有相生无相呢？所以说从自体存在的实物不生自相无的非实之物。所说从自相无的非实之物不生自体存在的实物，自相无的非实之物称为无，无怎能生有呢？

假若说从无生有，这就是无因，无因就要犯极大的过失，所以说不从自相无的非实之物生自体存在的实物。所说不从自相无的非实之物生自相无的非实之物，自相无的非实之物是无所有，怎能从无所有生无所有呢？犹如兔角不能生龟毛，所以说不从自相无的非实之物生自相无的非实之物。

原典

　　问曰[1]：法、非法虽种种分别故无生，但法应生法。
　　答曰：法不从自生，亦不从他生，
　　　　　不从自他生，云何而有生？
　　法未生时无所有故[2]，又即自不生故，是故法不自生。若法未生则亦无他，无他故不得言从他生。又未生则无"自"，无自亦无他，共[3]亦不生。若三种不生，云何从法有法生？

注释

　　[1] 问曰，《藏要》本校注称："《无畏》下复次释。"
　　[2] **法未生时无所有故**：任何事物生的时候，肯定是以前未生，未生肯定是无。既然是无，怎能生呢？

③ 共，《碛砂藏》本此字上原衍"不"字，《藏要》本根据《高丽藏》本删。

译文

问：自体存在的实物和自相无的非实之物，虽然经过你的种种分别，已经显示出无生的意思，但从自体存在的实物究竟应当产生自体存在的实物。

答：自体存在的实物，不从自己产生，也不从其他产生，又不从自他共生，怎能说有生呢？

事物在还没有产生的时候，是无所有的，而且，就在此空中，自己不能产生自己，所以事物不从自己产生。假若事物在还没有产生的时候，就没有"自"。没有自也就没有他，所以不能说从其他产生。而且，在还没有产生的时候就没有"自"，没有自就没有他，自、他之体不立，所以自、他不能共，也不能生。假若上述三种情况都不生，怎能说从自体存在的实物产生自体存在的实物呢？

原典

复次，若有所受法，即堕于断常。

当知所受法，若常若无常。①

受法者，分别是善、是不善、常、无常等，是人必堕若常见、若断见。何以故？所受法应有二种：若常、若无常，二俱不然。何以故？若常即堕常边，若无常即堕断边②。

注释

① 本颂所破来意有二：（一）近从破生、灭起，上文说明实际上没有生和灭，假执有生和灭，就会堕于断见和常见；（二）说明内、外、大、小之徒，只要主张一毫法即堕断见和常见，若堕断见和常见，就有业苦而不得解脱，即障碍中道而不发正观。关于本颂，《藏要》本校注称："番、梵颂云：若取物是有，则堕常、断见，以彼物应是常及无常故。"

② 若无常即堕断边，《藏要》本校注称："《无畏》次云：彼亦不许，有大过故。"

译文

而且，假若有所受取的事物，就会堕于断见和常见。应当知道，所受取的事物或者是常，或者是无常。

世人以为有所受取的各种事物，必然分别善、不善及常、无常等，这种人必然堕于常见或断见。为什么呢？所受取的各种事物，应当说只有二种：或者是常，或者是无常。这二种情况都不对。为什么呢？假若执着于常，就堕于常之边见；假若执着无常，就堕于断之边见。

原典

问曰：所有受法者，不堕于断常。
　　因果相续故①，不断亦不常。
有人虽信受分别说诸法，而不堕断、常，如经说五阴无常、苦、空、无我而不断灭，虽说罪福无量劫数不失，而不是常。何以故？是法因果常生灭相续故②，往来不绝，生灭故不常，相续故不断。

答曰：若因果生灭，相续而不断，
　　灭更不生故，因即为断灭。③
若汝说诸法因果相续故不断不常，若灭法已灭更不复生，是则因断，若因断云何有相续？已灭不生故。

注释

① 因果相续故，《藏要》本校注称："番、梵云：果因之起灭相续为有故。"

② 是法因果常生灭相续故，《藏要》本校注称："《无畏》释云：即因灭时果生故不断，果生则因灭即无常。"

③ 本颂的意思是说：因若不灭，果则不生。若言果生，是则因灭。若实有此物，灭之则此法永灭，不能再生，这不就是断见吗？《中论》用这种理论破斥摄论师的观点。摄论师认为阿赖耶识是果报无记，能持无始来一切种子。《中论》破斥说：前念阿赖耶识灭后是不是再生呢？如果是再生，就是常见；如果不是再生，就是断见。

译文

问：所说信有受取事物的人们，不会堕于断见和常见。因为因果生灭相续，这种事物既不是断，也不是常。

有人虽然相信所受取的事物，分别说各种事物是善、不善，而不堕于断见和常见，如佛经说五阴无常、苦、空、无我，但不说断灭。虽然说罪福无数劫不失，但并不是常。为什么呢？因为这种事物的因与果是永恒生灭相续的，是往来不绝的，因为有生灭，所以是不常；因为相续，所以说不断。

答：假若因果生灭相续而不断，因为灭后就不能再生了，所以因就是断灭。

假若你说各种事物的因与果生灭相续，所以是不断不常，这是不对的。假若灭的事物已经灭了，就不能够再生，这就是因断。假若因断了，以后怎能有相续呢？因为已灭就不能再生了。

原典

复次，法住于自性，不应有有无。①

涅槃灭相续，则堕于断灭。②

法决定在有相中，尔时无无相，如瓶定在瓶相③，尔时无失坏相。随有瓶时无失坏相，无瓶时亦无失坏相。何以故？若无瓶则无所破，以是义故灭不可得。离灭故亦无生。何以故？生灭相因待故④，又有常等过故，是故不应于一法而有有无。

又汝先说因果生灭相续故，虽受诸法不堕断、常，是事不然。何以故？汝说因果相续故有三有⑤相续，灭相续名涅槃，若尔者，涅槃时应堕断灭，以灭三有相续故。

注释

① 关于本颂上半，《藏要》本校注称："番、梵

云：若物自性有，不应成无物。"

②上半颂的意思是说：因为事物住于自性，所以是常。存在有和无就是生灭，既然不存在有和无，就没有生和灭。下半颂通破内外大小关于涅槃义的不同主张，生和死假若是断的话，就是断见，涅槃是常，这就是常见。

③如瓶定在瓶相，《藏要》本校注称："《无畏》意谓由瓶性有。"

④生灭相因待故，《藏要》本校注称："《无畏》原云生灭是变异故。"

⑤**三有**：有二解，（一）三界之异名，生死境界，有因有果称之为有。三有是三界之生死：一欲有，欲界之生死；二色有，色界之生死；三无色有，无色界之生死。（二）三有是本有、当有、中有。本有是现生之身心，当有是未来之身心，中有是本有、当有中间所受之身心。欲界、色界之生死必然有中有。

译文

而且，假若事物住于自性，就不应当存在相续的有和无。而且，有无相续，其相非真，若真就不应当灭，得涅槃灭生死相续，就会堕于断灭。

假若事物肯定住于有相中，此时就不存在无相，不能说生灭相续，如瓶肯定要安住于瓶相，此时没有失坏相。而且，随顺有瓶之时，果无失坏相，即使没有瓶的时候，也没有失坏相。为什么呢？假若没有瓶，就没有所破坏的东西。因为这个意思，其灭不可得，离开灭以外，也就没有生。为什么呢？因为生和灭互相因待，假若没有因待，又有常等过失。应当知道，在住法上生、灭尚且是不存在的，怎能说有生、灭相续呢？所以不应当说生、灭相续，不能说在一住法上存在有、无二相。

又因为你先前说过因果生灭相续，虽然有所受取的各种事物而不堕于断见和常见，因为相续是真实的，这样讲是不对的。为什么呢？因为你说因果生灭相续，所以存在三有相续，灭除生死相就是涅槃。如果是这样的话，涅槃的时候应当堕于断灭。为什么呢？因为已经灭除了三有相续。

原典

复次①，若初有②灭者，则无有后有。

初有若不灭，亦无有后有。③

初有名今世有④，后有名未来世有。若初有灭次有后有，是即无因，是事不然，是故不得言初有灭有后有。若初有不灭，亦不应有后有。何以故？若初有未灭而有后有者，是则一时有二有，是事不然，是故初有不灭无有后有。

注释

① 复次，《藏要》本校注称："《无畏》问曰：有相续，以有续生故。"

② **初有**：在生死相续当中，前一生命叫初有，后一生命叫后有。小乘佛教说一切有部立本、死、中、后四有，归根结底也是初、后二有。

③ 关于本颂，《藏要》本校注称："四本（西藏译《中论本颂本》、宋译安慧《中观释论》、唐译清辨《般若灯论》、梵本月称《中论疏》）颂文初有、后有皆互倒，今译错。"

④ 初有名今世有，《藏要》本校注称："《无畏》释云：死分有情为后有，生分有情为初有。"

译文

而且，三有哪能真的有相续呢？假若初有灭了，就不会有后有。假若初有不灭，也没有后有。

初有称为今世有，后有称为未来世有。假若说初有灭了以后就有后有，这就是无因，这是不可能的，所以不能说初有灭了以后有后有。假若初有不灭，也不应当有后有。为什么呢？假若初有没有灭的时候有后有，这就同时有二有，这是不可能的，所以说初有不灭没有后有。

原典

问曰：后有不以初有灭生，不以不灭生，但灭时生。

答曰：若初有灭时，而后有生者，

灭时是一有，生时是一有。①

若初有灭时后有生者，即二有一时俱，一有是灭时，一有是生时。

注释

① 本颂的意思是说：假若初有灭的时候是后有产生的时候，则二有同时，你说灭的时候生，则生灭同时，但是生有并不是死有，所以同时不可能有二有。

译文

问:后有不是初有灭后而生,也不是初有不灭而生,只是初有灭的时候生。

答:假若初有灭的时候,而有后有生起,灭的时候有一个所依的"有",生的时候也有一个所依的"有",则二有生灭同时。

假若初有灭的时候有后有生起,则二有同时存在,一有是灭于此时,一有是生于此时。

原典

问曰:灭时、生时二有俱在则不然,但现见初有灭后有生[1]。

答曰:若言于生灭,而谓一时者,

则于此阴[2]死,即于此阴生。[3]

若生时、灭时一时无二有,而谓初有灭时后有生者,今应随在何阴中死即于此阴生?不应余阴中生。何以故?死者即是生者故[4]。如是死生相违法不应一时一处,是故汝先说灭时、生时一时无二有,但现见初有灭时后有生,是事不然。

注释

① 但现见初有灭后有生，《藏要》本校注称："《无畏》意谓后有灭时初有生。"

② 阴：即五阴，也就是色、受、想、行、识五蕴，因为五阴是构成人身的元素，所以此"阴"是五阴身。

③ 据吉藏著《中观论疏》本卷九，本颂的意思是说：你想使灭时无二有，则生死是一有，一个五阴身既是生，又是死。假若死不等于生，还存在二有，一时中有生死二阴，这死阴有生阴。

④ 死者即是生者故，《藏要》本校注称："《无畏》原云：即于正灭中有正生故。"

译文

问：今有之灭时就是后有之生时，二有共在一时，这是不可能的，但现见初有灭的时候后有产生。

答：假若说生、灭同时而有，就应该是这一个五阴身在死，也就是这一个五阴身在生。

假若既知生时即是灭时，同时不可能存在二有，但仍说现见初有灭的时候后有产生，你的话自相矛盾，假若真的现见初有灭的时候就是后有产生的时候，现在的一切众生，应随哪一五阴身死，即于此五阴身中生呢？不应当在其余五阴身中生。为什么呢？因为死、生同时，其身不能变异，因为死者就是生者。这样，死、生互相违逆的二种事物，不应当在同时同处而有，所以你先前说的灭的时候就是生的时候，同时不能存在二有，但是现在见到初有灭的时候后有产生，这是不对的。

原典

复次，三世中求有，相续不可得。

若三世中无，何有有相续？

三有名欲有[1]、色有[2]、无色有[3]，无始生死中不得实智[4]，故常有三有相续，今于三世中谛[5]求不可得。若三世中无有，当于何处有有相续？当知有有相续皆从愚痴颠倒故有，实[6]中则无。

注释

[1] **欲有**：三有之一，即欲界。因为欲界有生有死，所以称为欲有。

[2] **色有**：三有之一，即色界之生死。

③ **无色有**：三有之一，即无色界之生死。

④ **实智**：亦称根本智、无分别智、正体智、真智、如理智等，是佛和菩萨认识真谛之理的智慧。

⑤ **谛**：梵文 Satyam 的意译，即真理，如苦、集、灭、道四谛。

⑥ **实**：此指实相。实，为真实而不虚妄；相，为无相。实相与法性、真如等同义。

译文

　　而且，在三世中寻求"有"的相续，都不可得。如果在三世中没有"有"的相续，哪里还有"有"的相续呢？

　　三有称为欲有、色有和无色有，因为在无始生死中得不到实智，所以常见有三有相续，现今在三世中谛求相续而不可得。如果在三世中没有相续，应当在什么地方有三有相续呢？应当知道，见有三有相续，都是因为愚痴颠倒而有，实相中是没有的。

4 卷四

观如来品第二十二

原典

观如来品[①] 第二十二

问曰：一切世中尊[②]，唯有如来[③]正遍知[④]，号为法王[⑤]一切智人[⑥]，是则应有。

答曰：今谛思维，若有应取[⑦]，若无何所取？何以故？
如来[⑧]，非阴非离阴[⑨]，此彼不相在。

如来不有阴[⑩]，何处有如来？[⑪]

若如来实有者，为五阴是如来？为离五阴有如来？为如来中有五阴？为五阴中有如来？为如来有五阴？是事皆不然。五阴非是如来。何以故？生灭相故，五阴生灭相。若如来是五阴,如来即是生灭相。若生灭相者,如来即有无常[12]、断灭等过。又受者、受法则一,受者是如来,受法是五阴,是事不然,是故如来非是五阴。

离五阴亦无如来,若离五阴有如来者,不应有生、灭相,若尔者,如来有常等过。又眼等诸根不能见知,但是事不然。是故离五阴亦无如来。

如来中亦无五阴。何以故?若如来中有五阴,如器中有果、水中有鱼者[13],则为有异。若异者即有如上常等过,是故如来中无五阴。

又五阴中无如来。何以故?若五阴中有如来,如床上有人、器中有乳者,如是则有别异,如上说过,是故五阴中无如来。

如来亦不有五阴。何以故?若如来有五阴,如人有子[14]有别异。若尔者,有如上过,是事不然,是故如来不有五阴。如是五种求不可得,何等是如来?

注释

① **观如来品**:自此品以下,属于《无畏论》卷六。本品来意有三:(一)破出世间无人、法,前二十一品求世间人、法不可得,本品求出世间人、法不可得;(二)破救,以前外人举世间以救世间被破,现在又举

出世间以救世间，故须破之；（三）说明世、出世无二，大、小学人都说世、出世二，不能了达无二，既然认为世、出世二，则世、出世都是世间，不能离开世间，现在为了说明世、出世没有二相，既然没有二，也就没有不二，亦二不二非二不二，便悟入实相，发生正观，戏论都灭。

②**世中尊**：即世尊，佛的一个尊号，因为佛受到世间人的尊重，所以称为世尊。

③**如来**：梵文Tathāgata的意译，音译多陀阿伽陀。"如"为如实、真如，即佛教的绝对真理。如来意谓乘如实道而来，即循此真如达到成佛的觉悟。

④**正遍知**：梵文Samyaksambuddha的意译，佛的十号之一，意谓能够普遍知道一切事物。

⑤**法王**：佛的尊号之一，因为佛于诸法自在，是诸法之王，故称法王，所以把菩萨称为法王子或法臣。元、明两朝用以对藏传佛教首领的封号，元世祖至元七年（公元一二七〇年）封萨迦派首领八思巴为大宝法王，明朝分别封噶举派、萨迦派、格鲁派的上层僧人为大宝法王、大乘法王、大慈法王。

⑥**一切智人**：佛的尊号之一，意谓佛具有无所不知的一切智。

⑦**若有应取**：外人问话的意思是说，因为有佛，

所以存在"有"。论主不答其有无，此有二义：（一）若答有，与外道同流合污；若答无，无与有相待而立，因有而无，因无而有，所以这里答有、无都不对；（二）佛非有非无，若答有、无即破佛。

⑧如来，据《藏要》本校注，此二字为衍文。

⑨非阴非离阴，《藏要》本校注称："《无畏》牒颂，阴皆在身，次释乃云诸蕴。"

⑩如来不有阴，《藏要》本校注称："番、梵意谓不与相应也。"

⑪本颂说明五门寻求如来而不可得：（一）佛与五阴同一；（二）离五阴有佛；（三）如来中有五阴；（四）五阴中有如来；（五）五阴不属于如来所有。

⑫**无常**：梵文 Anitya 的意译，"常"意谓永恒，"无常"意谓非永恒。一切有为法都是生灭迁流，刹那不住，无常的事物有生、住、异、灭四大特征。无常有二：（一）刹那无常，即刹那间有生、住、异、灭四相；（二）相续无常，即一期相续上有生、住、异、灭四相。这里的意思是说：假若如来是五阴的话，既然五阴是有生、灭变化的，如来也应当是有生、灭的，谁持功德智慧呢？而且念念生灭五眼五能见，三达不能知，这在《观五阴品》中已经说过了。假若如来是无常的，则眼耳等不能分别。

⑬如器中有果、水中有鱼者，《藏要》本校注称："《无畏》原作如雪中有药、乳中有蜜。"

⑭如人有子，《藏要》本校注称："《无畏》原作如有牛有财。"

译文

问：世间一切最受尊重者，只有如来正遍知，号称为法王和一切智人，此人应当是有。

答：现在请您谛察思维，假若有实际的东西，就有能取；假若没有如来，还有什么可执取的？为什么呢？

如来不等同于五阴，也不离五阴，如来不在五阴中，五阴不在如来中，如来不生有五阴，哪里有如来呢？

假若如来是实有的话，五阴就是如来吗？离五阴有如来吗？如来中有五阴吗？五阴中有如来吗？如来生有五阴吗？这些说法都不对，五阴不是如来。为什么呢？因为生、灭相的缘故，五阴有生、灭相，假若如来是五阴，如来就有生灭相。假若如来有生、灭相，如来就有无常、断灭等过失。而且，受者和所受之法则为同一，受者就是如来，所受之法就是五阴，把二种东西作为一种东西，这是不可能的，所以说如来不是五阴。

而且，离五阴也没有如来，假若离五阴有如来，如来不应当有生、灭相，如果是这样的话，如来就有常等过失。而且，既然是如来离五阴而有，则眼等各种根，不能见，不能知，但此事并非如此，所以说离五阴也没有如来。

而且，如来中也没有五阴。为什么呢？假若如来中有五阴，就如器皿中有水果、水中有鱼一样。这样，如来就与五阴相异。假若如来与五阴相异，五阴有生、灭，如来就没有生、灭，这就有上述"常"等过失，所以说如来中没有五阴。

而且，五阴中也没有如来。为什么呢？假若五阴中有如来，如床上有人、器皿中有乳一样，这样也有别异，也有如上所说"常"等过失，所以说五阴中没有如来。

而且，如来也不生有五阴。为什么呢？假若如来生有五阴，如人有子一样，这样也有别异。如果是这样的话，也有如上所说"常"等过失，这是不对的，所以说如来不生有五阴。通过这样的五种寻求，如来皆不可得，究竟什么是如来呢？

原典

问曰①：如是义求如来不可得，而五阴和合有如来②。
答曰：阴合有如来③，则无有自性。

若无有自性,云何因他有?

若如来五阴和合故有,即无自性。何以故?因五阴和合有故。

问曰:如来不以自性故有,但④因他性故有。

答曰:若无自性,云何因他性有?何以故?他性亦无自性,又无相待因故,他性不可得,不可得故,不名为他。

注释

① 问曰:此问是小乘佛教犊子部所提,该部主张五阴和合别有我、法,四大和合别有眼、法,犊子部主张有过去、未来、现在、无为、不可说五藏,如来就在第五不可说藏中。

② 而五阴和合有如来,《藏要》本校注称:"《无畏》原作依诸蕴得施设如来为有。"

③ 阴合有如来,《藏要》本校注称:"番、梵颂云:若佛依于蕴,则非自性有,自性无所有,异性复有何?"

④ 但,《碛砂藏》本此字下原衍"应"字,《藏要》本根据《高丽藏》本和藏文本删。

译文

问：从这五种意思求如来，都不可得，但五阴和合而有如来，这有什么错误呢？

答：假若五阴和合的时候就有如来，这就没有自性。假若没有自性，怎能说因他而有呢？

假若说如来由于五阴和合而有，这就没有自性。为什么呢？因为五阴和合而有的缘故。

问：如来不因自性而有，只是因为他性而有。

答：假若说没有自性，怎能说因他性而有呢？为什么呢？因为他性也没有自性，没有自性就不能产生事物，所以他性也是因自性而有。假若没有自性，又无相待因，他性不可得，因其不可得，所以不能称为他。

原典

复次①，法若因他生②，是即非有我③。

若法非我者④，云何是如来？

若法因众缘生，即无有我，如因五指有拳，是拳无有自体，如是因五阴名我，是我即无自体。我有种种名，或名众生、人、天、如来等。若如来因五阴有，即无自性，无自性故无我。

若无我，云何说名如来？是故偈中说："法若因他生，是即非有我。若法非我者，云何是如来？"

注释

① 复次，《藏要》本校注称："《无畏》问曰：此依取变异而说如来。"

② **法若因他生**：这是纵因他，意谓即使如犊子部所说的那样：因五阴而有人，因薪而有火。

③ **是即非有我**：这是正破，既然是因他，就没有人我自体，既然没有人我自体，就是没有我。

④ **若法非我者**：本品破如来，为什么破我呢？因为"我"是如来的异名，没有"我"就没有如来。这就说明外人执着"我"为如来，仍是我执。

译文

而且，假若各种事物是因他众缘而生，这就是没有神我。假若各种事物是众缘合成的，是没有自我的，怎能有如来呢？

假若各种事物是因他众缘而生，这就没有神我，犹如因五指而有拳头，这种拳头就没有自体，如果说因为五阴和合而称为"我"的话，这种"我"就没有自体。"我"有种种名称，或者称为众生，或者称为人，或者称为天神，或者称为如来等。假若说如来因为五阴和合而有，这就没有自性，所以没有"我"。

假若如来没有"我"，就没有如来，怎能说因他性而生呢？怎能说称为如来呢？所以偈颂中这样说："假若各种事物是因他众缘而生，这就是没有神我。假若各种事物是众缘合成的，是没有自我的，怎能有如来呢？"

原典

复次，若无有自性，云何有他性①？

离自性他性②，何名为如来？

若无有自性，他性亦不应有，因自性故名他性，此无故彼亦无，是故自性、他性二俱无。若离自性、他性，谁为如来？

注释

① **云何有他性**：自性和他性相待而成立，因为没有自性，所以没有他性。

② 离自性他性，《藏要》本校注称："《无畏》释：此答如来无性亦有。"

译文

而且，假若没有自性，怎能有他性呢？离开自性、他性以外，还有什么称为如来呢？

假若没有自性，他性也不应当有。为什么呢？因为自性，所以称为他性，没有自性，也就没有他性，所以说自性、他性二者都没有。如果离开自性、他性，谁为如来呢？

原典

复次①，若不因五阴，先有如来者。
以今受阴故②，则说为如来。
今实不受③阴，更无如来法。
若以不受无，今当云何受④？
若其未有受⑤，所受不名受。
无有无受法，而名为如来。⑥
若于一异中，如来不可得。
五种求亦无，云何受中有？⑦

又所受五阴，不从自性有。

若无自性者，云何有他性？⑧

若未受五阴先有如来者，是如来今应受五阴已作如来，而实未受五阴时先无如来，今云何当受？又不受五阴者，五阴不名为受，无有无受而名为如来。

又如来一异中求不可得⑨，五阴中五种求亦不可得⑩，若尔者，云何于五阴中说有如来？又所受五阴不从自性有⑪，若谓从他性有，若不从自性有，云何从他性有？何以故？以无自性故，又他性亦无。

注释

① 复次，《藏要》本校注称："《无畏》问曰：如来依蕴施设，但不可说与蕴一异。颂答。"

② 以今受阴故，《藏要》本校注称："番、梵云：而今始相依乃为依彼起，此楷定他执依义也。"

③ 受，《藏要》本校注称："番、梵作'依'字，下'受'字亦同。"

④ 受，《藏要》本校注称："番、梵作'取'字，《无畏》释云：取诸蕴也。以下'受'字皆同。"

⑤ 若其未有受，《藏要》本校注称："《无畏》释：此下一颂答取者与取一时为依而施设如来，一颂答如来

即因取而说，三句答取是有法，一句答取依他有，文皆前后相生也。"

⑥据吉藏著《中观论疏》卷九末，本颂破大、小乘人由五阴和合方有人义，所以法有前而人在后，上半破云：人为能受，法为所受，若未有人能受，则不得有所受。第三句"无有无受法"是承第二句所受不名受而来，谓所受即不名受，则无所受五阴。既无所受五阴，又无能受之人，无能受、所受，以何为如来呢？所以说"无有无受法，而名为如来"。又一释云：前既无受阴法，后即无有如来。

⑦据吉藏著《中观论疏》卷九末，一异中求不得，先结上第二自他门，以自有佛体是异，因他有是一。五求不得结第一五求门，"云何受中有"结第三先后门。以上有三门破，故今结亦有三。又一释云：此偈成先后，凡论先后，不出一异及五种，今一异五种求之既无，怎能说五阴中有如来呢？

⑧本偈来意有二：（一）远因，以上四门借法破人，本颂借人破法；（二）近因，此中五偈相逐，最初二偈说明没有能受人，次一偈说明所受，次一偈举一异及五求，说明受中无人。后一偈以自他门说明没有所受法。因为五偈相逐，所以青目于一处释之。

此中自性、他性有二义：一者以所受法为自性，能受人为他性，意谓五阴不得自有，也不由人而有；二者就五阴法自论自、他。

⑨ **又如来一异中求不可得**：如上所说先有如来，就是如来与五阴异；先无如来，就是如来与五阴一。

⑩ 五阴中五种求亦不可得，参见本品开头所说。

⑪ 又所受五阴不从自性有，参见第四品《观五阴品》。

译文

而且，假若不是因为五阴预先就有如来的话，现在受了这五阴，我们就说他是如来。

然而，现在实际上没有受五阴之法，更没有如来的自法体。如果同意没有受五阴的时候没有如来，现在应当怎样受五阴而成如来呢？

假若还没有受五阴的时候，所受的五阴也就不能称为所受，没有不受五阴法而称为如来的。

如果在一、异中求如来而不可得，在五种门中寻求如来也没有，怎能说受阴中有如来呢？

而且，所受的五阴不是从自性而有。如果五阴没有自性，怎能有他性呢？

如果说还没有受五阴的时候预先有如来之体，这种如来体现在应当受五阴以后而作如来，然而其实没有受五阴的时候，预先没有如来。既然是预先没有如来，现在应当怎样受五阴呢？而且，不受五阴者，五阴即空，不能称为受身，没有无五阴而受身可称如来的。

而且，如来与五阴于一、异中寻求皆不可得。在五阴中通过五种寻求，也不可得。如果是这样的话，怎能说在五阴中有如来呢？而且，所受的五阴也不从自性而有，如果说从他性而有，这也不对。如果不是从自性有，怎能从他性而有呢？为什么？因为没有自性，就没有相待因，所以又说他性也是没有。

原典

复次，以如是义故①，受空受者空，

云何当以空，而说空如来？

以是义思维，受及受者皆空，若受空者，云何以空受而说空如来？

注释

① **以如是义故**：结上三门，破外道、小乘、大乘，以不一不异、不自不他、不前不后三义求人、法皆不可得，这就是空。怎能以空为受，以空为如来呢？

译文

　　而且，以上述种种意义来说，所受的五阴是空，受者如来也是空，怎能以空之五阴说空之如来呢？

　　以这样的意思进行思维，所受的五阴和受者如来都是空，如果说能受、所受都是空，怎能以空无所受而说空是如来呢？

原典

　　问曰：汝谓受空[①]、受者空，则定有空耶。[②]

　　答曰：不然。何以故？

　　　　空则不可说[③]，非空不可得[④]，

　　　　共[⑤]不共[⑥]叵说，但以假名说。

　　诸法空则不应说，诸法不空亦不应说；诸法空、不空亦不应说，非空非不空亦不应说。何以故？但破相违[⑦]，故以假名说。

注释

　　①空，《碛砂藏》本此字下原衍"者"字，《藏要》本据《高丽藏》本和藏文本删。

②此问意义有三：(一)因有起空见，原执如来是有，后闻论主求有不可得，便执无是如来；(二)偏大乘人执空是佛，大、小乘人都执佛是有，有偏执的大乘人执空是佛，执真如是佛，与此相同；(三)认为龙树用空为佛，外人执有是佛，闻龙树破人、法皆空，便认为龙树用空为佛。

③**不可说**：有二义，(一)无空、无不空、无亦空亦不空、无非空非不空；(二)空、不空、亦空亦不空、非空非不空四句是戏论，不可说是佛。

④**得**，《藏要》本校注称："番、梵仍作'说'字。"

⑤**共**：即亦空亦不空。

⑥**不共**：非空非不空。

⑦**相违**：有二义，(一)四句自相违，如有与空相违，亦有亦空与非有非空相违；(二)四句与佛相违，所以破此四句，假名说佛。

译文

问：你认为所受空、受者空，则肯定有空。

答：不对。为什么呢？

空不可说，非空也不可说，亦空亦不空也不可说，非空非不空也不可说，只能以假名说有如来。

各种事物都是空，所以不可说；各种事物不空，也不可说；各种事物既是空，又是不空，这也不可说；各种事物是非空非不空，这也不可说。为什么呢？只能是破除互相违逆的事物，所以假名说有如来。

原典

如是正观思维[①]，诸法实相中不应以诸难为难。何以故？

寂灭相中无，常无常等四[②]，
寂灭相中无，边无边等四[③]。

诸法实相，如是微妙寂灭，但因过去世起四种邪见：世间有常、世间无常、世间[④]常无常、世间非常非无常。寂灭中尽无。何以故？诸法实相毕竟清净不可取[⑤]，空尚不受，何况有四种见？

四种见皆因受生，诸法实相无所因、受。四种见皆以自见为贵，他见为贱，诸法实相无有此彼，是故说寂灭中无四种见。如因过去世有四种见，因未来世有四种见亦如是：世间有边、世间无边、世间有边无边、世间非有边非无边。[⑥]

注释

① 如是正观思维，《藏要》本校注称："《无畏》问曰：何故如来、常、无常等，边、无边等，亦不可说耶？颂答。"

② **常无常等四**：小乘佛教认为佛身肯定是无常，大乘认为是常，本亦合论亦常亦无常，若中道为佛，则是非常非无常。

③ **边无边等四**：小乘佛教认为佛是无常，寿尽一期，名为有边；大乘佛教主张佛是常，名为无边；本迹合论，亦有边亦无边；中道是佛寿，非有边非无边。

④ 世间，《藏要》本校注称："《无畏》原作如来，下俱同，与前问辞相顺。"

⑤ 诸法实相毕竟清净不可取，《藏要》本校注称："《无畏》原云：胜义中如来无生故。"

⑥ 长行只说明常、边是过去、未来二世，没有说明现世四见，因为空、有等四句，本身就在现在世。

译文

通过这样正确的观察思维，在各种事物的实相中，不应当以各种诘难进行责难，为什么呢？

在寂灭相的性空当中，没有常、无常等四句。在寂灭相的性空当中，也没有边、无边等四句。

各种事物的实相是这样的微妙寂静，但有情众生因为过去世的妄见而起四种邪见：认为世间有常、世间无常、世间亦常亦无常、世间非常非无常。寂灭相的性空当中根本没有这四句。为什么呢？各种事物的实相毕竟清净而不可取。空尚且不能受，更何况有四种见呢？

四种见都是以因有受而生，各种事物的实相，无所因，也无所受。四种见都是以自见为重，以他见为次。各种事物的实相，不分此彼，所以说寂灭相的性空当中没有四种见。假若说因为过去世有四种见，既然如此，因未来世有四种见也是这样：世间有边、世间无边、世间亦有边亦无边、世间非有边非无边。

原典

问曰①：若如是破如来者，则无如来耶。②

答曰：邪见深厚者③，则说无如来。

如来寂灭相，分别有亦非④。

邪见有二种：一者破世间乐，二者破涅槃道。破世间乐者是粗邪见，言无罪福，无罪福报，无如来等贤圣，起是邪见，舍善为恶，则破世间乐。

破涅槃道者，贪着于我，分别有无，起善灭恶，起善故得世间乐，分别有无，故不得涅槃。是故言无如来者，是深厚邪见，乃失世间乐，何况涅槃？若言有如来亦是邪见。何以故？如来寂灭相，而种种分别故，是故寂灭相中分别有如来亦为非。

注释

① 问曰，《藏要》本校注称："《无畏》问曰：如来定有，教中说灭度已则无故。颂答。"

② 此问的意思如下：外人认为佛假若不是世谛有，就是真谛无；若非二谛，便出二谛外非有非无。既然破此四句，应当无佛。而且，凡论有佛，不出小乘无常和大乘常住，若无此大、小乘之佛，也是邪见。

③ 邪见深厚者，《藏要》本校注称："番、梵颂云：若说如来有是深执着，说灭度中无亦属于分别。《无畏》、佛护牒颂云：若深执起执乃由分别说于彼灭度中如来有或无。"

④ **分别有亦非**：执佛是无，名重邪见；执佛是有，是轻邪见。

译文

问：如果这样破除如来，就是没有如来。

答：邪见深厚的人们，妄说入涅槃就是没有如来。对于如来的寂灭相分别说有，也是非理的。

邪见有二种：一者破世间乐，二者破涅槃道。破世间乐是粗邪见，所说的没有罪福，就是没有罪福果报，没有如来等贤人和圣人，生起这种邪见，就舍除善业，从事恶业。这样，就会破坏世间乐。

所说的破坏涅槃道，就是贪着于我，分别有和无，生起善业，灭除恶业，因为生起善业，所以得到世间乐，因为虚妄分别有和无，所以得不到涅槃。所以，说没有如来，是深厚的邪见，这就会失去世间乐，更何况涅槃呢？如果说有如来，也是邪见。为什么呢？如来的寂灭相不可分别，但是这种邪见种种分别为有，所以说在寂灭相中分别有如来，也是非理的。

原典

如是性空中，思维亦不可①。

如来灭度后，分别于有无。

诸法实相性空故，不应于如来灭后思维若有、若无、若有无，如来从本已来毕竟空，何况灭后？

如来过戏论，而人生戏论[2]。

戏论破慧眼，是皆不见佛。[3]

戏论名忆念取相[4]，分别此彼，言佛灭、不灭等，是人为戏论覆慧眼故，不能见如来法身[5]。此《如来品》中初、中、后思维，如来有性不可得，是故偈说：

如来所有性，即是世间[6]性。

如来无有性，世间亦无性。

此品中思量推求，如来性即是一切世间性。

问曰：何等是如来性？

答曰：如来无有性，同世间无有性。[7]

注释

① **思维亦不可**：性空者体性毕竟清净，横绝万非，竖超四句，所以不能作有、无思维。性空者内外并冥，缘观俱寂，所以是不可思维的。

② 而人生戏论，《藏要》本校注称："下二句番、梵云：其于无漏中戏论所坏者。"

③ 本颂的意思是说：说佛二谛摄，或出二谛外，都是戏论，都见不到佛。

④ 戏论名忆念取相，《藏要》本校注称："《无畏》释

云：戏论谓有无、常无常色身，法身圣言身相、可相等。"

⑤ 法身：如来三身（法身、报身、应身）之一，法身即法性，显法成身，所以称为法身。

⑥ 世间，《藏要》本校注称："番、梵作诸趣，次同。"

⑦ 如来无有性，同世间无有性，《藏要》本校注称："《无畏》次云：以如来无性与诸趣无性平等，非功德平等也。佛护释云：此依胜义而说。"

译文

在这样的性空当中，思维也是不可以的。如来灭度后，邪见深重者虚妄分别其有或无。

因为各种事物的实相本性是空，不应当在如来灭度后进行这样的思维：或有，或无，或亦有亦无，或非有非无。如来从无始以来，毕竟是空，更何况是灭后呢？

如来超过于戏论，世人生起各种各样的戏论。戏论破坏慧眼，使人们都见不到佛。

戏论是忆念并执取诸相，对万事万物进行彼此分别，并说佛灭或不灭等，因为这种人被戏论遮覆慧眼，所以不能见如来法身，这在第二十二品《观如来品》中的初、中、后进行过讨论，如来之有性是不可得的，所以偈颂这样说：

如来所有的实性，就是世间性。如来没有真实自性，世间也就没有真实自性。

在这一品中进行过思量推求，如来性就是一切世间诸法性。

问：究竟什么是如来性呢？

答：如来没有实性可说，这和世间诸法没有实性可说是一样的。

观颠倒品第二十三

原典

观颠倒品①第二十三

问曰：从忆想分别②，生于贪恚痴，

净不净颠倒，皆从众缘生③。

经说因净不净颠倒④忆想分别生贪、恚、痴，是故当知有贪、恚、痴。

答曰：若因净不净，颠倒生三毒，

三毒即无性，故烦恼无实。

若诸烦恼因净不净颠倒忆想分别生，即无自性，是故诸烦恼无实。

注释

①**观颠倒品**：本品来意有六：（一）以前多破世间，本品多破出世；（二）为了说明世、出世不二；（三）执着有出世也是颠倒，所以要破除；（四）小乘佛教的声闻、缘觉二乘人于如来身计苦、无常为颠倒，故于出世中破倒；（五）如来之身实际上是非有非无的，执为有或无就是颠倒，所以要破此颠倒；（六）大小乘人唯有二法，世间和出世间。前破世间后即举出世间救；现破出世间后又举世间救，所以再次破除世间。

②忆想分别，据《藏要》本校注，藏文本的月称著《中论疏》作"偏计"。

③皆从众缘生，《藏要》本校注称："番、梵云：为缘而现行。《无畏》释云：由遍计所生贪等即缘净、不净倒而现行，今译文倒。"

④**净不净颠倒**：颠倒有四：（一）无常作常想；（二）非乐作乐想；（三）无我作我想；（四）不净作净想。此中只就"净不净"一倒而言，所以称为净不净颠倒。

译文

问：从忆想分别生起贪、瞋、痴三毒，净不净颠倒都从各种条件生起。

佛经说因为净不净颠倒忆想分别产生贪、瞋、痴三毒，所以应当知有贪、瞋、痴三毒。

答：假若因为净不净颠倒产生三毒，这三毒即无自性，所以烦恼不是真实的。

假若各种烦恼因为净不净颠倒忆想分别而生，就没有真实自性，所以说各种烦恼是不真实的。

原典

复次，我法有以无[1]，是事终不成。

无我诸烦恼，有无亦不成。[2]

我无有因缘，若有若无而可成。今无我，诸烦恼云何以有无而可成？何以故？

谁有此烦恼？是即为不成。

若离是而有，烦恼则无属。

烦恼名为能恼他[3]，恼他者应是众生，是众生于一切处推求不可得。若谓离众生但有烦恼，是烦恼则无所属。若谓虽无我而烦恼属心[4]，是事亦不然[5]。何以故？

　　如身见五种，求之不可得[6]，

　　烦恼于垢心，五求亦不得[7]。

如身见五阴中五种求不可得[8]，诸烦恼亦于垢心中五种求不可得，又垢心于烦恼中五种求亦不可得。

注释

①我法有以无，《藏要》本校注称："番、梵云：我有性无性。"

②上偈是将因显果，本颂是以果破果，因为我见和三毒都是烦恼，都是果。我是有是无，前文已经破除过了，如第二十二品《观如来品》以四句求如来而不可得，如来就是"我"，破如来就是破"我"。又如第十八品《观法品》破"我"如虚空，这就是破"我"是无。

③烦恼名为能恼他，《藏要》本校注称："《无畏》下二句原云：若烦恼是属谁我者。今译众生，原作我。"

④而烦恼属心，《藏要》本校注称："《无畏》原云：而烦恼是有，思维如此故，是亦不然。"

⑤**是事亦不然**：前破烦恼不属人，是破说一切有部，现在的五求破，说明烦恼不属心，是破法藏部、大

众部、毗昙师等,使这三种人都成佛。前偈破"我",使外道人知道无我无烦恼,领悟人无我和法无我而成佛;后破属心,是使一些小乘人和有所得大乘人领悟法无生而成佛。大乘人认为烦恼属心,此指摄论师,他们认为一切烦恼皆依本识。

⑥ **如身见五种,求之不可得**:《藏要》本校注称:"番、梵颂云:诸惑如身见,于染五种无;染亦如身见,于惑五种无。意谓五求皆无也。今译脱略。"身见,梵文 Satkāyadṛsti 的意译,亦成我见,音译萨迦耶见,说一切有部称为有身见,经量部称为怀身见、伪身见,大乘佛教称为移转身见、不实移转身见等。

⑦ **烦恼于垢心,五求亦不得**:(一)垢心即烦恼;(二)离烦恼有垢心;(三)烦恼在垢心中;(四)垢心在烦恼中;(五)烦恼系属于垢心。

⑧ **如身见五阴中五种求不可得**:即离阴有我、即阴有我、五阴中有我、我中有五阴、五阴属于我。

译文

而且,我和烦恼法之有,是以无为因,以因缘生法为实有,此事终究不得成立。无"我"则各种烦恼之有、无也不得成立。

"我"因无而有，是因缘所生法，不管是有我，还是无我，彼此相待而可成立，因缘生法，本来是没有的，由此而知无我。现今假若无"我"，各种烦恼怎能以有、无而可成立呢？为什么呢？

既然无我，谁有这种烦恼呢？既然无人有此烦恼，所以这种烦恼是不能成立的。假若离开人而有烦恼的话，这烦恼就无所系属了。

烦恼称为能恼他，"恼他"应当是恼害众生。这种众生在一切处所进行推求皆不可得。如果认为离开众生只有烦恼的话，这种烦恼就无所系属。如果认为虽然没有我，但烦恼系于心，这也不对。为什么呢？

如身见，通过五种寻求，皆不可得。烦恼系属于有漏垢心，通过五种寻求也是不可得的。

如身见，在五阴中通过五种寻求，是不可得的。各种烦恼于垢心中，通过五种寻求，也是不可得的。而且，垢心于烦恼中，通过五种寻求也是不可得的。

原典

复次，净不净颠倒①，是则无自性，
云何因此二，而生诸烦恼？②
净不净颠倒者，颠倒名虚妄，若虚妄即无自

性，无自性则无颠倒，若无颠倒，云何因颠倒起诸烦恼？

注释

①**净不净颠倒**：颠倒有四：无常作常想、非乐作乐想、无我作我想、不净作净想，此中但就净不净一倒而言，所以称为净不净颠倒。

②本颂的意思是说：外人认为因净起贪，因不净起瞋，所以净、不净是贪、瞋、痴三毒之因。现今认为净、不净既然称为颠倒，就是非实有，假若是实有，就不能称为倒。现今尚无颠倒之因，怎能有烦恼之果呢？

译文

而且，净不净颠倒，是没有真实自性的，怎能由这净、不净二想，而生起各种真实烦恼呢？

所谓净不净颠倒，颠倒名为虚妄。如果虚妄，就没有自性。没有自性，就没有颠倒。如果没有颠倒，怎能因为颠倒而生起各种烦恼呢？

原典

问曰：色声香味触，及法为六种。

如是之六种，是三毒根本。①

是六入三毒根本，因此六入生净不净颠倒，因净不净颠倒生贪、恚、痴。

注释

① 本颂是外人的救，此救意有二：（一）六尘是净、不净的根本，净、不净是三毒的根本；既然有六尘，怎能没有三毒和净、不净呢？（二）论主上文以本况末，倒本无故末亦无；外人乘其例，故将本有成末有。

译文

外人问：色、声、香、味、触和法，共为六种外境。像这样的六种外境，是三毒的根本。

这六入是三毒的根本，因为这六入产生净不净颠倒，因为这净不净颠倒，产生贪、瞋、痴三毒。

原典

答曰：色声香味触，及法体六种，
　　　　皆空如焰梦，如干闼婆城。①
　　　　如是六种中，何有净不净？
　　　　犹如幻化人，亦如镜中像。②

色、声、香、味、触、法自体，未与心和合时，空无所有③，如焰、如梦、如幻化人、如镜中像，但诳惑于心，无有定相，如是六入中，何有净、不净？

注释

① 关于下半颂，《藏要》本校注称："番、梵下云：如健达缚城，如焰亦如梦，亦如幻化人，亦如色影像。复何所得有净与不净起？《无畏》释顺此。今译改文。"

② 本颂的意思如下：如果对眼便是有，如焰中水，实际上焰中并没有水，但痴兽误认为焰中有水，并认为水有净、不净之分，因净、不净产生贪、瞋，由贪、瞋而生业，由业而有苦。现在的实际情况是，根本就没有水，怎能有净、不净，及至于烦恼、业和苦呢？以此说明心、境都是幻化而有，都是第一义空。

③ **未与心和合时，空无所有**：此有二义：（一）由

此妄心而有前境，实际上是没有的；（二）从妄心生前境，前境又诳惑于心。这就是心生境，境生心。

译文

答：色、声、香、味、触和法，其体有六种，都是空无自性的，都如阳焰，如梦境，如干闼婆城。

在这六种境界当中，哪里有净、不净呢？犹如幻化人，又如镜中像。

色、声、香、味、触、法自体，在还没有与心和合的时候，是空无所有的，如阳焰，如梦境，如幻化人，如镜中像，只是诳惑于心，没有固定之相。在这六入当中，哪里有什么净、不净呢？

原典

复次，不因于净相[①]，则无有不净。

因净有不净，是故无不净。

若不因于净，先无有不净，因何而说不净？是故无不净。

复次，不因于不净，则亦无有净。

因不净有净，是故无有净。

若不因不净,先无有净,因何而说净?是故无有净。
复次,若无有净者,何由而有贪?
若无有不净,何由而有恚?
无净不净故,则不生贪、恚。

注释

① 不因于净相,《藏要》本校注称:"番、梵释次二颂皆互倒,而文句歧异,今取梵本意译首颂云:因依于不净,乃得施设净,不净未得净,无故净不成。次颂例知。"

译文

而且,不因为净相,就没有不净相。因为净相而有不净相,所以说没有不净相。

假若不因为净相,事先没有不净相。因为什么而说不净相呢?所以说没有不净相。

而且,不因为不净相,也就没有净相。因为不净相而有净相,所以说没有净相。

假若不因为不净相,事先没有净相,因为什么而说净相呢?所以说没有净相。

而且,假若没有净相,由于什么而有贪呢?假若没有不净相,由于什么而有瞋呢?

没有净相和不净相,就不会产生贪和瞋。

原典

问曰:经说常等四颠倒①,若无常中见常是名颠倒;若无常中见无常,此非颠倒,余三颠倒亦如是。有颠倒故颠倒者亦应有,何以言都无?

答曰:于无常着常,是则名颠倒。

空中无有常,何处有常倒②?

若于无常中着常名为颠倒,诸法性空③中无有常,是中何处有常颠倒?余三亦如是。

注释

① **常等四颠倒**:有二种四颠倒:凡夫四颠倒和二乘人的四颠倒,常等四颠倒是凡夫四颠倒:(一)常颠倒,对于世间的无常之法而起常见;(二)乐颠倒,对于世间诸苦而起乐见;(三)净颠倒,对于世间不净法而起净见;(四)我颠倒,对于世间无我之法而起我见。

② 何处有常倒,《藏要》本校注称:"番、梵云:

执如何是倒？与此译合。但《无畏》、佛护牒颂云：执云何非倒？与此相反。"

③ **性空**：实相的异名，万事万物绝于四句：非有、非无、非亦有亦无、非非有非无，本性是空，故称性空。

译文

问：佛经说常见等四种颠倒，假若于无常的事物中生起常见，这就称为颠倒。假若于无常的事物生起无常的见解，这就不是颠倒。其余的乐、我、净三种颠倒也是这样。既然有生起事物见解的颠倒，就应有执着颠倒的人，为什么二者都说没有呢？

答：对于诸行无常而执着为常，这就称为颠倒。在诸法性空当中根本就没有"常"，哪里有"常"之颠倒呢？

假若于无常中执着为"常"，这就称为颠倒，在各种事物的性空当中没有"常"，此中哪里还有"常"之颠倒呢？其余的乐、我、净三种颠倒也是这样。

原典

复次，若于无常中，着无常非倒，
　　空中无无常，何有非颠倒？①

若着无常言是无常不名为颠倒者,诸法性空中无无常,无常无故谁为非颠倒?余三亦如是。

注释

①关于本颂,《藏要》本校注称:"番、梵颂云:于无常着常,是则为颠倒,空中说无常,执云何非倒?承上颂而反说也。"

译文

而且,如果于诸行无常中执着无常,这不是颠倒。在诸法性空常中没有无常,哪里有非颠倒呢?

假若执着无常而说是无常,这不能称为颠倒,各种事物的性空常中没有无常,因为没有无常,谁是非颠倒呢?其余的乐、净、无我三者也是这样。

原典

复次①,可着②着者③着④,及所用着法⑤,
　　是皆寂灭相,云何而有着?
可着名物,着者名作者,着名业,所用着法名所用事[6]，是皆性空寂灭相，如《如来品》中所说[7]，是故无有着。

注释

[1] 复次，《藏要》本校注称："《无畏》问曰：执着定有，以有能取、取者、所取故。颂答，颂中'着'字原作'取'。"

[2] **可着**：是所执着的外境，即色、声、香、味、触、法六尘。

[3] **着者**：是能起执着的人，即"我"。

[4] **着**：是着相烦恼，即根、境交涉时的染着性。

[5] **所用着法**：是生起执着时所使用的工具，即眼、耳、鼻、舌、身、意六根。

[6] 所用着法名所用事，《藏要》本校注称："《无畏》原作所由取者为动作。"

[7] 如《如来品》中所说，参见《观如来品》一偈："寂灭相中无，常无常等四，寂灭相中无，边无边等四。"

译文

　　而且，可着之相、着者之人、着相和所用的着法，都是寂灭相，哪里有"着"呢？

　　可着是物，着者是动作者，着是业，即为行，所用着法是执着时所使用的工具，即六根。这四者都是性空寂灭相，正如《如来品》中所说没有"着"。

原典

　　复次[1]，若无有着法，言邪是颠倒，

　　　　言正不颠倒，谁有如是事？

　　著名忆想分别此彼、有无等，若无有此着法，谁为邪、颠倒？谁为正、不颠倒？

注释

　　[1] 复次，《藏要》本校注称："《无畏》问曰：颠倒定有，以有成就倒者故。颂答。"

译文

　　而且，如果没有着法，但说邪是颠倒，说正是不颠倒，谁有这颠倒、不颠倒的事情呢？

　　"着"是忆想分别此彼、有无等，如果没有这种"着"法，谁是邪、是颠倒呢？谁是正、是不颠倒呢？

原典

　　复次，有倒不生倒[1]，无倒不生倒，
　　倒者不生倒，不倒亦不倒。[2]
　　若于颠倒时，亦不生颠倒，
　　汝可自观察，谁生于颠倒？
　　已颠倒者则更不生颠倒[3]，已颠倒故。不颠倒者亦不颠倒，无有颠倒故。颠倒时亦无颠倒，有二过故[4]。汝今除憍慢[5]心，善自观察，谁为颠倒者？

注释

　　[1] 有倒不生倒，《藏要》本校注称："番、梵颂云：已是颠倒中，颠倒则不生，未是颠倒中，颠倒亦不生。今译改文。"

② 本颂上半有无门破法倒不生，下半已未门破人倒不生。生、无生皆破，则知生、无生皆倒。

③ 已颠倒者则更不生颠倒，《藏要》本校注称："《无畏》释云：三义不成，如《去来品》广说。"

④ 有二过故，参见第二品《观去来品》的一个偈："已去无有去，未去亦无去，离已去未去，去时亦无去。"长行解释说："已去无有去，已去故，若离去有去业，是事不然。未去亦无去，未有去法故。去时名半去半未去，不离已去、未去故。"

⑤ **憍慢**：一种烦恼，自高凌物之心。

译文

而且，已经有了颠倒，不应当再生颠倒；本无颠倒，也不应当生颠倒；已生颠倒的颠倒者，不能说他生颠倒；本来不是颠倒者，也不生颠倒。

如果是正在颠倒的时候，也不生颠倒，你可以亲自观察，谁能够生颠倒呢？

已是颠倒者，不能再次生颠倒，因为已经是颠倒的缘故。不是颠倒者，也不生颠倒，因其没有颠倒的缘故。正在颠倒的时候也没有颠倒，因其有已颠倒、不颠倒二过。你现在除掉憍慢心，亲自仔细观察，究竟谁是颠倒者？

原典

复次，诸颠倒不生，云何有此义？

无有颠倒故，何有颠倒者？①

颠倒种种因缘破故，堕在不生，彼贪着不生，谓不生是颠倒实相，是故偈说云何名不生为颠倒？乃至无漏法尚不名为不生相，何况颠倒是不生相？颠倒无故，何有颠倒者？因颠倒有颠倒者。

注释

① 本颂上半破倒法不生，下半破倒人不生。本颂与前文对照，其义如下：（一）前破生灭烦恼，今破无生烦恼；（二）前借无生破生，生是病，无生是药。但外人执无生药复成病，所以要破除；（三）前破颠倒生灭，是破凡夫和二乘人，因为凡夫认为颠倒生，二乘人说颠倒灭。现在破不生，是破大乘人，因为大乘人说颠倒不生。

译文

而且，既然各种颠倒不生，怎能有邪是颠倒，正非颠倒的意思呢？既然没有颠倒法，怎能有颠倒之人呢？

颠倒一法，已用种种因缘进行破除，这就堕落于不生当中，彼将贪着不生，这不生是颠倒实相，所以偈颂中说：怎能称不生为颠倒呢？乃至无漏佛法尚说从因缘生，不称为不生相，何况说颠倒是不生相呢？颠倒本无，怎能有颠倒者呢？为什么呢？因有颠倒方有颠倒者。

原典

　　复次，若我[1]常乐净，而是实有者，
　　　　是常乐我净，则非是颠倒。

若我、常、乐、净是四实有性者，是我、常[2]、乐、净则非颠倒。何以故？定有实事故，云何言颠倒？若谓常、乐、我、净是四无者，无常、苦、无我、不净是四应实有，不名颠倒，颠倒相违故。若不颠倒，是事不然。何以故？

　　若我常乐净，而实无有者，
　　　　无常苦不净[3]，是则亦应无。

若我、常、乐、净是四实无，实无故无常等四事亦不应有。何以故？无相因待故。

注释

① 若我，《藏要》本校注称："原刻作我若，依丽刻改。番、梵作若我、净、常、乐。下并同。"

② 是我、常，《碛砂藏》本原作"我是常"，《藏要》本根据《高丽藏》本改。

③ 无常苦不净，《藏要》本校注称："番、梵具云：无我、不净、无常、苦，今译脱略。"

译文

而且，颠倒因不颠倒而有。

如果我、常、乐、净是实有的，这种常、乐、我、净就不是颠倒的。

如果我、常、乐、净这四种是实有自性的，这种我、常、乐、净就不是颠倒。为什么呢？因为肯定实有其事，怎能说是颠倒呢？如果认为常、乐、我、净这四种是没有的，无常、苦、无我、不净这四种应当是真实而有，不能称为颠倒，因为与颠倒相违逆。如果是这样的话，则有不颠倒，实际上并非如此。为什么呢？

如果我、常、乐、净实际上是没有的，无常、苦、不净也应当是没有的。

如果我、常、乐、净这四种实际上是没有的，因为这四种实际上是没有的，无常等四种也不应当有。为什么呢？因为没有相因待的缘故。

原典

复次，如是颠倒灭，无明则亦灭。

以无明灭故，诸行等亦灭。

"如是"者如其义，灭诸颠倒故，十二因缘根本无明①亦灭，无明灭故，三种行业②乃至老死等皆灭。

注释

① **根本无明**：即无始无明，迷于法界理之原始一念称为根本无明。

② **三种行业**：即身、口、意三种行业。

译文

而且，这样的颠倒灭了，无明也就灭了。因为无明灭了，各种行业也就灭了。

偈文的"如是"即如其义，因为灭除了各种颠倒，十二因缘的根本无明也就灭了，因为无明灭了，身、口、意三种行业乃至老死等都要灭除。

原典

复次，若烦恼性实[1]，而有所属者[2]，

云何当可断？谁能断其性[3]？

若诸烦恼即是颠倒，而实有性者，云何可断？谁能断其性？若谓诸烦恼皆虚妄无性，而可断者，是亦不然。何以故？

若烦恼虚妄，无性无属者。

云何当可断？谁能断无性？

若诸烦恼虚妄无性，则无所属，云何可断？谁能断无性法？

注释

[1] **若烦恼性实**：大小内外有所得人，对于烦恼有二种过：一者不知烦恼本自不生；二者想对治灭此烦恼，这就于颠倒中又起颠倒。所以前品说明烦恼本自不生，本品说明烦恼无所灭，不生不灭就是正观。前偈说明颠倒灭，外人就认为烦恼可灭，所以本颂破其灭，说

明烦恼不是实有。

② **而有所属者**：外人误认烦恼实有，属于自我，或属于垢心。

③ 其性，《藏要》本校注称："番、梵作有性。"

译文

而且，如果烦恼的体性是实有的，也是有所属的，为什么应当是可断的？谁能断除这烦恼的实有性呢？

如果各种烦恼就是颠倒，并实有自性，为什么是可断的呢？谁能断其自性呢？如果认为各种烦恼都是虚妄而无自性，也是可断的，这也不对。为什么呢？

如果说烦恼虚妄不实，没有自性，无其所属，为什么说是可断呢？谁能够断除这无性的烦恼呢？

如果说各种烦恼是虚妄不实的，是无自性的，就无其所属，为什么是可断的呢？谁能够断灭这无自性的空法呢？

观四谛品第二十四

原典

观四谛品[①] 第二十四

问曰：破四颠倒，通达四谛[②]，得四沙门果[③]。

若一切皆空，无生亦无灭，
如是则无有，四圣谛之法。
以无四谛故，见苦[④]与断集[⑤]，
证灭[⑥]及修道，如是事皆无。
以是事无故，则无有四果。
无有四果故[⑦]，得向[⑧]者亦无。
若无八贤圣[⑨]，则无有僧宝[⑩]。
以无四谛故，亦无有法宝[⑪]。
以无法僧宝，亦无有佛宝[⑫]。
如是说空者，是则破三宝[⑬]。

若一切世间[⑭]皆空无所有者，即应无生无灭，以无生无灭故，则无四圣谛。何以故？从集谛生苦谛，集谛是因，苦谛是果，灭苦、集谛名为灭谛，能至灭谛名为道谛，道谛是因，灭谛是果，如是四谛有因有果，若无生无灭，则无四谛。

四谛无故，则无见苦、断集、证灭、修道，见苦、断集、证灭、修道无故，则无四沙门果，四沙门果无故，则无四向四得者。若无此八贤圣，则无僧宝，又四圣谛无故，法宝亦无。若无法宝、僧宝者，云何有佛？得法名为佛，无法何为佛？汝说诸法皆空，则坏三宝。

注释

① **观四谛品**：西藏译《中论本颂本》、西藏译《无畏论》、西藏译《佛护论》、宋译安慧《中观释论》、唐译清辨《般若灯论》、梵本月称《中论疏》六本皆作《观圣谛品》。本品来意有三：

（一）外人引教证明有世间和出世间，认为如来最初转四谛法轮，可见四谛是迷悟之本，怎能说没有世间和出世间呢？（二）论主破救说明没有世间和出世间，上品求世间颠倒不可得，今求四谛不可得，所以没有世间和出世间；（三）继颠倒品破境，颠倒是能迷惑，四谛是所迷境，以见四谛则破四倒，前品破颠倒，本品说明四谛不可得。

② **四谛**：谛是梵文 Satyaṃ 的意译，意谓真理。四谛是佛教所说的苦、集、灭、道四条真理，佛教认为这四条真理是神圣的，所以四谛又称为四圣谛。

（一）苦谛（Duḥkhasatyaṃ），人世间的一切都是苦；（二）集谛（Samudyasatyaṃ），惑和业是造成痛苦的原因；（三）灭谛（Nircdhasatya），消灭造成痛苦的原因惑和业，达到解脱和涅槃；（四）道谛（Margasatya），达到解脱和涅槃的途径，即八正道。

③ 四沙门果：沙门是梵文śrāmaṇa的音译，沙门那之略，原为古印度反婆罗门教思潮各个派别出家者的总称，佛教盛行后专指佛教僧侣。四沙门果是小乘佛教修行的四个果位：

（一）须陀湖果（Srotāpanna），意译预流果，通过思悟四谛之理而断灭三界见惑达到的最初修行果位，从此进入无漏的圣道之流，所以称为预流。

（二）斯陀含果（Sakṛdāgāmin），意译一来果，通过思悟四谛之理而断灭与生俱来的烦恼所达到的果位，达到此位乃需一次生天上，一次生人间，所以称为一来。

（三）阿那含果（Anāgāmin），意译不还果，通过修行完全断除欲界修惑而达到的果位，达到此位不再生还欲界，故称不还果。

（四）阿罗汉（Arhat），略称罗汉，小乘佛教修行的最高果位，已断尽三界见、修二惑。

④ 见苦：在见道中如实觉见四谛之相，只说苦谛

为见，是对修行过程说的，即正确了解苦的现象，由此产生离苦以达出世的欲求。

⑤ **断集**：断灭造成苦的原因惑和业。

⑥ **证灭**：即证得出世的涅槃和解脱。

⑦ 无有四果故，《藏要》本校注称："番、梵云：无果则无住，亦复无趣入。"

⑧ **得向**：即四得四向，四得是得初果、得二果、得三果、得四果。四向是初果向、二果向、三果向、四果向。

⑨ **八贤圣**：即四得四向，初果是贤人，其余的三向四得是圣人。

⑩ **僧宝**：三宝（佛、法、僧）之一，指修学教法，继承发扬佛法的僧众。

⑪ **法宝**：三宝之一，为根据佛陀所悟而向人宣说之教法。

⑫ **佛宝**：三宝之一，指觉悟人生之真相，而能教导他人之佛教教主（释迦牟尼佛），或泛指一切诸佛。

⑬ **三宝**：系指为佛教徒所尊敬供养之佛、法、僧三宝。

⑭ 一切世间，《藏要》本校注称："《无畏》原作诸趣，前文有释云：趣是有情世间及行世间。月称释云：一切内外物。"

|译文|

问：破四种颠倒，通达四谛，得四沙门果。

如果说一切都是空，一切都是没有生没有灭的。这样，就没有四圣谛的教法。

因为没有四谛，见苦与断集，证灭及修道，这样的事情都没有。

因为这样的事情没有，就没有四沙门果。因为没有四果，四得、四向也没有。

如果没有八贤圣，就没有僧宝。因为没有四谛，也就没有法宝。

因为没有法宝和僧宝，也就没有佛宝。这样说一切事物都是空的性空论者，就破坏了三宝。

如果说一切世间都是空无所有，就应当是无生无灭，因为无生无灭，就没有四圣谛。为什么呢？从集谛产生苦谛，集谛是因，苦谛是果，灭除苦、集二谛就称为灭谛，能达到灭谛就称为道谛，道谛是因，灭谛是果，这样的四谛有因有果，如果说无生无灭，就没有四谛。

因为没有四谛，就没有见苦、断集、证灭、修道，因为没有见苦、断集、证灭、修道，就没有四沙门果，因为没有四沙门果，就没有四向、四得。如果没有这八贤圣，就没有僧宝，又因为没有四谛，也没有法宝。如果没有法宝和僧宝,怎能有佛呢?得法宝者名为佛,没有法宝,什么是佛呢?你说各种事物都是空,这就破坏了三宝。

原典

复次,空法坏因果[①],亦坏于罪福,
　　亦复悉毁坏,一切世俗法。[②]
若受空法者,则破罪福及罪福果报,亦破世俗法,有如是等诸过故,诸法不应空。

注释

① 空法坏因果,《藏要》本校注称:"勘番、梵本,前颂无'空'字,以此空法属上读云:如是说空则破三宝坏因果云云。《无畏》、佛护牒前颂亦无'空'字,但以此空法属下读,今译取意,两处皆有'空'字也。"

② 本颂来意有三:(一)上明执空人破坏四谛三宝,本颂说明空法破坏罪福因果;(二)上明无内法因果罪福,今明无外法因果罪福;(三)上明无罪福境,今明没有罪福,三宝四谛是罪福之境。

译文

而且，万事万物皆空的空法破坏因果，也破坏罪福报应，又毁坏一切世间事物。

假若接受万事万物皆空的空法，这就破坏了罪福和罪福果报，也会破坏一切世俗事物，因为有这些过失，所以万事万物不应当是空。

原典

答曰[1]：汝今实不能，知空空因缘[2]，

及知于空义，是故自生恼。

汝不解云何是空相[3]，以何因缘说空[4]，亦不解空义[5]，不能如实知，故生如是疑难。

注释

[1] 答曰，《藏要》本校注称："番、梵此二字系颂文。"

[2] 空因缘，《藏要》本校注称："番、梵意谓空之所为。"

[3] **汝不解云何是空相**：《藏要》本校注称："月称释云：汝自颠倒增益以无为空，故有此难云云。"小乘

佛教徒虽得人空，但执诸法是有，不知本性空。

④ **以何因缘说空**：佛为了治有病而说空，如果又执着于空，诸佛都不能对之教化。

⑤ **空义**：佛说第一义为空，不说俗谛也是空，不应当听说空就认为是损失因果罪福。而且，说空是为了说明不空，所以下文说空也是空，外人执取空相，所以他们不知道空义。

译文

答：你现在不能如实知道空相、说空的因缘，也不如实知道空义，所以自己产生烦恼。

你不了解什么是空相，也不了解因为什么原因说空，也不了解空的意义，因为你不能够如实知道这些内容，所以产生这样的疑难。

原典

复次，诸佛依二谛①，为众生说法，
一以世俗谛，二第一义谛。②
若人不能知，分别于二谛③，
则于深佛法，不知真实义。

世俗谛者，一切法性空[4]，而世间颠倒故生虚妄法，于世间是实。诸贤圣真知颠倒性[5]，故知一切法皆空无生，于圣人是第一义谛，名为实。诸佛依是二谛而为众生说法[6]，若人不能如实分别二谛，则于甚深佛法不知实义。若谓一切法不生是第一义谛，不须第二俗谛者，是亦不然。何以故？

若不依俗谛[7]，不得第一义。

不得第一义，则不得涅槃。

第一义皆因言说，言说是世俗，是故若不依世俗，第一义则不可说。若不得第一义，云何得至涅槃？是故诸法虽无生而有二谛[8]。

注释

①**二谛**：即真谛和俗谛，真谛又称为胜义谛、第一义谛等，是对佛教圣人所讲的真理；俗谛又称为世谛、世俗谛等，是对世俗人所讲的真理。

②**本颂来意有四**：（一）解释本性空、因缘空、第一义空；（二）外人着空失于世谛，既失世谛，也失第一义谛，所以现在说明二谛；（三）自免过，我有二谛义，第一义则空无三宝，世谛则有三宝，对方就第一义难则成我义，若就世谛难，我世谛有三宝；（四）上颂

讲空，对方认为没有因果等，现在说明空并不是没有佛、因果等。

③分别于二谛，《藏要》本校注称："番、梵云：二谛之分别。"

④一切法性空，《藏要》本校注称："《无畏》意谓世间颠倒，不知诸法自体空故，乃见诸法有生，此于幻惑中为实。"

⑤诸贤圣真知颠倒性，《藏要》本校注称："《无畏》意谓诸圣者无倒念故，见诸法无生，是胜义中实。"

⑥诸佛依是二谛而为众生说法，《藏要》本校注称："《无畏》此句原在文初。"

⑦若不依俗谛，《藏要》本校注称："番、梵云：不依于假名不能说胜义。与释相顺。"

⑧而有二谛，《藏要》本校注称："《无畏》原云而须施设二谛。"

译文

而且，诸佛依据二谛，为有情众生说法，第一以世俗谛，第二以第一义谛。

假若人们不知道分别于二谛，对于深奥的佛法，就不知其真实含义。

关于世俗谛的问题，一切事物，其性本空，但由于世间人的错误颠倒认识，就产生虚妄之法，于世间人都认为是真实的，这就称为世俗谛。诸贤人和圣人真正知道世间事物是颠倒性，知晓一切事物都是空，都是无生，对于这贤人和圣人所知，称为第一义谛，这是真实的。诸佛依据这二谛为众生说法，假若人们不能如实分别这二谛，对深奥的佛法，就不知其真实含义。如果认为一切事物不生是第一义谛，就不须兼顾第二俗谛，这也不对。为什么呢？

假若不依俗谛，就得不到第一义谛。得不到第一义谛，就证不到涅槃。

第一义谛由言说而有，言说是世俗之言说，所以说假若不依世俗言说，第一义谛就不可说。不说就得不到第一义谛，而且，假若主张第一义谛，认为世俗罪福皆空，就堕落于偏空，也得不到第一义谛。假若得不到第一义谛，怎能达到涅槃呢？所以说各种事物虽然是无生，虽有第一义谛，而世俗谛不可废，所以说有二谛。

原典

复次，不能正观[①]空，钝根[②]则自害。
　　如不善咒术[③]，不善捉毒蛇。

若人钝根不善解空法，于空有失而生邪见，如为利捉毒蛇，不能善捉，反为所害。又如咒术欲有所作，不能善成则还自害，钝根观空法亦复如是。

注释

① **正观**：邪观的对立面，观与经合，离痴而见法，此称正见，即正观，《中论》以无所得为正观。

② **钝根**：梵文 Mṛdu-indriya 的意译，亦称钝机，佛教对接受佛道迟钝者的贬称。

③ **如不善咒术**：《藏要》本校注称："番、梵下二句互倒，与释相顺。"咒术，神咒之妙术。

译文

而且，不能以正观观空的人们，这种钝根人就会自己害自己，犹如不善咒术者，不善于捉拿毒蛇。

假若某些人是钝根，不善于理解空法，对于空、有偏执之失，废弃世俗谛而生邪见，犹如为了某种利益捉拿毒蛇，不善于捉，反而被毒蛇所害。又如咒术，想有所作，不能很好地成就，则还是自己害自己，钝根人观空法也是这样。

原典

复次,世尊知是法,甚深微妙相,
　　非钝根所及,是故不欲说。①
世尊以法甚深微妙,非钝根所解,是故不欲说。

注释

①上颂说明外人障菩萨,不得说无所得法,本颂说明外人障佛,不得说无所得法。上颂说明咒术难作,不如不为。现在说明法相难说,不如不说。

译文

而且,世尊知道这种真谛空法非常深奥,其相微妙,非钝根人所能及,所以起初不想说。

因为这种真谛空法非常深奥、非常微妙,钝根人不可能理解,所以佛起初不想说。

原典

复次,汝谓我着空①,而为我生过。

汝今所说过，于空则无有②。

汝谓我着空故，为我生过，我所说性空，空亦空，无如是过。

注释

① 汝谓我着空，《藏要》本校注称："番、梵颂云：所欲作过失空皆不成故，汝说空能断于我则不成，《无畏》牒颂大同今译。"

② 汝今所说过，于空则无有：如果是邪见之空或小乘佛教二乘人所说的空，就会有过失。现在讲的空是无所得空，空不住空，空、有俱离，所以没有过失。又是不坏法说空，所以没有过失。

译文

而且，你认为我执着空，就认为我犯了过失。你现在所说的过失，在我所说的自性空中是没有的。

你认为我执着空，以为我犯了过失，你不知道我所说的自性空，此空也是空，不执偏空，即是中道，所以没有你所说的这种过失。

原典

复次①，以有空义故，一切法得成。

若无空义者，一切则不成。

以有空义故，一切世间、出世间法皆悉成就②。若无空义，则皆不成就。

注释

① 复次，以下《无畏论》卷七。

② **一切世间、出世间法皆悉成就**：前偈说明空也是空，这就是非空非有。现在说明：既然是非空非有，空、有都可以成立。又因为第一义空，故有世谛，这就使二谛成立。既然二谛成立，就能使一切成立。如果没有空，真谛就不能成立，俗谛也不能成立，一切皆坏。而且，由于第一义空，故生般若，由般若而断烦恼，而有三世佛，由佛说世间及出世间的一切教法。

译文

而且，因为有空义，一切事物都可以成立。假若没有空义，一切事物都不能成立。

因为有空义，一切世间法和出世间法都可以成立。假若没有空义，则一切皆实，不能变迁生灭，一切事物都不能成立。

原典

复次，汝今自有过，而以回向我，
　　如人乘马者，自忘于所乘。①
汝于有法中有过不能自觉，而于空中见过，如人乘马而忘其所乘。何以故②？
　　若汝见诸法，决定有性者③，
　　即为见诸法，无因亦无缘④。
汝说诸法有定性，若尔者，则见诸法无因无缘。何以故？若法决定有性，则应不生不灭，如是法何用因缘？若诸法从因缘生，则无有性，是故诸法决定有性，则无因缘。

注释

① 本颂后半的比喻说明乘马人自忘所乘之马，反而认为他人乘马。外人自己犯了无三宝、四谛等的过失而不觉知，反而认为他人犯了无罪福之失。

② 何以故，《藏要》本校注称："《无畏》下复次释。"

③ 决定有性者，《藏要》本校注称："番、梵作自性有，与下释意相顺。"

④ **无因亦无缘**：对方认为事物有自性，不需要借助因缘，这就破坏了因缘。因为破坏了因缘，也就破坏了空，也就破坏了二谛和中道。

译文

而且，你现今犯有过失，即以此过回向归我，如人骑马，自己忘记所骑的马。

你于执为有法的过程中，自己犯有过失，却不能自觉，反而说在空义中见有过失，如人骑马，忘却自己所骑的马。为什么呢？

假若你认为各种事物肯定有自性，就认为各种事物没有因也没有缘。

你说各种事物肯定有自性，如果是这样的话，就认为各种事物没有因也没有缘。为什么呢？假若说事物肯定有自性，就应当是不生不灭，这样的事物还用什么因缘呢？如果说各种事物从因缘而生，就没有自性，所以说各种事物肯定有自性，就没有因缘。

原典

若谓诸法决定住自性，是则不然。何以故？

即为破因果，作作者作法，

亦复坏一切，万物之生灭①。

诸法有定性，则无因果等诸事，如偈说：

众因缘生法②，我说即是空，

亦为是假名，亦是中道③义。

未曾有一法，不从因缘生。

是故一切法，无不是空者。

众因缘生法，我说即是空④。何以故？众缘具足和合而物生，是物属众因缘，故无自性，无自性故空。空亦复空，但为引道众生故，以假名说。离有、无二边，故名为中道。是法无性，故不得言有，亦无空故，不得言无。若法有性相，则不待众缘而有，若不待众缘则无法，是故无有不空法。

注释

① 万物之生灭，《藏要》本校注称："番、梵云：生灭及于果。"

② **众因缘生法**：吉藏著《中观论疏》卷一、卷三

共三处引用此句，此作"因缘所生法"。

③ **中道**：梵文 Madhyamāpratipad 的意译，脱离两边的观点，中观学派把八不正观称为中道，中国佛教三论宗的创始人吉藏（公元五四九——六二三年）把中道归于佛性。

④ 我说即是空，《藏要》本校注称："《无畏》次云：随物是有即是缘起，即是依缘假设，是故无法非缘起，亦无法非空。"

译文

如果你认为各种事物肯定住于自性，这是不对的。为什么呢？

这就破坏了因果，也破坏了作、作者和作法，也破坏了一切万物的生和灭。

如果说各种事物肯定有自性，就没有因果等各种事情。如偈中这样说：

各种因缘所产生的事物，我说这就是空，这也是假名，也是中道的意思。

从来就没有一种东西，不是从因缘所生的。所以说一切事物，没有不是空的。

各种因缘所产生的事物，我说这就是空。为什么呢？各种条件具足并和合在一起，就有事物产生，这种事物属于各种因缘，所以说没有自性，因为没有自性，所以是空。空又是空，但是为了接引、引导有情众生，所以以假名而说。脱离有、无二边见，所以称为中道。这种事物没有自性，所以不能说是有；这种事物也没有空，所以不能说无。如果事物肯定有性相，就不需要待众缘而有，假若不待各种条件就没有事物，所以说没有不空的事物。

原典

　　汝上所说空法有过者，此过今还在汝。何以故？
　　　　若一切不空，则无有生灭，
　　　　如是则无有，四圣谛之法。
　　若一切法各各有性不空者①，则无有生灭，无生灭故，则无四圣谛法。何以故？
　　　　若不从缘生，云何当有苦？
　　　　无常是苦义，定性无无常。
　　若不从缘生故，则无苦。何以故？经说无常是苦义，若苦有定性，云何有无常？以不舍自性故。

注释

① 若一切法各各有性不空者，《藏要》本校注称："《无畏》原云：若一切趣不空者，则无生灭。"

译文

你上文所说的空法是有过失的，这种过失现今还在你身上。为什么呢？

如果一切事物不是空，就没有事物的生和灭。这样，就没有四圣谛的教法。

假若一切事物各各有其自性而不空，就没有生灭，因为没有生灭，就没有四圣谛之教法。为什么呢？

假若事物不是从缘而生，为什么应当有苦呢？无常是苦的意思，固定的自性没有无常的意思。

假若事物不是从缘而生，所以有固定的自性，这就应当是没有苦。为什么呢？因为佛经说无常是苦的意思，假若苦有固定的自性，不是从缘而生，为什么有无常呢？因为不舍其自性，不生不灭，所以不是无常。既然不是无常，就不能称为苦。

原典

复次,若苦有定性①,何故从集生?

是故无有集,以破空义故。

若苦定有性者,则不应更生,先已有故。若尔者,则无集谛,以坏空义故。

注释

① 若苦有定性,《藏要》本校注称:"番、梵颂云:若由自性有,何者复成集?以是损坏空,而集亦非有。"

译文

而且,假若苦有固定的自性,为什么还要从集谛而生呢?所以说没有集谛,因为破坏了空的意思。

假若苦有固定的自性,就不应当再次产生,因为先前已经有了。如果是这样的话,就没有集谛,因为苦有自性破坏了"空"的意思。

原典

复次，若苦有定性，则不应有灭。

汝着定性故，即破于灭谛。

若苦有定性者，则不应灭。何以故？性则无灭故。

注释

① 本颂破成实师和毗昙师，成实师主张有余灭二心和无余灭空心，所以灭三心称为灭谛。论主破斥说：（一）是坏有得灭呢，还是本有灭呢？如果是本有灭，就与数论相同，如果是坏有得灭，灭就是始生；（二）灭既然是本有，是有因呢，还是无因呢？如果是无因的话，就与外道相同，如果是有因的话，就应当是无常的。毗昙师主张灭是本有。论主破斥说：如果灭是本有的话，苦、集既然是有固定的自性，就是不可灭的，怎能说破苦、集而得本有灭呢？

译文

而且，假若苦有固定的自性，就不应有灭。因为你执着固定的自性，这就破坏了灭谛。

假若苦有固定的自性，就不应当灭。为什么呢？因为有固定的自性，就不能灭失。

原典

复次，若苦①有定性，则无有修道。

若道可修习，即无有定性。

法若定有，则无有修道。何以故？若法实者，则是常，常则不可增益②。若道可修，道则无有定性。

注释

①苦，《藏要》本校注称："番、梵作'道'字。"

②不可增益，《藏要》本校注称："《无畏》原云：不可修习而成。"

译文

而且，假若有固定的自性，就没有可修之道。假若有道可以修习，苦就没有固定的自性。

假若苦法是肯定有的，就没有可修之道。为什么呢？假若苦法是真实的，这就是常。既然是常，就是不可增益的，不可消灭的。既然苦是不可灭的，哪里还有道可修呢？假若有道可修，道因灭苦而有，则苦应当是没有固定的自性。

原典

复次，若无有苦谛，及无集灭谛，
　　所可灭苦道，竟为何所至①？
诸法若先定有性，则无苦、集、灭谛，今灭苦道，竟为至何灭苦处？

注释

① 竟为何所至，《藏要》本校注称："番、梵云：意欲何所得？"

译文

而且，假若没有苦谛，也就没有集谛和灭谛。既然没有集谛和灭谛，修可灭苦的道谛，究竟为何所至呢？

假若各种事物肯定有自性，就没有苦谛、集谛和灭谛，现在所说的灭苦之道，竟为何道？修至何等地步才是灭苦之处呢？因为没有苦可灭，这样，也就没有道谛。

原典

复次，若苦定有性，先来所不见，
　　于今云何见？其性不异故。①
若先凡夫时，不能见苦性，今亦不应见。何以故？不见性定故。

注释

①关于本颂，《藏要》本校注称："番、梵颂云：若由彼自性非是遍知者，云何能遍知？岂非性常住？末句反质，今译改文。"

译文

而且，假若苦肯定有自性，在未修四谛以前，从来不曾见到苦谛。现今修道，怎能见到呢？因为苦的自性是没有变异的。

假若以前为凡夫的时候，不能见世间法生灭无常都是苦性，从前没有见，现今也不应当见。为什么呢？因为不见之性是固定不变的。

原典

复次，如见苦不然，断集及证灭，
　　修道及四果，是亦皆不然。

如苦谛性先不可见者，后亦不应见，如是亦不应有断集、证灭①、修道。何以故？是集性先来不断，今亦不应断，性不可断故。

灭先来不证，今亦不应证，先来不证故。道先来不修，今亦不应修，先来不修故。是故四圣谛见、断、证、修四种行皆不应有，四种行无故，四道果亦无。何以故②，
　　是四道果性，先来不可得。
　　诸法性若定③，今云何可得？

诸法若有定性，四沙门果先来未得，今云何可得？若可得者，性则无定。

注释

① 证灭，《碛砂藏》本原作"灭证"，《藏要》本根据《高丽藏》本改。

② 何以故，《藏要》本校注称："《无畏》下复次释。"

③ 诸法性若定，《藏要》本校注称："此句番、梵在颂首云：由执自性故。与释相顺。"

译文

而且，如见苦不可能一样，断集、证灭、修道及得四果，也是不可能的。

如苦谛自性，以前是不可见的，以后也不应当是可见的。如此看来，也不应当断集、证灭、修道。为什么呢？这种"集"的自性，以前不断，现在也不应当断，因其有固定的自性，所以是不可能的。

"灭"以前不证，现在也不应当证，因为以前不证，所以道以前不修，现在也不应当修。因为以前不修，所以说四圣谛中之见、断、证、修四种行也不应当有。因为没有四种行，四种果也是没有的。为什么呢？

这四沙门道、四沙门果的体性，人们在未修之前，本来是不可得的。各种事物的自性，假若执着为固定不变的，现今又如何可以得到呢？

假若各种事物肯定有自性，四沙门果在人们未修以前没有得到，现今怎能可以得到呢？假若未得可以转变为得的话，自性就不是固定的。

原典

　　复次，若无有四果，则无得向者，
　　　　以无八圣故，则无有僧宝。
　　无四沙门果故，则无得果向果①者。无八贤圣故，则无有僧宝，而经说八贤圣名为僧宝。

注释

　　①得果向果："得果"即四得：修行至剩七番生死的时候称为得初果，只剩一番生死的时候称为得二果，不再还生欲界称为得三果，不再受生三界称为得四果。为断见道十五心间见惑之位，是得初果的因位，所以称为初果向；为断欲界九品修惑中前六品之位，称为二果向；为断欲界九品修惑中后三品之位，称为三果向；为断色界、无色界一切修惑之位，称为四果向。

译文

　　而且，假若没有四果，就没有四得四向的人，因为没有八贤圣，所以没有僧宝。
　　假若没有四果，就没有能得四果、趣向四果的人。

如果没有四果四向的八贤圣，就没有僧宝，所以佛经说八贤圣称为僧宝。

原典

复次，无四圣谛故①，亦无有法宝。

无法宝僧宝，云何有佛宝？

行四圣谛得涅槃法，若无四谛则无法宝，若无二宝，云何得有佛宝？汝以如是因缘说诸法定性，则坏三宝。

问曰：汝虽破诸法，究竟道阿耨多罗三藐三菩提②应有，因是道故名为佛。

答曰：汝说则不因，菩提而有佛，

亦复不因佛，而有于菩提。

汝说诸法有定性者，则不应因菩提有佛，因佛道有菩提，是二性常定故。

注释

① 无四圣谛故，《藏要》本校注称："《无畏》次下九颂连读为一章。"

② 阿耨多罗三藐三菩提：梵文 Anuttarasamyaksambodhi 的音译，意译无上正等觉，被认为是能够觉

知一切佛教真理、如实了知一切事物从而达到无所不知的一种智慧，此种智慧唯佛独有。

译文

而且，因为没有四谛，也就没有法宝。没有法宝和僧宝，怎能有佛宝呢？

行四圣谛是为了得到涅槃妙法，假若没有四谛，就没有法宝，假若没有僧、法二宝，怎能有佛宝呢？你因为不知道这样的因缘，所以说各种事物有固定的自性，这就破坏了三宝。

问：你虽然破除了各种事物，但究竟真道，即阿耨多罗三藐三菩提，应当说是有，因为有这种菩提道，所以称为佛。

答：如你所说，不因发菩提心而有佛，也不因佛而有菩提。

你说各种事物肯定有自性，就不应当是因菩提而有佛，也不因佛道而有菩提，因为佛、菩提二者的自性是永恒固定的。

原典

复次,虽复勤精进①,修行菩提道。

若先非佛性②,不应得成佛。③

以先无性故,如铁无金性,虽复种种锻炼,终不成金。

注释

① **精进**:梵文 Vīrya 的意译,亦译为勤,音译毗梨耶。在修善断恶、去染转净的过程中,不懈怠地努力,是成就菩提、修行佛道的必要条件。

② **若先非佛性**:《藏要》本校注称:"番、梵以此为颂,首句云:'汝谓性非佛。与释相顺。'佛性,梵文 Buddhatā 的意译,亦称如来性、觉性等,世亲著《佛性论》认为有三种佛性:(一)自性住佛性,即有情众生先天具有的佛性;(二)引出佛性,通过修行引发的佛性;(三)至得佛性,达到佛果时,本有佛性圆满显现。

③ 本颂是大乘破小乘义,大乘佛教认为:一切众生都有佛性,都可能成佛。小乘佛教认为:有的众生没有佛性,即使修行,也不能成佛。对方认为因修行而

得佛果，但凡夫性不等于佛性，如果说凡夫时肯定无佛性，虽经修行而不能成佛。

译文

而且，虽然一再勤恳努力修行菩提道，假若先前没有佛性，终究不应当成佛。

因为众生只是有众生性，先前并无佛性，虽经修行而不能成佛，如铁没有金性，虽然进行种种锻炼，终究不能成金。

原典

复次，若诸法不空，无作罪福[①]者，

不空何所作？以其性定故[②]。

若诸法不空，终无有人作罪福者。何以故？罪福性先已定有故，又无作、作者故。

注释

① 罪福，《藏要》本校注称："番、梵作法、非法，次云罪福俱同。"

② 以其性定故,《藏要》本校注称:"番、梵云:自性无所作。"

译文

而且,假若各种事物不是空,没有能作罪福者,也没有所作的罪福,不空有什么可作呢?因为作者、作罪、作福,各有其固定自性。

假若各种事物不是空,终究没有人作罪、作福。为什么呢?罪、福自性先前肯定已经有了,又何待于作?所以没有作和作者。

原典

复次,汝于罪福中,不生果报者,
　　是则离罪福,而有诸果报。①
汝于罪福因缘中皆无果报者,则应离罪福因缘而有果报。何以故?果报不待因出故。

问曰:离罪福可无善恶果报,但从罪福有善恶果报。

答曰:若谓从罪福,而生果报者,
　　果从罪福生,云何言不空?②

若离罪福无善恶果，云何言果不空？若尔，离作、作者则无罪福，汝先说诸法不空，是事不然。

注释

① 本颂的意思是说：因中没有果，则是因果相离。对方主张有固定自性，果报不应当是从罪福而生。假若不从罪福而生，则离罪福而有果报。

② 本颂说明因果不相离，由因而有果，果无自性，所以说果空。由果而有因，所以因也是空。

译文

而且，如果你认为于罪福中不生果报的话，这就是离罪福而有各种果报。

假若你说罪福、果报各有固定自性，两不相关，就是于罪福二种因缘中皆无果报出生，如果是这样的话，就应当是离罪福因缘而有果报。为什么呢？因为果报不待因而出。

问：离罪福可信无善恶果报，但从罪福明明有善恶果报产生，所以说果报不空。

答：假若从罪福而生苦乐果报，果从罪福产生，怎能说不空呢？

假若离罪福而无善恶果报，怎能说果不空呢？如果是这样的话，罪福从缘而生，如果离开作与作者，就没有罪福，你先前说的各种事物不空，这是不可能的。

原典

复次，汝破一切法，诸因缘空义①，
　　则破于世俗，诸余所有法。②

汝若破众因缘法第一空义者，则破一切世俗法。何以故？

若破于空义，即应无所作。
无作而有作，不作名作者。③

若破空义，则一切果皆无作无因，又不作而作，又一切作者不应有所作，又离作者应有业有果报有受者，但是事皆不然，是故不应破空。

注释

① 汝破一切法，诸因缘空义，《藏要》本校注称："《无畏》牒此二颂文句错落，意义大同。"

② 本颂的意思是说：假若你认为俗谛有因果，真

谛没有因果，则一边有一边无，一边破一边不破。说真谛则破俗谛因果，说俗谛则破真谛因果。

③本颂是论主责问外人，假若你说因无果而因生果，则因将无作用。如果因没有作用，既然已经有了，何须作有？已经有因了，不应当再作因。已有果，不须再生果。而且，假若因无果而无其生果之作用，色法应作心法，心法应作色法，常应作无常，无常应作常。若有作用，既然已经有了，何须再作呢？所以，无不能作有，有也不能作有，亦有亦无也不能作有。

译文

而且，你破一切事物从各种因缘生而无自性的空义，这就破坏了俗谛中其余所有的一切事物。

假若你破坏了各种因缘产生事物的第一空义，这就破坏了一切世俗事物。为什么呢？

假若破坏了各种事物毕竟空的实义，就应当是无所造作。既然是无所造作，而你又说作罪、作福，这就是不作罪而称为作罪者，不作福而称为作福者。

假若破坏了各种事物毕竟空的实义，则一切果都没有作，也没有因，又是人不作而事物自作，又是一切作者不应当有所作，又是离作者应当有作有果报有受者,但是,这些事情都是不可能的,所以说不应当破除空。

原典

复次,若有决定性①,世间种种相,
　　则不生不灭,常住而不坏。

若诸法有定性,则世间种种相天、人、畜生、万物,皆应不生不灭,常住不坏。何以故?有实性不可变异故,而现见万物各有变异相生灭变易,是故不应有定性。

注释

① 若有决定性,《藏要》本校注称:"番、梵颂云:若自性有者,诸趣应不生不灭而常有,远离种种相。"

译文

而且,假若事物有决定自性,世间存在的种种相,就应当是不生不灭,永恒常住而不毁坏。

假若各种事物有固定自性,则世间存在的种种相,如天神、人、畜生、万物等，都应当是不生不灭，常住而不毁坏。为什么呢？因为有其真实自性而不可变异的缘故。但是现在都亲眼见到万事万物各有变异之相，都可以生灭变易，所以说不应当有固定自性。

原典

　　复次，若无有空者，未得不应得。
　　　亦无断烦恼，亦无苦尽事。①
　　若无有空法者，则世间、出世间所有功德未得者皆不应有得，亦不应有断烦恼者，亦无苦尽。何以故？以性定故。
　　　是故经中说，若见因缘法，
　　　则为能见佛，见苦集灭道。②
　　若人见一切法从众缘生，是人则能见佛法身，增益智慧，能见四圣谛苦、集、灭、道，见四圣谛，得四果，灭诸苦恼，是故不应破空义。若破空义，则破因缘法，破因缘法，则破三宝，若破三宝，则为自破。

注释

　　①前文外人以"有"难"空"，责难论主无四谛。

本颂论主反其道而行之，以"空"难"有"，认为只有坚持"空"，才能成立四谛。

② 本颂是劝学因缘，只要坚持因缘理论，一切应得者可以得，一切应失者都可以失。坚持因缘理论有二大好处：见佛，见四谛。

译文

而且，假若没有性空的意思，未得的不应该得。也不能断除烦恼，也不会有灭尽苦的事情。

假若没有性空之妙法，则世间、出世间的一切功德，没有得到的都不应当得到，也不能断除烦恼，也没有苦灭尽的时候。为什么呢？因为事物的自性是固定不变的。

所以《阿含经》或《大集经》说：如果理解了因缘和合而生万物的妙法，就能够见到佛，也能够理解苦、集、灭、道四谛。

如果人们能够认识到一切事物都是从各种条件产生的，这种人就能够见到佛的法身，能够增益智慧，能够理解四圣谛的苦、集、灭、道。因为理解了四圣谛，就能够得到四沙门果，就能够灭除各种苦恼，所以说不应当破除"空"的意思。假若破除了"空"的意思，就破除了因缘和合而生万物的妙法，就破坏了佛、法、僧三宝。假若破坏了三宝，就是自己破自己。

观涅槃品第二十五

原典

观涅槃品[①] 第二十五

问曰：若一切法空[②]，无生无灭者，

何断何所灭，而称为涅槃？[③]

若一切法空，则无生无灭。无生无灭者，何所断？何所灭？名为涅槃？是故一切法不应空。以诸法不空故，断诸烦恼，灭五阴，名为涅槃。

答曰：若诸法不空，则无生无灭，

何断何所灭，而称为涅槃？

若一切世间不空，则无生无灭，何所断？何所灭？而名为涅槃？是故有、无二门非至涅槃[④]。所名涅槃者：

无得亦无至[⑤]，不断亦不常，

不生亦不灭，是说名涅槃[⑥]。

无得者，于行于果无所得。无至者，无处可至。不断者，五阴先来毕竟空故，得道入无余涅槃时亦无所断。不常者，若有法可得分别者，则名为常，涅槃寂灭无法可分别故，不名为常。生灭亦尔，如是相者，名为涅槃。

注释

①**观涅槃品**：本品来意有四：（一）外人认为涅槃是安神之本宅，所以最后论涅槃；（二）论佛出世大意，为了使众生舍生死而得涅槃；（三）外人认为龙树出世作论破病，是为了使众生舍离生死苦而得涅槃，所以造论终归涅槃，所以最后论涅槃；（四）依经所说，释迦牟尼佛最后于娑罗双树林下涅槃，所以最后论涅槃。

②若一切法空，《藏要》本校注称："番、梵云：若是一切空。无'法'字，《无畏》下释为一切趣，后又云一切世间，次颂诸'法'同此。"

③本颂是外人的问难：如果一切事物都是空，就没有烦恼产生，所以无所断，无所余；如果一切事物都是空，就没有五阴生，就没有所灭，没有所余。此难通大小乘人，小乘断四住惑，灭分段身，名二涅槃。大乘断五住惑，灭二生死，名大涅槃。本颂既说无生无灭，则无此大小二种涅槃，所以是邪见。

④非至涅槃，《藏要》本校注称："《无畏》意谓不

成涅槃。"

⑤ **无得亦无至**，《藏要》本校注称："番、梵云：无舍亦无得，长行例知。"

⑥ **是说名涅槃**：小乘佛教认为，有为果是得，无为果名至，相续灭尽为断，不迁名常，诸行始起为生，诸行终为灭。大乘佛教认为，如来是能得之人，涅槃为所得之法，金刚心道谛因为能至，佛果为所至，五住惑断为断，常乐果为常，灭尽前心为灭，佛果起为生。涅槃皆非如此，所以是无得、无至、不断、不常、不生、不灭，类如八不。

译文

外人问：如果一切事物都是空，没有生，也没有灭，还有什么烦恼可断呢？还有什么生死苦为所灭呢？还有什么称为涅槃呢？

如果一切事物都是空，就没有生，也没有灭。没有生和灭，还有什么所断呢？有什么所灭呢？有什么称为涅槃呢？所以说一切事物不应是空。因为各种事物不空，所以断除各种烦恼，消灭五阴，这就称为涅槃。

答：假若各种事物不是空，就没有生，也没有灭，还有什么可断呢？有什么所灭呢？有什么称为涅槃呢？

假若一切世间事物不是空，就没有生和灭，还有什么所断呢？还有什么所灭呢？还有什么称为涅槃呢？所以说有、无二门都不能达到涅槃。所以称为涅槃者：

没有得，也没有至；不是断，也不是常；不是生，也不是灭。这就称为涅槃。

所谓"无得"，是说于行于果都无所得。所谓"无至"，即无处可至。所谓"不断"，五阴本来毕竟是空，得道入于涅槃的时候，也没有所断。所谓"不常"，假若有的事物可以得可以分别，就可以名为常。涅槃寂灭，没有任何事物可以分别，所以不名为"常"，生、灭也是这样，像这样的情况就称为涅槃。

原典

复次，经说涅槃非有、非无、非有无、非非有非无，一切法不受，内寂灭名涅槃[①]。何以故？

涅槃不名有，有则老死相。

终无有有法，离于老死相。

眼见一切万物皆生灭故，是老死相，涅槃若是有，则应有老死相，但是事不然，是故涅槃不名有。又不见离生灭老死别有定法，若涅槃是有，即应有生灭老死相，以离老死相故，名为涅槃。

注释

① **内寂灭名涅槃**：实际上没有外境，不存在有、无、亦有亦无、非有非无四句，由于妄心内存在这四种妄见而误认为有外境，灭除内心四妄见就是涅槃。

译文

而且，佛经说涅槃非有、非无、非亦有亦无、非非有非无，一切事物都不接受，因为内外寂灭，所以称为涅槃。为什么呢？

涅槃不称为"有"，"有"就不离老死相。终究没有世间所有的事物，能够离于老死相。

因为亲眼见到一切事物都有生灭，所以是老死相，涅槃如果是"有"的话，就应当有老死相，但事实上并非如此，所以说涅槃不称为"有"。而且，从来就没有见过离生灭老死相，另有固定不变的事物，假若涅槃是"有"，就应当有生灭老死相，以其能够离开老死相，所以称为涅槃。

原典

复次，若涅槃是有，涅槃即有为。

终无有一法，而是无为者。

涅槃非是有。何以故？一切万物从众缘生，皆是有为，无有一法名为无为者。虽常法假名无为，以理推之，无常法尚不有，何况常法不可见不可①得者。

注释

① 可，《碛砂藏》本原衍"得"字，《藏要》本根据《高丽藏》本删。

译文

而且，假若涅槃是"有"，涅槃就是有为法。这就终究没有一种事物，可以称为无为法了。

涅槃不是"有"。为什么呢？一切事物都是从各种条件和合而生，都是有为法，这就没有一种事物可以称为无为法了。虽然把常法假名为无为，以此道理进行推论，无常的事物尚且是没有的，更何况是常法本来不可见、不可得的事物呢？

原典

复次，若涅槃是有①，云何名无受②？

无有不从受，而名为法者。

若谓涅槃是有法者，经则不应说无受是涅槃。何以故？无有法不受而有，是故涅槃非有。

问曰：若有非涅槃者，无应是涅槃耶？

答曰：有尚非涅槃，何况于无耶？

涅槃无有有，何处当有无？

若有非涅槃，无云何是涅槃？何以故？因有故有无，若无有云何有无？如经说先有今无则名无，涅槃则不尔。何以故？非有法变为无故，是故无亦不作涅槃。

注释

① **若涅槃是有**：如果涅槃是有，就是有受，受是烦恼根，怎能称为涅槃呢？

② 受，《藏要》本校注称："番、梵作'依'，下俱同，梵文 Upādāya 本兼有取、依二义也。"

译文

而且，假若涅槃是"有"，为什么称为无受呢？因为没有一种事物，不是从执受而名为事物的。

假若认为涅槃是实有的事物，佛经就不应当说无受是涅槃。为什么呢？没有任何一种事物，不是因为受有而称为有的，所以说涅槃不是实有。

问：如果"有"不是涅槃，"无"应当是涅槃吧？

答："有"尚且不是涅槃，更何况是"无"呢？涅槃没有"有"，哪里应当有"无"呢？

假若"有"不是涅槃，"无"怎能是涅槃呢？为什么呢？因为"有"而有"无"，假若没有"有"，怎能会有"无"呢？如佛经说先有今无则称为"无"，涅槃则不是这样。为什么呢？因为涅槃不是实有的事物变为"无"的，所以"无"也不可作涅槃。

原典

复次，若无是涅槃，云何名不受？

　　未曾有不受，而名为无法。①

若谓无是涅槃，经则不应说不受名涅槃。何以故？无有不受而名无法，是故知涅槃非无。

注释

① 上偈说明受着非有，本偈说明受着非无。

译文

而且，假若"无"是涅槃，为什么称不受是涅槃呢？从来就不曾有过把不受称为"无"法的。

假若认为"无"是涅槃，佛经就不应当说不受名为涅槃。为什么呢？从来就没有不受称为无法，由此可知，涅槃不是"无"。

原典

问曰：若涅槃非有非无①者，何等是涅槃②？

答曰：受诸因缘故③，轮转生死中。

不受诸因缘，是名为涅槃。

不如实知颠倒故，因五受阴④往来生死，如实知颠倒故，则不复⑤因五受阴往来生死，无性五阴不复相续故，说名涅槃。

注释

① **若涅槃非有非无**：论主为什么要首先破除有和无呢？因为有、无是众见之根，障正观之本，此病难破，所以要分二门进行破斥。小乘人认为无三有（即三界）是涅槃，外道主张三有为涅槃。破除了有和无，就破斥了小乘和外道。

② **何等是涅槃**：此问有六意：（一）外道主张三有不是涅槃，佛教认为灭三有也不是涅槃，除此以外，什么是涅槃呢？（二）今日妙有昔日断无，除此之外，什么是涅槃呢？（三）有所得大乘人听说有、无都不是涅槃，认为这是破坏了真谛，由此推论世谛不应有；（四）这是外难内，若有、无俱非，便是方广；（五）有、无俱非，行道安心，置于何处呢？出家何所求呢？（六）粗有妙有，二有俱非，二无又非，什么是涅槃呢？

③ **受诸因缘故**，《藏要》本校注称："番、梵颂云：即彼流转体，依因所作者，非依因作时，说彼为涅槃。"

④ **五受阴**：即忧、喜、苦、乐、舍五种感受。

⑤ 复，《碛砂藏》本此字下原衍"受"字，《藏要》本据《高丽藏》本和藏译本删。

译文

问：假若涅槃不是有，也不是无，究竟什么是涅槃呢？

答：接受各种因缘的生死，轮回流转在生死苦海中。不执受取着各种因缘者，这就称为涅槃。

因为不如实了知错误颠倒，使五受阴往来于生死苦海中。假若如实知道错误颠倒，就不再受此五受阴往来生死之苦，因为没有自性的五阴不再相续，所以称为涅槃。

原典

复次，如佛经[①]中说，断有断非有。

是故知涅槃，非有亦非无。

有名三有，非有名三有断灭，佛说断此二事故，当知涅槃非有亦非无。

注释

① 佛经：经是梵文 Sūtra 的意译，音译修多罗，广义的佛经是指经、律、论三藏佛教经典，狭义的佛经是指三藏中的经藏。

译文

而且,如佛经中所说,断除有,并断除非有。由此可知,涅槃是非有非无的。

"有"名为三有,"非有"称为三有断灭,因为佛说过断除有、非有二者,由此应当知道,涅槃是非有非无的。

原典

问曰:若有若无非涅槃者,今有、无共合是涅槃①耶?

答曰:若谓于有无,合为涅槃者,

有无即解脱,是事则不然。②

若谓有、无合为涅槃者,即有、无二事合为解脱,是事不然。何以故?有、无二事相违,云何一处有?

注释

①**有、无共合是涅槃**:犊子部认为涅槃离根境和合执取的痛苦,仍有生死寂灭的乐受。有寂灭乐是"有",离执受苦是"无"。真常论者认为空有二义:(一)空,即空却一切戏论妄见;(二)不空,是常住真实不变的,真常不变是妙有,空却戏论妄见是无。

②本颂有四意：（一）缚时无解，脱时无缚，"有"时没有"无"；"无"时没有"有"。不应当以有、无共合而为涅槃；（二）佛经说涅槃名为解脱，即脱于有、无，怎能以有、无为解脱呢；（三）如果以有、无为解脱，也应当以有、无为系缚；（四）涅槃是解脱异名，而解脱正是无累，并不是有、无义，不应当以解脱为"无"。

译文

问：假若有、无都不是涅槃，现在有、无和合在一起就是涅槃吧？

答：假若认为有、无和合是涅槃，有、无和合就是解脱，这是不可能的。

假若认为有、无和合是涅槃，即亦有亦无二事和合为解脱，这是不可能的。为什么呢？因为有、无二事互相违逆，怎能共同存在于一处呢？

原典

复次，若谓于有无，合为涅槃者。
涅槃非无受，是二从受生。

若有、无合为涅槃者,经不应说涅槃名无受。何以故?有、无二事从受生,相因而有①,是故有、无二事不得合为涅槃。

注释

① **相因而有**:有、无相因待而成立,因"有"而有"无",因"无"而有"有"。"有""无"二者都不能独立存在。

译文

而且,如果认为"有"和"无"和合在一起是涅槃,涅槃就不是无受了,因为"有"和"无"二法是从受产生的。

如果"有"和"无"和合在一起是涅槃,佛经就不应当说涅槃称为无受。为什么呢?因为"有"和"无"二事是从受产生的,"有"和"无"相因待而有,所以说"有"和"无"二事不能和合在一起称为涅槃。

原典

复次,有无共合成,云何名涅槃?

涅槃名无为,有无是有为。[1]

有、无二事共合不得名涅槃,涅槃名无为,有、无是有为,是故有、无非是涅槃。

注释

[1] 本颂的意思是说:如果有、无共同和合在一起称为涅槃,就是以有为法为涅槃,因为"有"有生、住、异三大特征,"无"就是灭。所以有、无和合在一起有生、住、异、灭四大特征。而且,涅槃是无为法,如果以有、无和合体为涅槃,就是以有为法作无为法。

译文

而且,有、无共同和合而成的,怎么称为涅槃呢?应当知道,涅槃是无为法,有、无是有为法。

有、无二事共同和合在一起,不能称为涅槃,涅槃是无为法,有、无是有为法,所以说有、无不是涅槃。

原典

复次①，有无二事共，云何是涅槃？
是二不同处②，如明暗不俱。

有、无二事不得名涅槃。何以故？有、无相违，一处不可得，如明、暗不俱，是故有时无"无"，无时无"有"，云何有、无共合而名为涅槃

注释

① 复次，《藏要》本校注称："《无畏》云：下颂答他执有有、无二法是为涅槃。"

② **是二不同处**：外人认为有、无不是矛盾，而是综合，一部分是有，一部分是无，有、无的综合是涅槃。中国佛教的圆融论者认为，有就是无，无就是有，有、无是统一的。中观认为差别的综合、并行的统一都是戏论涅槃。

译文

而且，有、无二事共同和合在一起，怎能是涅槃呢？有、无二法不能共同在同一处所，如光明和黑暗不

能共同在一起一样。

有、无二事不能称为涅槃。为什么呢？因为有、无互相违逆，不能在同一处所，如光明和黑暗不能共同在一起一样，所以说"有"存在的时候没有"无"，"无"存在的时候没有"有"，怎能说有、无共同和合在一起称为涅槃呢？

原典

问曰：若有、无共合非涅槃者，今非有、非无应是涅槃①。

答曰②：若非有非无③，名之为涅槃，
　　　　此非有非无④，以何而分别⑤？

若涅槃非有、非无者，此非有、非无因何而分别？是故非有、非无是涅槃者，是事不然。

注释

① 非有、非无应是涅槃：坚持这种主张的有三家：（一）中假师以非有非无是涅槃，认为涅槃出二谛之外，此称非有非无；（二）地论师认为法界体非有非无；（三）摄论师认为无住涅槃是非有非无。

②答曰,《藏要》本校注称:"《无畏》此下原接第十六颂,下云复次,乃出第十五颂。"

③若非有非无,《藏要》本校注,藏译《中论本颂本》、藏译《无畏论》、藏译《佛护论》、汉译《中观释论》、汉译《般若灯论》、梵本月称著《中论疏》所牒之颂本,以下二颂皆互倒,今译改文。

④非无,原误为"无非",径改。

⑤以何而分别:非有无是愚痴论,如世间愚人,不知分别好丑善恶,故云"以何而分别"。

译文

问:假若有、无共同和合在一起不是涅槃,现今非有非无应当是涅槃。

答:假若非有非无称之为涅槃,这种非有非无以何而分别呢?

假若涅槃非有非无,这种非有非无因何而分别呢?所以说非有非无是涅槃,这是不对的。

原典

复次,分别非有无①,如是名涅槃。

若有无成者，非有非无成。

汝分别非有、非无是涅槃者，是事不然。何以故？若有、无成者，然后非有、非无成。有相违名无，无相违名有，是有、无第三句中已破[2]。有、无无故，云何有非有、非无？是故涅槃非非有非非无。

注释

① **分别非有无**：因为前文的有、无，才有非有非无，这就是"分别非有无"。

② **是有、无第三句中已破**：第一句有，第二句无，第三句亦有亦无，第四句非有非无。参见第二十七品《观邪见品》。

译文

而且，假若分别非有非无，认为这就是涅槃。如果亦有亦无能够成立，非有非无才能成立。

你分别非有非无是涅槃，这是不对的。为什么呢？假若亦有亦无可以成立，然后非有非无才能成立。与"有"相违背的称为"无"，与"无"相违背的称为"有"，这种亦有亦无已经在第三句中破除过了。因为亦有亦无是不可成立的,怎能说非有非无可以成立呢?所以说涅槃不是非有非无。

原典

复次①,如来②灭度后,不言有与无③,
亦不言有无,非有及非无。
如来现在时,不言有与无,
亦不言有无,非有及非无。④

若如来灭后若现在,有如来亦不受,无如来亦不受,亦有如来亦无如来亦不受,非有如来非无如来亦不受,以不受故,不应分别涅槃有、无等。离如来谁当得涅槃?何时、何处以何法说涅槃?是故一切时、一切种求涅槃相不可得。

注释

① 复次,《藏要》本校注称:"《无畏》问曰:然则如何?颂答。"

② **如来**:梵文 Tathāgata 的意译,音译多陀阿伽陀,佛的十号之一,"如"即真如,是佛所讲的绝对真理。如来意谓循此真如,达到成佛的觉悟。

③外道曾向佛陀提出十四个问题，佛认为没有这样的事实，所以默而不答，所以把这十四个问题称为十四无记或十四难。其中有这样四个问题：如来死后去？如来死后不去？如来死后亦去亦不去？如来死后非去非不去？这就是有、无、亦有亦无、非有非无。

④以上二颂是就人破涅槃，以能证之人说明所证之法，能证之人既非四句，所证之法也是这样。

译文

而且，如来灭度后的无余涅槃，不能说是有和无，也不能说亦有亦无、非有非无。

如来在世时的有余涅槃，不能说有和无，也不能说亦有亦无、非有非无。

不管是如来灭度后还是在世时，有如来也不受，无如来也不受，亦有如来亦无如来也不受，非有如来非无如来也不受。因为如来一切不受，所以不应当分别涅槃为有、无等。为什么呢？因为如来无异于涅槃，离如来以外，谁应当得涅槃呢？在什么时候？什么处所？以何教法说涅槃呢？应当知道，如来就是涅槃，如来相不可得，所以于一切时中一切种中求涅槃相也不可得。

原典

复次，涅槃与世间[①]，无有少分别，

　　世间与涅槃，亦无少分别[②]。

五阴相续往来因缘故，说名世间，五阴性毕竟空，无受寂灭，此义先已说。以一切法不生不灭故，世间与涅槃无有分别，涅槃与世间亦无分别。

注释

[①] 涅槃与世间，《藏要》本校注称："四本（藏译《中论本颂本》、宋译安慧《中观释论》、唐译清辨著《般若灯论》、梵本月称著《中论疏》）此颂皆一、二句互倒，吉藏疏卷一、卷二十四引此文亦先云世间与涅槃，疑今刻本误。"

[②] **亦无少分别**：大小内外有所得人，听说涅槃高出百非之表，就认为生死在四句之中，所以现在说明生死就是涅槃，只有这样才能认识生死正义，从第一品《观因缘品》至第二十一品《观成坏品》求世间四句不可得；从第二十二品《观如来品》至第二十五品《观涅槃品》求出世间法四句不可得，既然世间和出世间都是四句不可得，所以世间与出世间不二。

译文

而且，涅槃与世间没有一点分别，世间与涅槃也没有一点分别。

由于五阴身相续往来因缘，所以称为世间，由于五阴本性毕竟空，无受寂灭，这个意思先前已经说过了。因为一切世间法与出世间法都是不生不灭，所以世间与涅槃没有分别，涅槃与世间也没有分别。

原典

复次，涅槃之实际①，及与世间际，

如是二际者，无毫厘差别②。

究竟推求，世间、涅槃、实际、无生际③，以平等不可得故，无毫厘差别。

注释

① **涅槃之实际**：《藏要》本校注称："番、梵云：若是涅槃际，彼即流转际。吉藏疏卷一引此文云：生死之实际及与涅槃际。与今刻异。"实际，真如法性是诸际之极，所以称为实际。而且，极真如之实理，至于其

穷极，所以称为实际。实际之性没有戏论。

② **无毫厘差别**：外人认为，从无间地狱至大乘金刚心是无常行苦位，金刚后心是常乐位，所以涅槃、世间二际永远是有差别的。为了泯除这二见，所以说不二。

③ 世间、涅槃、实际、无生际，《藏要》本校注称："《无畏》原云：乃至究竟边际不可得，皆平等故。"

译文

而且，涅槃之实际，与世间的实际，在这涅槃、世间二种实际当中，没有毫厘差别。

进行究竟推求，世间与涅槃的实际，以及无生灭的实际，都是平等而不可得的，所以没有毫厘差别。

原典

复次，灭后有无等①，有边等②常等③，
　　诸见依涅槃，未来过去世。
如来灭后有如来、无如来、亦有如来亦无如来、非有如来非无如来。世间有边、世间无边、世间亦有边亦无边、世间非有边非无边。世间常、世间无常、世间亦常亦无常、世间非有常非无常。

此三种十二见，如来灭后有、无等四见依涅槃起，世间有边、无边等四见依未来世起，世间常、无常等四见依过去世起。如来灭后有、无等不可得，涅槃亦如是，如世间前际④、后际⑤、有边、无边、有常、无常等不可得，涅槃亦如是，是故说世间、涅槃等无有异。

注释

① **灭后有无等**：即如来灭后有如来、如来灭后无如来、如来灭后亦有如来亦无如来、如来灭后非有如来非无如来。

② **有边等**：我及世间有边、我及世间无边、我及世间亦有边亦无边、我及世间非有边非无边。

③ **常等**：我及世间常、我及世间无常、我及世间亦常亦无常、我及世间非常非无常。

④ **前际**：即过去世或前世。

⑤ **后际**：即未来世或来世。

译文

而且，如来灭后有、无等，世间有边等，世间常等各种见解，是分别依涅槃、未来世和过去世而生起的戏论。

如来灭后有如来、如来灭后无如来、如来灭后亦有如来亦无如来、如来灭后非有如来非无如来。世间有边、世间无边、世间亦有边亦无边、世间非有边非无边。世间常、世间无常、世间亦常亦无常、世间非有常非无常。

这三种共十二邪见，如来灭后有、无等四种邪见是依涅槃而生起，世间有边、无边等四种邪见是依未来世生起，世间常、无常等四种邪见是依过去世生起。如来灭后有、无等皆不可得，涅槃也是这样，如世间前际、后际、有边、无边、有常、无常等，都不可得，涅槃也是这样不可得，所以说世间、涅槃等没有差别。

原典

复次①，一切法空故，何有边无边，

亦边亦无边，非有非无边？

何者为一异？何有常无常，

亦常亦无常，非常非无常？

诸法不可得，灭一切戏论②，

无人亦无处，佛亦无所说。

一切法③、一切时④、一切种⑤从众缘生故，毕竟空故，无自性。如是法中，何者是有边？谁为有边？何者是无边、亦有边亦无边、非有边非无边？谁为非有边非无边？何者是常？谁为有常？何者是无常、常无常、非常非无常？谁为非常非无常？何者身即是神？何者身异于神？如是等六十二邪见⑥于毕竟空中皆不可得，诸有所得皆息，戏论皆灭，戏论灭故，通达诸法实相，得安隐道。

从《因缘品》来分别推求诸法，有亦无，无亦无，有无亦无，非有非无亦无，是名诸法实相，亦名如、法性、实际、涅槃。是故⑦如来无时、无处为人说涅槃定相，是故说诸有所得皆息，戏论皆灭。

注释

①复次，《藏要》本校注称："《无畏》云：此中颂曰。"

②灭一切戏论，《藏要》本校注称："番、梵云：灭戏论而寂。有二义，与论初颂同。"

③**一切法**：即生死和涅槃。

④**一切时**：即过去世、现在世、未来世。

⑤**一切种**：智慧门称为种，因为观门无量，所以称为一切种。

⑥**六十二邪见**：佛教经典中说法不一致，《大品般

若经·佛母品》开十四难而为六十二见色为常、色为无常、色为常无常、色为非常非无常。受等四蕴也是这样，共二十句。色有边、色无边、色有边无边、色非有边非无边。其他四蕴也是这样，共二十句。色有如去、色有不如去、色有如去不如去、色非如去不如去。其他四蕴也是这样，共二十句。再加身与神一、身与神异二句，共六十二句。

⑦是故，原文误写为"是法"，径改。

译文

而且，因为一切事物都是毕竟性空，哪里还有什么边、无边、亦有边亦无边、非有边非无边呢？

还有什么是一、是异呢？还有什么是常、无常、亦常亦无常、非有常非无常呢？

在一切事物不可得的毕竟性空中，灭除了一切戏论，没有能证的人，也没有所到达的处所，佛也没有所说的教法。

一切事物、一切时间、一切种，都是从各种条件和合而产生，毕竟性空，没有自性。在这样的事物当中，什么是有边呢？谁为有边呢？什么是无边、亦有边亦无边、非有边非无边呢？谁为非有边非无边呢？什么是常呢？谁为有常呢？什么是无常、亦常亦无常、非常非无常呢？谁为非常非无常呢？什么身就是神呢？什么身异于神呢？这样的六十二种邪见，在毕竟性空中都不可得，各种有所得都要熄灭，各种戏论也都要熄灭。因为戏论都灭除了，所以能够通达各种事物的实相，获得安隐之道。

从第一品《观因缘品》以来，对各种事物进行分别推求，"有"也是无，"无"也是无，亦有亦无也是无，非有非无也是无，这就是各种事物的实相，又称为真如、法性、实际、涅槃，所以说如来未曾在任何时间、任何处所为人演说涅槃的寂定相，所以各种有所得都要熄灭，各种戏论都要熄灭。

观十二因缘品第二十六

原典

观十二因缘品[①] **第二十六**

问曰：汝以摩诃衍说第一义道[②]，我今欲闻说声闻法入第一义道[③]。

答曰：众生痴所覆，为[④]后起三行[⑤]。

以起是行故,随行入六趣⑥。

以诸行因缘,识受六道身。

以有识着故,增长于名色。

名色增长故,因而生六入。

情尘识和合⑦,以生于六触⑧。

因于六触故,即生于三受⑨。

以因三受故⑩,而生于渴爱⑪。

因爱有四取⑫,因取故有有。

若取者不取,则解脱无有。

从有而有生⑬,从生有老死。

从老死故有,忧悲诸苦恼。

如是等诸事,皆从生而有。

但以是因缘,而集大苦阴⑭。

是谓为生死,诸行之根本。

无明者所造,智者所不为⑮。

以是事灭故,是事则不生。

但是苦阴聚,如是而正灭。

凡夫为无明所盲故⑯,以身、口、意业为后起身起六趣诸行。随所起行⑰有上、中、下,识入六趣随行受身。以识着因缘,故有名色集,名色集故有六入,六入因缘故有六触。六触因缘故有三受,三受因缘故生渴爱,渴爱因缘故有四取。四取取时以身、口、意业起罪、福，令后三有相续。从有而有生，从生而有老死，从老死有忧悲苦恼种种众患，但有大苦阴集。

是故知凡夫无智，起此生死诸行根本，智者所不起。以如实见故，则无明灭。无明灭故诸行亦灭，以因灭故果亦灭。如是修习观十二因缘生灭智故，是事灭。是事灭故，乃至生老死忧悲大苦阴皆如实正灭，正灭者毕竟灭。是十二因缘生灭义如阿毗昙⑱、修多罗⑲中广说。

注释

①观十二因缘品，《藏要》本校注称："番、梵作《十二有支品》，《释》（宋译安慧著《中观释论》）作《观梦幻品》，《灯》（唐译清辨著《般若灯论》）作《观世谛缘起品》。

②汝以摩诃衍说第一义道，《藏要》本校注称："《无畏》原云：汝已说依大乘教入胜义，与下文相对，又以下分段解颂，今译总略。"摩诃衍，梵文Mahāyāna的音译，意译为大乘。

③说声闻法入第一义道：犊子部未入观时即有我，若入真观使不见我，所以以无我为第一义；说一切有部本来不执我，入观之时即知无我；成实师入于真空，即

知无我无法。这三种小乘人入第一义有深浅，若望大乘第一义，这三种小乘人只得其很少的一部分。

④ 为，《藏要》本校注称："番、梵作有故。"

⑤ **三行**：亦称三业：身业、口业、意业，也可以解释为罪、福、不动三业，造罪业堕三恶道（畜生、地狱、饿鬼），造福业和不动业生天、人、阿修罗三善道。

⑥ **随行入六趣**：《藏要》本校注称："番、梵云：随业往诸趣。"六趣，亦称六道，有情众生由于前生的善恶行为，有六种转生形式，即地狱、饿鬼、畜生、阿修罗（Asura，恶神）、人、天。

⑦ 情尘识和合，《藏要》本校注称："番、梵云：依于六处故。"

⑧ 六触：即眼触、耳触、鼻触、舌触、身触、意触。

⑨ 即生于三受，《藏要》本校注称："四本（西藏译《中论本颂本》、宋译安慧著《中观释论》、唐译清辨著《般若灯论》、梵本月称著《中论疏》）以下皆有一颂半云：以眼色作意为依而得生，如是名与色为依而生识，眼、色以及识三和合为触，今译脱落。"

⑩ 以因三受故，《藏要》本校注称："番、梵此颂作一颂半云：受缘有爱者为受而成爱，有爱则有取而为四种取，有取则取者有亦得生起，《释》（宋译安慧著《中观释论》）、《灯》（唐译清辨著《般若灯论》）大同，

今译脱略。"

⑪ **渴爱**：有情众生爱着于五欲，如渴而爱水，爱有三种：欲爱、色爱、无色爱，与欲界、色界、无色界相对应。

⑫ **四取**：即欲取、见取、戒禁取、我语取。对于各种欲望有所欲贪，称为欲取。取着于身见、边见等错误见解，称为见取。戒禁取亦称戒取见，此见有二：（一）执非因为因，如以大自在天为生因；（二）执非道为道，如认为拜鸡狗可以生天。这是外道的两种见解。我语取是执着种种我见之言语。

⑬ 从有而有生，《藏要》本校注称："番、梵此下一颂半云：有复是五蕴，从有而有生，老死及忧愁悲伤及苦痛意、不乐扰乱，是皆从生起。"

⑭ **苦阴**：亦称苦蕴，即阴、界、入和合而成的身心。

⑮ 智者所不为，《藏要》本校注称："四本（西藏译《中论本颂本》、宋译安慧著《中观释论》、唐译清辨著《般若灯论》、梵本月称著《中论疏》）此下皆有一颂云：无明若灭者则诸行不起，即此灭无明智者所修习，与下释文相合，今译脱略。"

⑯ 凡夫为无明所盲故，《藏要》本校注称："上文原有十二颂，《无畏》分段牒释，今译颂既脱略，释亦从删，对勘可知。"

⑰ 随所起行，《藏要》本校注称："《无畏》原作善、不善业。"

⑱ **阿毗昙**：梵文 Abhidharma 的音译，意译为论，即佛教经典中的论藏。

⑲ **修多罗**：梵文 Sutra 的音译，意译为经，即佛教经典中的经藏。

译文

问：你已经以大乘佛法演说了第一义之道，现今我想听闻演说小乘声闻佛法而入第一义之道。

答：有情众生被愚痴所遮覆，为以后的生命体生起三种业行为，随着所造诸行的不同而入于六趣当中。

因为各种行为的因缘，使识接受六道根身。由于这识着，就渐渐地增长名色。

由于名色增长，因而产生六根。根、境、识和合，便产生六触。

因为六触，便产生三受。因为三受，便产生渴爱。

因为渴爱而有四取，因为四取而有三有。假若能够使取者不取，就可以得到解脱，就没有在三有的轮回相续了。

从三有而有新生命的产生，从生而有老死，从老死而有忧愁、悲痛等各种烦恼。

老死、忧愁、悲痛等各种烦恼事实，都是从生而有。只是由于这十二支的因缘，聚集而成大的苦阴身心。

上文所说的缘起流转，就是所谓的生死，是一切生命相续的根本。这所有的一切都是无明者所造作，是一切智者所不为的。

由于无明之事灭除，这十二因缘的轮回之事就不再产生了。但是因缘和合而生的苦阴聚集身心，凡夫依此能够如是灭除，智者当然也能得到正确认识而消灭之。

凡夫因为被无明所蒙蔽，以身、口、意三业为后起身心生起于六趣而生各种行为，随所起的行为而有上、中、下，识入六趣随从业行而受根身。由于识执之因缘，即有名色聚集，由于名色聚集而有六根，由于六根因缘而有六触，由于六触因缘而有三受，由于三受因缘而生渴爱，由于渴爱因缘而有四取，四取取着时就以身、口、意三业生起罪、福，使之以后在三有中相续不息，从三有而有生，从生而有老死，从老死而有忧愁、悲痛等各种祸患，形成大的苦阴聚集而成的身心。

由此而知，凡夫没有智慧，这是生起这生死诸行的根本，是为智者所不起的。因为智者能够如实正见，就使无明灭除，因为无明灭除了，诸行也就灭除了，因为因灭除了，果也就灭除了。如此，则凡夫假若能够修习观十二因缘，初生即灭而生智慧，也能使这种无明等轮回相续灭除，乃至生与老死及忧愁、悲伤等大的苦阴身心，都如实而灭，如实正灭就是毕竟灭尽，不生烦恼。这种十二因缘的生灭广义，如论和经中所详细解说，都是小乘声闻人入第一义之道。

观邪见品第二十七

原典

观邪见品① 第二十七

问曰②：已闻大乘法破邪见③，今欲闻声闻法破邪见。

答曰：我于过去世，为有为是无，
　　　　世间常等见，皆依过去世。④

注释

① 观邪见品，西藏译《中论本颂本》、梵本月称著《中论疏》、宋译安慧著《中观释论》皆作《观诸见品》。

② 问曰，《藏要》本校注称："《无畏》问曰：愿汝依声闻相应契经说诸见相不成。月称云：此释观缘起不

依前后际也，我过去有无四见及世间常等四见，此八依前际，余八依后际例知。"

③ **邪见**：凡是错误的见解，都是邪见，如我见、法见、边见等。

④ 本颂的意思是说：现在之"我"于过去世为已有呢，还是未有呢？假若现在世之"我"本来已有，则仍是本我，这就是常见。假若现在世之"我"不是过去本我，今世始生，这就是断见。

译文

问：已经听闻大乘教法破除邪见，现在我想听闻小乘声闻教法破除邪见。

答："我"于过去世是有是无，就是世间常等邪见，都是依过去世而生起。

原典

　　　　我于未来世，为作为无作①，
　　　　有边等诸见②，皆依未来世。

"我"于过去世为有、为无、为有无、为非有非无，即名常等诸见③，依过去世。"我"于未来世为作、为不作、为作不作、为非作非不作，是名边、无边等诸邪见④，依未来世。如是等诸邪见。

注释

① **为作为无作**："作"是说现在的"我"造作生死，起生死法，延续到后世。现在的"我"假若不作生死，不起生死法，不延续到后世。有与无是体，作与不作是用。

② **有边等诸见**：未来世之"我"为不作，假若再作，则始终不异，这就是无边。假若不再作，则与身俱尽，这就是有边。

③ 名常等诸见，《藏要》本校注称："《无畏》意谓即此等为因，而有世间常等见。"

④ 名边、无边等诸邪见，《藏要》本校注称："《无畏》意谓即此等为因，而有世间有边等见。"

译文

现在世的"我"，对于未来世来说，为作、为无作，就会生起有边等各种邪见。

今世的"我"于过去世中为有、为无、为亦有亦无、为非有非无，这就称为"常"等各种邪见，都是依过去世而生起。今世的"我"于未来世中为作、为不作、为亦作亦不作、为非作非不作，这就称为边、无边等各种邪见，是依未来世而生起。如是等类就是各种邪见。

原典

何因缘故名为邪见[①]？是事今当说：

过去世有我[②]，是事不可得[③]。
过去世中我，不作今日我。
若谓我即是，而身[④]有异相。
若当离于身，何处别有我？
离身无有我，是事为已成[⑤]。
若谓身即我，若都无有我[⑥]。
但身不为我，身相生灭故。
云何当以受，而作于受者。
若离身有我，是事则不然。
无受而有我，而实不可得。
今我不离受，亦不当是受。
非无受非无[⑦]，此即决定义[⑧]。

注释

①何因缘故名为邪见,《藏要》本校注称:"《无畏》原作何故不成。"

②过去世有我,《藏要》本校注称:"番、梵颂云:过去世已起,是说则不成。前时诸所起,非即彼为此。今译取意为文。"

③**是事不可得**:过去世本有今世之"我",是说"我"遍五道通三世,这是不可能的,故称"不可得"。

④身,《藏要》本校注称:"番、梵作受者,此下'身'字皆同。"

⑤**是事为已成**:此破小乘佛教犊子部。

⑥若都无有我,《藏要》本校注称:"番、梵云:汝执我则无,意谓以受者为我,则失此我也。"

⑦非无受非无,《藏要》本校注称:"番、梵云:我亦非无受,无性亦不定。《无畏》释云:亦非决定,何者为无也。今译文倒。"

⑧**此即决定义**:意谓非即非离,非有非无,这是小乘佛教的决定义。

译文

由于什么因缘而说为邪见呢？对于这个问题现在应当详细解说。

假若说过去世中有现在世的"我"，这是不对的。过去世中的"我"，不能作今日的"我"。

假若认为"我"是同一个，但其身体有变动。假若当真的离开身体的时候，什么地方另有我呢？

离开五蕴身以外，没有自我，此事前文已经成立。假若认为五蕴身就是"我"，就等于说离开身体以外，根本没有"我"。

但其身体不就是"我"，因为身相是有生灭变化的。怎能以五蕴的受法当作受者的"我"呢？

假若说离开身体以外另有"我"，这事也是不对的。因为没有五蕴受法而说有受者的"我"，这种受者"我"实际上是不存在的。

现今的"我"离不开五蕴身的受，因为"我"不离受，所以说不只是受。并不是没有受，也不是没有"我"，这就是小乘佛教的因果决定义。

原典

我于过去世有者，是事则不然。何以故？先世中我不即作今我①，有常过故。若常则有无量过。何以故？如人修福因缘故，作天然后作人，若先世我即是今世我者，天即是人。又人以罪业因缘故作旃陀罗②，后作婆罗门③，若先世我即是今我者，旃陀罗即是婆罗门。

譬如舍卫国④婆罗门名提达⑤，到王舍城⑥亦名提达，不以至王舍城故为异，若先为天后作人，则天即是人，旃陀罗即是婆罗门，但是事不然。何以故？天不即是人，旃陀罗不即是婆罗门，有此等常过故。

注释

① 先世中我不即作今我，《藏要》本校注称："《无畏》以下释文略衍颂意，辞句甚简，今全异。"

② **旃陀罗**：梵文 Śūdra 的音译，另译首陀罗，印度的最低种姓，相传是从梵天的脚生出的，终生为奴，为婆罗门、刹帝利、吠舍三大种姓服务，没有资格加入婆罗门教。

③ **婆罗门**：梵文 Brāhmaṇa 的音译，印度的第一种姓，相传是从梵天的口生出的，是执掌宗教事务的贵族。

④ **舍卫国**：梵文 Śrāvastī 的音译，另译室罗伐底，古印度一王国国名，原为憍萨罗国的首都，为了与另一个憍萨罗国相区别，乃以城名代替国名。位于今印度西北部拉普地河南岸。波斯匿王曾在此居住，相传释迦牟尼在此安居二十五个雨季，给孤独长者把祇园精舍施舍给他。

⑤ **提达**：梵文 Devadatta 的音译，意译天授，佛陀释迦牟尼叔父斛饭王之子，阿难之兄，原为释迦牟尼的弟子，后因主张"五法"与之分裂：（一）僧人终生穿粪扫衣；（二）终生以乞食为生；（三）终生每天中午吃一顿饭；（四）终生露宿地坐；（五）终生不食一切鱼肉血味、盐、酥乳等。

⑥ **王舍城**：梵文 Rājagṛha 的意译，古印度摩揭陀国的首都，位于今印度比哈尔邦的底赖雅（Tilayā）附近。周围有灵鹫山等五山，是释迦牟尼佛传教的中心地之一，有十八座佛教寺院和释迦牟尼佛居住的竹林精舍，相传第一次佛教结集在此举行。

译文

如果认为过去世中有"我"，这是不对的。为什么呢？先世中的"我"不能作今世的"我"，因为这样有"常"之过。假若是"常"，就有无量过失。为什么呢？

比如人因修福田因缘，就可以先作天神后作人，假若先世"我"就是今世"我"，天神就是人。又如人因造罪的缘故而作旃陀罗，后作婆罗门，假若先世"我"就是今世"我"，旃陀罗就是婆罗门。

譬如舍卫国有个婆罗门叫提达，到王舍城后仍然称为提达，并不因为他到王舍城而变为另一个人，假若先作天神后作人，先作旃陀罗后作婆罗门，则天神就是人，旃陀罗就是婆罗门，但是实际上并非如此。为什么呢？天神不就是人，旃陀罗不就是婆罗门，因为这样就会堕于"常"过。

原典

若谓先世我不作今我，如人浣衣时名为浣者，刈时名刈者，而浣者与刈者虽不异，而浣者不即是刈者。如是我受天身名为天，我受人身名为人，我不异而身有异者，是事不然。何以故？

若即是①者，不应言天作人，今浣者于刈者为异，为不异？若不异，浣者应即是刈者，如是先世天即是人，旃陀罗即是婆罗门者，我亦有常过。若异者，浣者即不作刈者，如是天不作人，我亦无常，无常则无我相，是故不得言即是。

注释

① 是，《碛砂藏》本此字下原衍"人"字，《藏要》本根据《高丽藏》本删。

译文

假若认为先世之"我"，似乎不作今世之"我"，但是外异，内实不异，比如人在洗衣的时候称为洗者，割东西的时候称为割者，洗者与割者虽然不同，但是洗者和割者是同一个人。这样，当"我"接受天神之身的时候，就称为天神，当"我"接受人身的时候就称为人，"我"没有不同，但身有不同，这是不对的。为什么呢？

假若作天神的"我"就是作人的"我"，应当说"我"作天神，"我"作人，不应当说天神作人。现今除洗者、割者以外，没有另外的人，请问：洗者对于割者来说究竟是别异呢，还是非别异呢？如果说不异，洗者应当就是割者，如此看来，先世的天神就是今世的人，先世的旃陀罗就是今世的婆罗门，"我"仍然有"常"之过。假若说洗者、割者二者相异，洗者不就是割者，如此看来，天神不作人，旃陀罗不作婆罗门，"我"就有无常之过，无常没有我相，所以不能说"就是"或"不是"。

原典

问曰：我即是，但因受故，分别是天是人，受名五阴身，以业因缘故，分别是天、是人、是旃陀罗、是婆罗门，而我实非天、非人、非旃陀罗、非婆罗门，是故无如是过。

答曰：是事不然。何以故？若身作天、作人、作旃陀罗、作婆罗门非是我者，则离身别有我，今罪福生死往来皆是身非是我。罪因缘故，堕三恶道①；福因缘故，生三善道②。若苦、乐、瞋、喜、忧、怖等皆是身非我者，何用"我"为？如治俗人罪，不预出家③人。五阴因缘相续，罪福不失，故有解脱。若皆是身非我者，何用"我"为？

注释

① 三恶道：即六道中的畜生、饿鬼、地狱。因为此三是行恶者所趣之道，故称恶道。

② 三善道：即六道中的天、人、阿修罗，因为这

是行善者所趣之道，所以称为善道。

③ **出家**：梵文 Pravrajana 的意译，原为婆罗门教的一种遁世制度，后被佛教沿用，指离家到寺院作僧尼。

译文

问：我即是一，但因受身不一，所以分别是天是人，受身称为五蕴身，因为有业因缘，分别是天、是人、是旃陀罗、是婆罗门，但是"我"实际上不是天神、不是人、不是旃陀罗、不是婆罗门，所以有这样的过失。

答：此事并非如此。为什么呢？假若五蕴身作天神、作人、作旃陀罗、作婆罗门，而不是"我"，就是离身以外另有"我"，现今因为罪福生死往来，都是五蕴身，并不是"我"。因其罪因缘而堕三恶道，因其福因缘而生三善道，并生苦、乐、瞋、喜、忧、怖等，都是五蕴身，而不是"我"，还用"我"干什么呢？比如对治俗人罪，这与出家人毫无关系。而且，因为五阴因缘续，三世罪福不失，所以有解脱，假若都是五蕴身而不是"我"，还用"我"干什么呢？

原典

问曰：罪、福等依止于我，我有所知，身无所知，故知者应是我。起业因缘罪、福是作法，当知应有作者，作者是我，身是我所用，亦是我所住处。

譬如舍主以草木泥垒等治舍，自我身故，随所用治，舍有好恶。我亦如是，随作善、恶等得好丑身，六道生死皆我所作，是故罪、福之身皆属于我，譬如舍但属舍主，不属他人。

答曰：是喻不然。何以故？舍主有形、有触①、有力②，故能治舍，汝所说我无形、无触，故无作力，自无作力，亦不能使他作。若世间有一法无形、无触能有所作者，我则可信受知有作者，但是事不然。若我是作者，则人不应自作苦事，若是念者，可贪乐事，不应忘失。若我不作苦而苦强生者，余一切皆亦自生，非我所作。

若见者是我，眼能见色，眼应是我。若眼见而非我，则违先言见者是我。若见者是我，我则不应得闻声等诸尘。何以故？眼是见者，不能得闻声等诸尘故，是故我是见者，是事不然。

若谓如刈者用镰刈草，我亦如是，以手等能有所作者，是喻不然。何以故？今离镰别有刈者，而离身心③诸根无别作者。若谓作者虽非眼、耳等所得亦有作者，则石女儿能有所作，如是一切诸根皆应无我。

若谓右眼见物而左眼识，当知别有见者，是事不然。今右手习作左手不能，是故无别作者。若别有作者，右手所习左手亦应能，而实不能，是故更无作者。

复次，有我作者，言见他食果，口中涎出是为我相，是事不然。何以故？是念力故，非是我力。又亦即是破我因缘，人在众中愧于涎出，而涎强出，不得自在，当知无我。

复次，又④有颠倒过罪，先世是父今世为子，是父子我一，但身有异，如从一舍至一舍，父故是父，不以入异舍故便有异，若有我是二应一，如是则有大过。

若谓无我，五阴相续中亦有是过，是事不然。何以故？五阴虽相续，或时有用或时无用，如蒲桃浆持戒者应饮，蒲桃酒不应饮，若变为苦酒还复应饮，五阴相续亦如是，有用有不用。

若始终一我有如是过，五阴相续无如是过，但五阴和合故，假名为我无有决定，如梁、椽和合有舍，离梁、椽无别舍。如是五阴和合故有我，若离五阴实无别我，是故我但有假名，无有定实。

汝先说离受别有受者，以受分别受者是天、是人，是皆不然，当知但有受，无别受者。若谓离受别有我，是事不然，若离受有我，云可得说是我相？若无相可说，则离受无我。若谓离身无我，但身是我，是亦不然。何以故？身有生灭相，我则不尔。

复次，云何以受即名受者？若谓离受有受者，是事亦不然。若不受五阴而有受者，应离五阴别有受者，眼等根可得，而实不可得，是故我不离受，不即是受，亦非无受，亦复非无，此是定义。

注释

① **触**：梵文 Sparśa 的意译，根、境、识三位和合而产生，使心法和心所法感触自己的认识对象，引生受、想、思等心理活动。

② **力**：梵文 Bala 的意译，音译么狮，意谓力用。

③ **身心**：五蕴身的色蕴为身，受、想、行、识四蕴为心。

④ 又，《碛砂藏》本原作"若"，《藏要》本根据《高丽藏》本改。

译文

问：罪、福等依止于"我"，"我"有所知，身无所知，所以有知者应当就是"我"。"我"所起之业因缘罪、福等，都是所作法，应当知道，其中应当有作者，作者就是"我"，身体是"我"所用，也是"我"的住处。

譬如房舍的主人，用草、木、泥、坯等制造房舍，自为身谋，随所宜用，一一修治，所以房舍有好有坏。"我"也是这样，随顺所作善、恶等业，得到好的或坏的身体，在六道中轮回生死，都是"我"所作，所以罪、福之身，都属于"我"，譬如房舍，只属于房主，不属于其他人。

答：这种比喻是不对的。为什么呢？房舍主人有形体，有触觉，有力量，所以能够主持这座房舍，你所说的"我"，没有形体，没有触觉，所以没有做工作的力气，自己没有力气，也不能使其他东西有所造作。假若世间有一种东西没有形体，没有触觉，能有所作，我就可以相信并接受你所说的话，知道身内另有作者。但是，此事并非如此，为什么呢？假若认为另外有"我"是作者、乐者，则人不应当自作苦事，假若认为另有"我"是作思念者，可是，对贪乐事不应当忘失。假若"我"不作苦，只是苦自己产生，则其余的一切都是自己产生，不是"我"所作。

而且，假若作见者是我，则眼能见色，眼应当是

"我",假若眼能作见而不是"我",就与以前说的话相矛盾,作见者是"我"。假若作见者是"我","我"就不应当闻声等,也不能缘取其他各种外境。为什么呢?因为眼是作见者,不是作闻者,不能闻声,也不能缘取其他各种外境,所以说"我"是作见者,这是不对的。

假若认为如割者用镰刀割草一样,"我"也是这样,因为有手等,能有所作,所以另有作者。应当知道,这种比喻是不对的。为什呢?现在的真实情况是,离开镰刀以外,另有割者。但离身心的各种根,没有另外的作者,假若认为作者虽然不是眼、耳等根所得之称,但作者也自有作用者,那么石女儿无根,也能有所作用,由此看来,则一切根中都应当是没有"我"。

假若认为右眼看东西,而左眼识别东西,就应当知道另有作此见者,实际上并非如此,现在右手做的活,左手就不能,由此可见,没有另外的作者。假若另有作者,右手所做的事,左手也应当能做,但实际上是不能做,由此可见没有另外的作者。

而且,假若你一定认为有"我"是作者,说"我"见他人吃水果,口中流涎,此中肯定有"我"相,这是不对的。为什么呢?因为这是忆念的力量,不是"我"的力量。而且,你说的这种话也就是破"我"因缘。为什么呢?人在群众当中,对于流涎感到羞愧,但是涎还是不由自主地流出，得不到自在，由此应当知道没有"我"，所以不由自主。

而且，假若人犯颠倒罪过，前世为父亲，今世为儿子，这种父子之"我"同一，但其身体不同，如从一座房舍到另一座房舍，父仍然是父，不应当因为进入另一座房舍，就变成另外一个人，假若有"我"，这父子二人应当是同一个人，假若如此，则犯极大的过失。

假若你认为经中虽然说无"我"，但有五阴相续，相续就是常相，就是有"我"，所以五阴相续中也有这样的过失，此事并非如此。为什么呢？五阴虽然相续，实际上并不是常相，或者有时候有这样的作用，或者有时候没有这样的作用，前世所能作的，今世或许不能，如葡萄汁，持戒者应当饮，如果变为葡萄酒，就不应当饮，如果又变为苦酒，又应当饮。五阴相续也是这样，有时候具有这种作用，有时候不具有这种作用，和所说的始终有个"我"是不同的。

假若认为始终有个"我"，就要犯这样的过失，五阴相续就没有这样的过失。但是五阴和合，虚假地称为"我"，这是不固定的。比如说梁、椽和合在一起就有房舍，离开梁、椽没有另外的房舍。如此看来，由于五阴和合而有"我"，如果离开五阴，实际上没有另外的"我"，所以说"我"只是假名，没有固定真实的东西。

你原先说过离开所受身，另有受者，认为受者、受身不同，所以分别受者是天、是人，这都不对，应当知道只有受身，没有另外的受者。假若认为离开受身另外有"我"，这是不对的。假若离开所受的五阴身另外有"我"，这种"我"就不是这种五阴，与其他人相同，怎能说是"我"相呢？假若没有"我"相可说，则离所受之身就没有"我"。假若你又认为离身无"我"，但是身是"我"，这也不对。为什么呢？身有生灭相，"我"则不是这样。

而且，受身是外法，受者是内我，怎能从受身即名为受者呢？假若你又认为受身、受者是二，认为离受身而有受者，如前所说，这是不对的。假若不受五阴身而能独有受者，才应当说离开五阴身而另有受者，但是眼等根可得，而受者实际上是不可得的，所以你应当知道"我"不离受身，不等同于受身，也不是没有受身，也不是没有受者，这是肯定无疑的。

原典

是故当知过去世有我者，是事不然。何以故[①]？

过去我不作，是事则不然。

过去世中我，异今亦不然。

若谓有异者，离彼应有今。
我住过去世，而今我自生②。
如是则断灭，失于业果报。
彼作而此受，有如是等过。
先无而今有，此中亦有过。
我则是作法，亦为是无因。

过去世中我不作今我，是事不然。何以故？过去世中我与今我不异，若今我与过去世我异者，应离彼我而有今我。

又过去世我亦应住彼，此身自更生③，若尔者，即堕断边，失诸业果报。又彼人作罪此人受报，有如是等无量过。又是我应先无而今有，是亦有过，我则是作法，亦是无因生，是故过去我不作今我，是事不然。

注释

① 何以故，《藏要》本校注称："《无畏》云：今日颂曰。"

② 而今我自生，《藏要》本校注称："番、梵云：彼不死而生。"

③ 此身自更生，《藏要》本校注称："《无畏》原云：复应彼不死而今此生。"

译文

所以应当知道，认为过去世有"我"，这是不对的。为什么呢？

过去世的"我"，不作今世的"我"，此事并非如此。过去世的"我"不同于今世的"我"，这也不对。

假若说过去世的"我"，不同于今世的"我"，就应该是离彼过去世的"我"，而有今世的"我"。过去世的"我"住于过去世，今世的"我"自己生成。

这样就会堕于断灭，这就失去自己作的业和应受的果报，这就成为彼作而此受，这就有破坏业果等过失。

假若说过去世中原先没有"我"，到今世才有，这样的观点中也有过失。"我"既然是先无今有的所作法，这也就是无因而有了。

过去世的"我"不作今世"我"，此事又是不对的。为什么呢？过去世中的"我"，不同于今世"我"，这样讲也不对，假若是不同，应当是离彼过去世的"我"，而有今世"我"。

而且，过去世中的"我"，也应当住于彼过去世中，"我"今世的这个五阴身自然是再次产生。如果是这样的话，就要堕于断边，丧失各种业的果报。而且，甲犯罪，乙去承受果报，这样的说法，是有如是等无量过失。而且，既然是"我"，应当是先世没有今世忽然而有，这也有过失。为什么呢？如果是今世能够忽然而有，"我"就是所作法，这也是无因而生，所以应当知道过去世的"我"，不作今世"我"，这是不对的。

原典

复次，如过去世中，有我无我见，
　　若共若不共，是事皆不然。①
如是推求，过去世中邪见有、无、亦有亦无、非有非无，是诸邪见先说因缘过故，是皆不然。
　　我于未来世，为作为不作，
　　如是之见者，皆同过去世。
我于未来世中为作为不作，如是四句②如过去世中过咎，应在此中说。

注释

①本颂破亦作亦不作、非作非不作二句。
②如是四句：即作、不作、亦作亦不作、非作非不作。

译文

　　而且，如过去世的有我见和无我见，不管是亦有亦无的共，还是非有非无的共，这些都是不对的。

　　进行这样的推求，过去世的邪见有我、无我、亦有我亦无我、非有我非无我，这些邪见前文已经说过种种因缘，都有过失，都不对。

　　"我"于未来世，是因为现世造作而有未来世的"我"呢？还是不经造作而有未来世的"我"呢？这些邪见中的"我"，都同于过去世而不可得。

　　未来世的"我"，是今世"我"造作的。或不是今世"我"造作的，如此四句，都如过去世的"我"，都有过失，应当在这里首先说明。

原典

　　复次，若天即是人，则堕于常边。

　　　天则为无生①，常法不生故。

　　若天即是人，是则为常。若天不生人中，云何名为人？常法不生故，是故常亦不然。

注释

① 天则为无生：天既然是常法，就遍于五道，通于三世，所以不可能是过去世之天，生现在世之人。

译文

而且，假若天的五蕴身，就是人的五蕴身，这就堕于常边。过去世的天身应当是无生的，因为常法是不生的。

假若天就是人，这就是常法。如果天不变生人中，后世怎能称为人呢？因为常法是不生的，所以说"我"是常也不对。

原典

复次，若天异于人，是即为无常。

若天异人者，是则无相续。①

若天与人异，则为无常，无常则为断灭等过，如先说过。若天与人异，则无相续，若有相续，不得言异。

注释

① 本颂上半说明过去天与现在人异,过去天不作今人。如果是这样的话,就堕于无常。下半出无常过,因为外人认为人、天异体,就是立无常义,所以本颂说明无常之过。

译文

而且,假若天身不同于人身,这就是无常的。假若天身不同于人身,就没有相续的意思了。

假若天与人不同,这就是无常,无常就有断灭等过失,如前文说过的。假若天与人不同,就没有相续,假若有相续,就不能说不同。

原典

复次,若半天半人,则堕于二边,
　　　　常及于无常①,是事则不然。
若众生半身是天半身是人,若尔,则为常、无常,半天是常,半人是无常,但是事不然。何以故?一身有二相过故。

注释

①**常及于无常**：天有"我"，则是常；人有"我"，则是无常。所以说半天半人则堕常、无常二过。

译文

而且，假若认为一个五蕴身，一半是天身，一半是人身，这就会堕于常及无常二边见，所以这是不可能的。

假若众生半身是天，半身是人。如果是这样的话，则为常和无常，一半是天，是常；一半是人，是无常。但是，实际上这是不可能的。为什么呢？因为一个五蕴身有天、人二相，这就犯有过失。

原典

复次，若常及无常，是二俱成者，
　　如是则应成，非常非无常。

若常、无常二俱成者，然后成非常非无常，与常、无常相违故，今实常、无常不成，是故非常非无常亦不成。复次，今生死无始是亦不然。何以故？

　　法若定有来，及定有去者，

生死则无始，而实无此事①。

法若决定有所从来有所从去者，生死则应无始，是法以智慧推求，不得有所从来有所从去，是故生死无始，是事不然。

复次，今若无有常，云何有无常，

亦常亦无常，非常非无常？

若尔者，以智慧推求，无法可得常者，谁当有无常？因常有无常故。若二俱无者，云何有亦有常亦无常？若无有常、无常，云何有非有常非无常？因亦有常亦无常，故有非有常非无常。是故依止过去世常等四句②不可得。

注释

① 而实无此事，《藏要》本校注称："《无畏》、佛护牒颂云：成常是亦无。释中亦无此语。"

② **常等四句**：即常、无常、亦有常亦无常、非有常非无常。

译文

而且，假若亦常亦无常二者能够共同成立，这样，就应当成立非常非无常。

假若亦常亦无常二者能够共同成立，然后就能够成立非常非无常，因为非常非无常与亦常亦无常互相违逆的缘故，现在的实际情况是亦常亦无常不能成立，所以非常非无常也不能成立。而且，现今的生死无始也是不对的。为什么呢？

"我"假若有常法，假若肯定有"我"来，并肯定有"我"去，生死就可以说是无始的，但是实际上并无此事。

"我"假若是常法，假若肯定有所从来，有所从去，则"我"来而生，"我"去而死，"我"是常法，无始生时，生死也应当是无始，然而实际上"我"是非常法，以智慧进行推求，只是五阴和合而有，不能说有所从来，有所从去，所以说生死无始，此事并非如此。

而且，现今假若没有常，怎能有无常、亦常亦无常、非常非无常呢？

如果是这样的话，以智慧进行推求，其实没有"我"，没有实法可以是常，谁说过应当有无常呢？为什么呢？因为常而有无常，因为常不能成立，所以无常也不能成立。假若常与无常都没有（即非有常非无常），怎能有亦有常亦无常呢？假若没有亦有常亦无常，怎能有非有常非无常呢？为什么呢？因为有亦有常亦无常，才有非有常非无常。所以依止过去世而起的邪见常等四句都不可得。

原典

有边、无边等四句[①]，依止未来世，是事不可得，今当说。何以故？

若世间有边，云何有后世[②]？

若世间无边，云何有后世？

若世间有边，不应有后世，而今实有后世，是故世间有边不然。若世间无边，亦不应有后世，而实有后世，是故世间无边亦不然。复次，是二边不可得。何以故？

五阴常相续，犹若如灯焰，

以是故世间，不应边无边。

从五阴复生五阴，是五阴次第相续，如众缘和合有灯焰，若众缘不尽，灯则不灭，若尽则灭，是故不得说世间有边、无边。

复次[③]，若先五阴坏，不因是五阴，

更生后五阴，世间则有边。

若先阴不坏，亦不因是阴，

而生后五阴，世间则无边。

若先五阴坏，不因是五阴更生后五阴，如是则世间有边。若先五阴灭已更不生余五阴，是名为边，边名末后身。若先五阴不坏，不因是五阴而生后五阴，世间则无边，是则为常。而实不尔，是故世间无边，是事不然④。世间⑤有二种：国土世间⑥、众生世间⑦，此是众生世间。

复次，《四百观》⑧中说："真法及说者、听者难得故，如是则生死，非有边无边。"⑨不得真法因缘故，生死往来无、有边，或时得闻真法得道故，不得言无边。

注释

① **有边、无边等四句**：即有边、无边、亦有边亦无边、非有边非无边。

② **后世**，《藏要》本校注称："番、梵作他世，下俱同。"

③ **复次**，《藏要》本校注称："《无畏》云：是故说世间有边、无边皆非道理，今当说。"

④ **是事不然**，《藏要》本校注称："《无畏》次云：何以故？即接下颂。"

⑤ **世间**："世"意谓迁流、破坏、覆真等义。"间"意谓中，世中之物称为世间。又有间隔之义，世中事物个个间隔而有界畔，即世间之物各有区别，此中含义与

世界相同。

⑥ **国土世间**：三种世间（五蕴世间、国土世间、众生世间）之一，又称为器世间。国土意谓众生所依的境界，既有能依之身，必有所依之土，十界所依，各有区别，此称国土世间。

⑦ **众生世间**：三世间之一，又称为假名世间，假五阴和合之名为众生，上自佛界，下至地狱，各有区别。

⑧ **《四百观》**：即提婆的《四百论》（Catuḥśatakaśāstrakārikā），有藏文全译本，共十六品。前八品称为"说法百义"，断除关于常、乐、净、我、烦恼、人欲的执着，说明诸法无自性的道理。后八品称为"议论百义"，主要批驳"异说"，破常、破时、破见、破根境、破边执、破有为相等。唐玄奘译的《广百论》一卷，相当于该论的后八品。《百论》是该论的概要性论著。

⑨ 关于本颂，《藏要》本校注称："旧刻本（即《碛砂藏》本）以此为本颂，吉藏疏二十六云：亦可是龙树自引。但今勘番、梵颂释，均无此文。"

译文

有边、无边等四句，是依止未来世所起的邪见，此事是不可得的，现在应当详细说明。为什么呢？

假若世间是有边的，怎能有后世呢？假若世间是无边的，怎能有后世呢？

假若世间是有边的，应当是一世即断，不应当有后世，但是现在实际上有后世，所以说世间有边是不对的。假若世间无边，应当是一世中永恒延续不断，也不应当有后世，但是实际上有后世，所以说世间无边也不对。而且，有、无二边都不可得。为什么呢？

五阴永恒相续，犹如灯焰一般，所以世间不应当是有边或无边。

从五阴又生五阴，这种五阴按照次第相续不断，犹如各种条件和合在一起就有灯焰。假若各种条件不灭除干净，灯就不会熄灭。假若各种条件灭除干净，灯就会熄灭。所以不能说世间有边或无边。

而且，假若先世的五阴体灭坏了，不能因为这种先世五阴，再生起后世的五阴。这样，世间就是有边了。

假若先世的五阴不灭坏，也不因为这种先世五阴，生起后世的五阴。这样，世间就无边了。

假若先世五阴灭坏，不因为这种先世五阴，更生后世五阴，这样，世间就是有边的。为什么呢？假若先世五阴灭坏以后，再也不生其余的五阴，这就是有边，边是末后身。假若先世五阴不灭坏，也不因为这种先世五阴而生后世五阴，世间就是无边的，这就是常见。但是，实际上这二种意见都不对，所以说世间有边、无边都不对，世间有二种：一国土世间，二众生世间。这里说的是众生世间。

而且，如《四百论》中这样说："出世间真法及此说法者，与彼听者都是难得的。得闻如是法，则知生死海，非有边非无边。"因为没有得到真法因缘，生死往来似乎是无边，似乎是有边，不可决定，生起各种邪见，或者有时得闻真法而得真道，所以不能说有边、无边。

原典

今当更破亦有边亦无边。

若世半有边，世间半无边，
是则亦有边，亦无边不然。

若世间半有边半无边，则应是亦有边亦无边，若尔者，则一法二相，是事不然。何以故？

彼受五阴者，云何一分破，
一分而不破？是事则不然。
受亦复如是，云何一分破，
一分而不破？是事则不然。①

受五阴者，云何一分破，一分不破？是事不得亦常亦无常，受亦如是，云何一分破一分不破？常、无常二相过故，是故世间亦有边亦无边，是则不然。

注释

① 以上两偈是就人破，说明人不应当一分破一分不破，不破是常，破是无常。一个人不能说亦常亦无常。就法破，以此类推，容易明了。

译文

现在应当进一步破除亦有边亦无边。

假若世间一半是有边，一半是无边。这样，世间就成为亦有边亦无边了。这样讲是不对的。

假若说世间一半是有边，一半是无边，这就应当是亦有边亦无边。如果是这样的话，一件事物就存在有边、无边二相，这是不对的。为什么呢？

那种五阴和合的受者，怎能是一部分破，一部分不破呢？此事并非如此。

受法也是这样，怎能是一部分破，一部分不破呢？此事也并非如此。

彼人受五阴者，怎能是一部分破坏，或半有边？一部分不破坏，而成半无边呢？此事并非如此，不可能是亦常亦无常。所受五阴也是这样，怎能是一部分破坏，成半有边？一部分不破坏，成半无边呢？亦常亦无常二相在一起，以前说过，这是有过失的，所以说世间亦有边亦无边是不对的。

原典

今当破非有边非无边见。

若亦有无边，是二得成者。

非有非无边，是则亦应成。

与有边相违，故有无边，如长相违有短，与有无相违则有亦有亦无，与亦有亦无相违故，则有非有非无。若亦有边亦无边定成者，应有非有边非无边。何以故？因相待故。上已破亦有边亦无边第三句[①]，今云何当有非有边非无边？以无相待故。如是推求，依止未来世有边、无边等四见[②]，皆不可得。

注释

① 上已破亦有边亦无边第三句，参见第二十五品《观涅槃品》。

② 有边、无边等四见：即有边、无边、亦有边亦无边、非有边非无边。

译文

现在应当破除非有边非无边之邪见。

假若亦有边亦无边，这二种见解得以成立，非有边非无边也应当成立。

与有边相违相因，所以有无边，犹如与长相违相因，所以有短。与有、无相违相因，则有亦有亦无；与亦有亦无相违相因，则有非有非无。假若亦有边亦无边肯定能够成立的话，应当有非有边非无边。为什么呢？因为是相待而成，前文已经破除了亦有边亦无边第三句，现今怎能应当有非有边非无边呢？因为没有相待因。进行这样的推求，依止未来世所起的有边、无边等四种邪见，都不能成立。

原典

复次①，一切法空故，世间常等见②，
　　何处于何时？谁起是诸见？
上已声闻法破诸见③，今此大乘法中，说诸法从本以来，毕竟空性，如是空性法中无人无法，不应生邪见、正见。"处"名土地，"时"名日、月、岁数，"谁"名为人，是名诸见体。

若有常、无常等决定见者，应当有人出生此见，破"我"故无人，生是见应有处所，色法现见尚可破，何况时、方？若有诸见者，应有定实，若定则不应破，上来已种种因缘破，是故当知见无定体，云何得生？如偈说何处、何时谁起是见？

注释

① 复次，《藏要》本校注称："番、梵此文是颂中语。"

② **世间常等见**：即世间常、世间无常、世间亦常亦无常、世间非常非无常四种邪见。

③ 上已声闻法破诸见，《藏要》本校注称："月称释云：前已就受、受者如幻，辨常等见不成，此复依一切无自性而辨也。"

译文

而且，因为一切事物都是空，世间常等四句，都是邪见。在什么地方什么时候？谁能生起这种种邪见呢？

以上已经依据声闻教法，破斥各种邪见，现今在这大乘教法中，演说各种事物从本以来毕竟性空，在这本性即空的事物当中，没有人，也没有任何事物，不应当产生邪见、正见种种分别。"处"是土地，"时"是日、月、年之数，"谁"是人。这处、时、人三者就是生起的各种邪见之体。

假若人身实有常、无常等肯定可见者，应当有人产生这种见解，破除了"我"，就没有人了。生起这种见解者，假若认为应当有处所，色法能够亲眼可见，尚且为可破，更何况是时、方呢？假若时、方中肯定有常等各种邪见，应当是肯定实有，假若是肯定实有，就不应当是可破的，为什么上文以种种因缘进行破斥呢？所以应当知道人与时、方等见，肯定没有实体，一切皆空，怎能得以产生呢？如偈颂中所说，何处、何时、何人生起这种邪见呢？

原典

瞿昙[①]大圣主[②]，怜愍说是法。

悉断一切见[③]，我今稽首礼。

一切见者，略说则有五见[④]，广说则六十二见，为断是诸见，故说法。大圣主瞿昙是无量无边不可思议智慧者，是故我稽首礼。

注释

①瞿昙：梵文 Gautama 的音译，另译乔达摩，释迦牟尼的姓。

②大圣主：释迦牟尼佛的一个尊号，意谓圣中最胜。

③悉断一切见，《藏要》本校注称："番、梵此句第五转声，云断一切见故，与释合。"

④五见：即五利使：身见、边见、邪见、见取见、戒禁取见。

译文

瞿昙大圣主，因为怜愍有情众生，为他们演说"八不"的缘起法。这可以断除一切邪见，所以现在我要向他顶礼！

颂文的"一切见"，简略来说则有五见，详细来讲，就有六十二见，为了断除这些邪见，所以要为众生演说正法。大圣主瞿昙具有无量无边不可思议的智慧，所以我要向他顶礼！

源流

《中论》的核心内容是"空",第一偈的"八不"(不生亦不灭,不常亦不断,不一亦不异,不来亦不出),实质就是"空"。"空"论并非中观学派独有,很多佛教派别都讲"空",但对"空"的理解各不相同。《中论》讲的"空"是缘起自性空,正如《中论》的《观四谛品》所说:"众因缘生法,我说即是空……未曾有一法,不从因缘生。是故一切法,无不是空者。"[①]这里的"法"(Dharma)是指世界上森罗万象的事物。根据《中论》观点,客观世界的一切都是因缘和合的产物,没有任何一种事物具有不依赖于其他事物而独立存在的自性,所以都是空。

要理解中观的"空"论,必须首先弄清两个基本概念:缘起和自性。这"缘起"论正是《阿含经》的主要内容之一,"缘"是指条件,"缘起论"是说任何事物或存在都依赖于一定的条件。条件具备,相应的事物或存在就要产生,有条件就有存在,没有条件,就没有存在。所以,一切现象的存在和条件是不可分离的,如要分离,相应的事物就随之而消灭。《杂阿含经》卷十二对"缘起"是这样解释的:"此有故彼有,此起故彼起。"②意思是说:具备相应的条件,就有相应的事物;相应条件的适当组合,就有相应的事物产生。

关于"自性"的问题,《壹输卢迦论》是这样解释的:"凡诸法体、性、法、物、事、有,名异义同,是故或言体,或言性,或言法,或言物,或言事,莫不皆是有之差别。正音云私婆婆,或译为自体体,或译为无法有法,或译为无自性性。"③意思是说:自性的"性"字和自体的"体"字、无法("法"为事物)有法的"法"字同义。"自性"是梵文 Svabhāva,音译为私婆婆,意译为"有"。所以,自性就是自有,即不依赖于任何事物而独立存在的实体。无自性就是"空"。

为了说明"空"的具体含义,《中阿含经》的《大空经》把"空"区分为四种:内空、外空、内外空和不移动。内空是观眼、耳、鼻、舌、身、意六根皆空,外空是观色、声、香、味、触、法六尘皆空,内外空是六根、六尘皆空。由于修习上述三空,使内心安住不动，这就是不移动。《舍利弗毗昙》卷十六《道品》讲六空：内空、外空、内外空、空空、大空、第一义空。《大毗婆沙论》卷八讲十空：内空、外空、内外空、有为空、无为空、散坏空、本性空、无际空、胜义空、空空。这里的"散坏空"是散坏聚相，可以破坏我见和我所见，相当于《杂阿含经》所说的析法空。"无际空"相当于《阿含经》所说的生死无始、本际不可得。"空空"被《中论》直接继承，《中论》有一个偈专门说明这个问题："大圣说空法，为离诸见故，若复见有空，诸佛所不化。"[④] 此中"大圣"是指释迦牟尼佛，意谓伟大的圣人。他所说的"空"是为了让人们摆脱各种邪见，如果否定了客观世界，又执着于"空"，像这样的人，一切佛都不能对他们进行教化。

《般若经》讲十六空、十八空或二十空。它讲的二十空很多与上述内容重复，具体内容如下：

（一）内空（Adhyātma-śūnyata）；

（二）外空（Bahirdhā-śūnyatā）；

（三）内外空（Adhyātma-bahirdhā-śūnyatā）；

（四）空空（Śūnyatā-śūnyatā）；

（五）大空（Mahā-śūnyatā），此中"大"是指十方——东、西、南、北、上、下、东南、东北、西南、西北；

（六）胜义空（Paramārtha-śūnyatā），"胜义"即第

一义，也就是诸法实相，认识到诸法实相即可达到涅槃，所以说胜义空就意味着涅槃空；

（七）有为空（Saṃskṛta-śūnyatā），有为法是因缘和合的产物，也就是俗人所说实存的客观事物，佛教称之为五蕴、十二入、十八界等，所谓"有为空"就是因缘和合而无自性，一切无所有；

（八）无为空（Asaṃskṛta-śūnyatā），无为法是非因缘和合的永恒真理，没有生（产生）、住（持续）、异（变化）、灭（毁灭）四大特征；

（九）毕竟空（Atyanta-śūnyatā）意谓一切事物毕竟不可得；

（十）无始终空（Anavarāgra-śūnyatā），一般认为，一切事物都有始、中、终三个发展阶段，"无始终空"并不是否定的否定以达肯定，空宗为了破除人们的执着，不肯定任何东西，"无始终空"意味着"无始终"之意义是不存在的；

（十一）无散空（Anavakāra-śūnyatā），《大般若经》卷四一三称，"散谓有放、有弃、有舍可得，无散谓无放、无弃、无舍可得"⑤；

（十二）一切法空（Sarvadharma-śūnyatā），"一切法"是指五蕴、十二处、十八界、有色、无色、有见、无见、有时、无时、有漏、无漏、有为、无为等；

（十三）本性空（Prakṛti-śūnyatā），"本性"是指一切事物的根本特点；

（十四）自相空（Svalakṣaṇa-śūnyatā），"自相"是指事物的特殊状；

（十五）不可得空（Anupalambha-śūnyatā），《大般若经》卷四一三称，"云何不可得空？不可得谓此中求诸法不可得，当知此中不可得由不可得空，非常非坏"⑥；

（十六）无性自性空（Abhāva-Svabhava-śūnyatā），"无性"即事物的"无"，"自性"意谓事物的"有"，"无性自性空"意谓一切事物既不是"无"，也不是"有"；

（十七）有性空（Bhāva-śūnyatā），"有性"即有为法；

（十八）无性空（Abhāva-śūnyatā），"无性"即无为法；

（十九）自性空（Svabhāva-śūnyatā），《大般若经》卷四一三称，"云何自性由自性空？谓一切法皆自性空，此空非智所作，非见所作，亦非余所作，是谓自性由自性空"⑦；

（二十）他性空（Parabhāva-śūnyatā），《大般若经》卷四一三称，"云何他性由他性空？谓一切法若佛出世、若不出世，法住、法定、法性、法界、法平等性、法离生性、真如、不虚妄性、不变异性、实际，皆由他性故空，是谓他性由他性故空"⑧，意思是说，不管佛出世还是不出世，法性、法界等永恒真理仍然是存在的，因为佛的出世与不出世仅是指佛的化身，化身是短暂的，法身是永恒的。

空宗经典对"空"论还有其他的分类方法，如《放光般若经》卷二区分为六空，卷一区分为十四空，《仁王般若经》区分为十二空，《光赞经》卷九和《大智度论》卷三十六区分为七空。

《般若经》所讲的"空"都是从《阿含经》继承来的。《中论》把这名目繁多的"空"概括为三空：我空、法空、空空。"我空"是说没有起主宰作用的灵魂，"法空"是说没有一切有为法和无为法，"空空"是说"空"也不是真实存在。

《中论》所讲的"空"是对一切事物的彻底否定，主要有四句否定：非有、非无、非亦有亦无、非非有非无。它否定事物的本体，又否定其因果关系和变化。不仅否定有为法，也否定无为法，就连佛教的四圣谛、八正道、十二因缘、佛、涅槃等，它都否定、都破除。从表面来看，这种彻底的否定精神什么都不立。实际上并非如此，破字当头，立在其中。这种彻底否定精神只是破除人们的执着，因为只要有执着有所追求都不能成佛，并非真的没有佛，没有涅槃。从俗谛来讲是有，从真谛来看是空。

《中论》的中道、二谛等基本理论也都来源于《阿含经》和《般若经》,《阿含经》对中道的解释是非苦非乐或非常非断,对真谛的解释是离妄言断妄言。

　《中论》对中国佛教各个宗派几乎都产生过影响,其作者龙树被推为八宗祖师。受其影响最显著的是三论宗。中国佛教三论宗,纯粹继承印度佛教中观学派的理论体系,所以三论宗推中观学派创始人龙树为初祖。尽管三论宗以龙树的《中论》《十二门论》及其弟子提婆的《百论》为经典,但在三论当中,《中论》最重要,所以《中论》对三论宗的影响最大。

　天台宗尊《中论》的作者龙树为西土十三祖和东土九祖的初祖,根据《中论》第二十四品《观四谛品》的一个偈——"因缘所生法,我说即是空,亦为是假名,亦是中道义"[⑨],建立天台宗的空、假、中三谛或三观。

　尽管唯识和中观是对立的,但唯识派对中观仍很重视,唯识派创始人之一无著(Asaṅga,公元三一〇——三九〇年)著《顺中论义入大般若波罗蜜经初品法门》,简称《顺中论》二卷,弘扬《中论》义理。注释《唯识三十颂》的十大论师之一——安慧(Sthiramati,公元四七五——五五五年),著《大乘中观释论》,《续藏经》共收十八卷二十七品,《大正藏》只收九卷,到十三品《观行品》而止。

唯识对空的强调不亚于空宗，如《楞伽经》讲七空：第一义圣智大空、性空、相空、无行空、行空、一切法不可说空、彼彼空。唯识本论《瑜伽师地论》卷十二讲四空：观察空、彼果空、内空、外空。该论卷七十七又讲十七空：一切法空、相空、无先后空、内空、无所得空、外空、内外空、本性空、大空、有为空、毕竟空、无性空、无性自性空、胜义空、无为空、无变异空、空空。

《显扬圣教论》卷十五讲十六空：内空、外空、内外空、大空、空空、胜义空、有为空、无为空、毕竟空、无初后空、无损尽空、性空、相空、一切法空、无性空、无性自性空。由此可见，唯识对空论也是非常重视的，但对"空"的解释不同于中观，中观的"空"是缘起自性空，唯识的"空"是阿赖耶缘起空。

《中论》义理对禅宗的思想影响也很明显，禅宗尊龙树为天竺第十四祖，《中论》的空、八不中道等是禅宗重要的理论基础，如世尊对迦叶的传法偈："法法本无法，无法法亦法。今付无法时，法法何曾法？"这实际上是《中论》的空观。

关于初祖菩提达磨的故事很多，比如他与弟子慧可的一段对话，慧可问："诸佛法印，可得闻乎？"祖曰："诸佛法印，匪从人得。"慧可曰："我心未宁，乞师与安。"祖曰:"将心来,与汝安。"可良久曰:"觅心了不可得。"祖曰:"我与安心竟。"这里的"觅心了不可得"显然是空宗思想。

菩提达磨将要返回印度的时候,让其门人谈一谈学佛的心得。道副说:"如我所见,不执文字,不离文字,而为道用。"祖曰:"汝得吾皮。"尼总持说:"我今所解,如庆喜见阿閦佛国,一见更不再见。"祖曰:"汝得吾肉。"道育说:"四大本空,五阴非有,而我见处,无一法可得。"祖曰:"汝得吾骨。"最后慧可礼拜,依位而立。祖曰:"汝得吾髓。"此中慧可一言不发,说明《中论》真谛言忘虑绝。

禅宗的空观还表现在菩提达磨和武帝的一段对话。帝问曰:"朕即位以来,造寺写经,度僧不可胜纪,有何功德?"祖曰:"并无功德。"帝曰:"何以无功德?"祖曰:"此人天小果,有漏之因,如影随形,虽有非实。"这里菩提达磨所说的"无功德"也显然是空宗思想,从俗谛来讲是有,从真谛来讲是空,俗谛的有是假有,所以说"虽有非实"。

有一位居士曾对二祖慧可说:"弟子身缠风恚,请和尚忏罪。"祖曰:"将罪来,与汝忏。"士良久曰:"觅罪不可得。"祖曰:"与汝忏罪竟,宜依佛法僧住。"这里的"觅罪不可得"与上文的"觅心了不可得"是一样的，也显然是空宗思想。

著名的六祖惠能得法偈："菩提本无树，明镜亦非台。本来无一物，何处惹尘埃？"此中的"本来无一物"也显然是中观的空论。此类例证，举不胜举，恕不赘述。

相传龙树从龙宫取回《华严经》，还曾造解释《华严经》的《大不思议论》十万颂。所以，以《华严经》为其经典的华严宗，推龙树为本宗祖师，十分重视龙树的中观理论。华严宗创始人法藏（公元六四三——七一二年）曾著《十二门论宗致义记》二卷，弘扬《十二门论》，就等于弘扬《中论》，因为《十二门论》是《中论》的概要性论书，是《中论》的入门书。

相传龙树会隐身术，善咒术，所以龙树被密宗推为本宗祖师。密宗本经《大日经》所说的"我说一切法，所有相皆空"。《金刚顶瑜伽中略出念颂经》所说的"一切诸法性，皆从因缘现"。《金刚峰楼阁一切瑜伽瑜祇经》卷上所说的"诸法无自性"等，都明显继承了大乘空宗思想。

注释：

①《大正藏》第三十册，第三十三页。

②《大正藏》第二册，第八十四页。

③《大正藏》第三十册，第二五三页。

④《中论》卷二《观行品》,《大正藏》第三十册，第十八页。

⑤《大正藏》第七册，第七十三页。

⑥《大正藏》第七册，第七十三页。

⑦《大正藏》第七册，第七十三页。

⑧《大正藏》第七册，第七十三页。

⑨《藏要》本《中论》第六十一页。

解说

贪、瞋、痴三毒是烦恼的根本，所以称为根本烦恼。痴又称为无明，即不懂得佛教义理，这是造成烦恼的根本原因，被列于十二因缘之首，是有情众生轮回受苦的主要原因。贪即贪心，贪得无厌。贪心得不到满足，就要发脾气，这就是瞋，就是烦恼。

要消除烦恼，首要任务是铲除痴或无明，痴的对立面是智慧，佛教智慧不同于凡人的智慧，凡人的智慧是小智小慧，佛教智慧是大智大慧，这种大智大慧就是般若，般若之智能够认识《中论》所讲的八不中道之空。

佛教经典中曾提到五空、七空、十八空、二十空等，这名目繁多的空，概括起来就是《中论》所谓的三空：我空、法空和空空。

"我"是贪之源，关于人的本性即本我问题，荀子曾经断言："人之性恶，其善者伪也。"意思是说：人之本性是恶的，某时表现的善性是伪装的。近代奥地利精神分析学家弗洛伊德认为：心理人格由本我和超我组成，超我是经过伪装和矫饰的"我"，本我才是"我"的本来面目，这种本我是充满原始情欲的"我"。因为这种本我，就产生了"我痛苦"、"我幸福"、"我好你坏"等。因为有"我"，就必然追求物质享受，当这种强烈欲望得不到满足的时候，就要采取掠夺、偷盗等非法手段，构成犯罪行为。

要消除人的私欲，要消除这种犯罪行为，就必须消除"我"，殊不知这个肉体我是由色、受、想、行、识五蕴组成的，是虚假不实的，一切事物是变幻无常的，没有一个永无变易的"我"。没必要为"我"追求幸福，也没必要为"我"消除痛苦。人世间称赞一种高尚精神为忘我，佛教则更进一步提出无我，忘我是暂时的，无我是永恒的。

俗人认为森罗万象的事物，即佛教所说的色、声、香、味、触、法，分别由眼、耳、鼻、舌、身、意六根缘取。这也是构成贪心的主要原因之一，认为美好的则追求，认为是丑陋的则欲躲避，这就是私心，正如《老子》第十二章所说的"五色令人目盲，五音令人耳聋，五味令人口爽，驰骋田猎令人心发狂，难得之货令人行妨"。如果眼根贪着于五色，就会被五色所染，久而久之就会丧失正见。如果耳根贪着于五音，就会被五音所染，久而久之就会丧失正听。如果舌根贪着于五味，就会被五味所染，久而久之就会丧失正味。如果意根于驰骋田猎而发狂，或者被难得之货所迷惑，这就会使人丢魂丧魄，稀里糊涂地干坏事。

六祖惠能（公元六三八——七一三年）的《坛经》主张用般若三昧进行对治："见一切法，不着一切法；遍一切处，不着一切处。常净自性，使六识从六门出，于六尘中不离不染，来去自由，即是般若三昧。"这种般若三昧就是法空观。由此观点看问题，一切法、一切处、六门、六尘等都是因缘和合而成，都如阳焰、水中月、镜中像、海市蜃楼一样是虚幻不实的。万境本闲，唯人自闹。这正如《五灯会元》卷六所说的："云散水流去，寂然天地空。"所以没必要执着它，追求它。

既然一切都是空，为什么还能看到一切法、一切处、六门、六尘等呢？应当知道，所有的这一切都是因缘和合的假有，都没有实体，这就是即空观色、即色观空、空即是色、色即是空，色空不二。

既然是我空，法也空，"空"则应当是实有吧？这也不对。因为《中论》的空观，是为了破除人们的执着。执着我、法固然不对，执着"空"同样不对，和执着我、法同样是危险的，所以受到《中论》的同样破斥。《中论》有这样一偈："大圣说空法，为离诸见故，若复见有空,诸佛所不化。"此中"大圣"意谓伟大的圣人,此指释迦牟尼佛,他所说的"空"是为了让人们摆脱各种邪见。如果否定了客观世界,又执着于空,像这样的人,一切诸佛都不能对他们进行教化。

只要我们认识到我空、法空和空空,我们就有了般若智慧,就可以毫无阻碍地认识一切事物,正如《坛经》所说的:"虚空能含日月星辰、山河大地、一切草木、恶人善人、恶法善法、天堂地狱,尽在其中。"只要认识到一切皆空,就会消除各种烦恼,这正如《心经》所说的:"照见五蕴皆空,度一切苦厄。"

《中论》通过不生、不灭、不常、不断、不一、不异、不来、不去的"八不"思想,否定一切,以达毕竟空,破除人们的执着,净化人的心灵,不仅我执、法执要破,就是佛教倡道的四圣谛、八正道、十二因缘、佛、涅槃等也要破,从俗谛来看是有,从真谛来讲是空。这"八不"就是中道,中道就是非有非无的实相,这中道实相不能用任何事物进行比拟,既不能说,也不能想,动口即错,动念即乖。正如寒山诗所云:

吾心似秋月,碧潭清皎洁。

无物堪比伦,教我如何说?

附录

1 《中论》序

僧叡

《中论》有五百偈,龙树菩萨之所造也。以"中"为名者,照其实也;以论为称者,尽其言也。实非名不悟,故寄"中"以宣之;言非释不尽,故假论以明之。其实既宣,其言既明,于菩萨之行,道场之照,朗然悬解矣。

夫滞惑生于倒见,三界以之而沦溺。偏悟起于厌智,耿介以之而致乖。故知大觉在乎旷照,小智缠乎隘心。照之不旷,则不足以夷有无,一道俗。知之不尽,则未可以涉中途,泯二际。道俗之不夷,二际之不泯,菩萨之忧也。是以龙树大士,折之以中道,使惑趣之徒望玄指而一变。括之以即化,令玄悟之宾,丧谘询于朝彻。荡荡焉!真可谓坦夷路于冲阶,敞玄门于宇内,扇慧风于陈枚,流甘露于枯悴者矣。

夫柏梁之构兴，则鄙茅茨之仄陋。睹斯论之宏旷，则知偏悟之鄙倍。幸哉！此区之赤县，忽得移灵鹫以作镇，险皮之边情，乃蒙流光之余惠。而今而后，谈道之贤，始可与论实矣。云天竺诸国，敢预学者之流，无不玩味斯论，以为喉衿。其染翰申释者，甚亦不少。

今所出者，是天竺梵志，名宾伽罗，秦言青目之所释也。其人虽信解深法，而辞不雅中。其中乖阙烦重者，法师皆裁而裨之，于通经之理尽矣，文或左右未尽善也。《百论》治外以闲邪，斯文祛内以流滞，《大智释论》之渊博，《十二门观》之精诣，寻思四者，真若日月入怀，无不朗然鉴彻矣。予玩之味之不能释手，遂复忘其鄙拙，托悟怀于一序，并目品义题之于首。岂期能释耶？盖是欣自同之怀耳。

（录自支那内学院本《出三藏记集·经序》卷十一）

2 《中论》序

昙影

夫万化非无宗，而宗之者无相；虚宗非无契，而契之者无心。故至人以无心之妙慧，而契彼无相之虚宗。

内外并冥，缘智俱寂，岂容名数于其间哉？但以性玄之质，趣必有由。非名无以领数，非数无以拟宗，故遂设名而招之，立数而辩之。然则名数之生生于累者，可以造极而非其极，苟曰非极，复何常之有耶？是故如来逮真觉，应物接粗，启之以有，后为大乘，乃说空法，化适当时，所悟不二。

流之末叶象教之中，人根肤浅，道识不明，遂废鱼守筌，存指忘月，睹空教便谓罪福俱冥，闻说相则谓之为真，是使有无交兴，生灭迭争，断常诸边，纷然竞起。时有大士，厥号龙树，爰托海宫逮无生忍，意在傍宗，载隆遗教，故作论以折中。其立意也，则无言不穷，无法不尽。然统其要归，则会通二谛，以真谛故无有，俗谛故无无。真故无有，则虽无而有；俗故无无，则虽有而无。虽有而无则不累于有，虽无而有则不滞于无。不滞于无则断灭见息，不存于有则常等冰消。寂此诸边，故名曰中；问答析微，所以为论。是作者之大意也，亦云《中观》。直以观辩于心，论宣于口耳。

罗什法师以秦弘始十一年于大寺出。

（录自支那内学院本《出三藏记集》卷十一）

3　藏要本《中论》序

"中论"者，观一切法实相之中道义也。云何观一切法耶？观生灭去来法，相应在《因缘》《去来》二品。观蕴、处、界法，相应在《六情》《五阴》《六种》三品。取之为人法能所，相应在《染染者》《作作者》《然可然》三品。取之为有无为相，根受所依，相应在《三相》《本住》二品。观十二支法、生死五蕴，相应在《本际》与《苦》二品。无明缘行，三和合触，相应在《行》与《合》二品。有及取爱，相应在《有无》《缚解》及《业》三品。观二空法，相应在《法》《时》《因果》《成坏》四品。

是等诸法，悉以为观，观属于染。若观属净，相应所在则人之为《如来品》，相之为《颠倒品》，行之为《四谛品》，果之为《涅槃品》。染净周观，是之谓观菩萨大乘法。观世谛起，观诸见执，相应在《十二因缘》

及《邪见》二品。是之谓观声闻小乘法。

云何观实相之中道义耶？"众因缘生法，我说即是空，亦为是假名，亦是中道义。"缘生无自性，诸有所执生灭去来三科二取乃至涅槃有决定性，如虚空华本无所有。缘生无自性，生亦无自性，缘亦无自性，都无自性起而无起，宛然而寂然，所谓染法净法大法小法者，皆如幻如化，不坏假名。

龙树于《门论》示最初方便，撮《中论》空勒为十二。龙树于《中论》示究竟旨归，则曰："大圣说空法，为离诸见故，若复见有，诸佛所不化。"而于假义屡详不一。详于三相观曰："如幻亦如梦，如干闼婆城，所说生住灭，其相亦如是。"于业观曰："诸烦恼及业，作者及果报，皆如幻如梦，如焰亦如响。"于颠倒观曰："色等六皆空，如焰、梦、干城，六无净不净，犹幻人镜像，此之所谓实相，此之所谓中道义也。"

虽然，幻事所诠容有二种。幻故无自性性，宛然而寂然，龙树《中论》固应在是。幻故有依他起相，无起而起，寂然而宛然，要于无著《中论》求之。《中论》破倒两事进退征求，三事周偏穷诘。《中论》破义，非无因，非相违，非无穷，非无体，非无果之因无因之果，不到，不违教，相因待，已法不更法，一法不二体，有如是等义。能破例义，朗然易易。而其所破种种外论种种部执，必悉洞研方得淹通免讥盲瞽，斯不亦甚难之事耶。

　　《中论》注释有八大家：一、龙树自注《无畏疏》，二、《佛护疏》，三、《德慧疏》，四、安慧《中观释论》，五、清辨《般若灯论》，六、《月称疏》，七、《天奋疏》，八、《德吉祥疏》。此土传来安慧、清辨之说堪探所破，而文涩难通，井洌不食，为我心恻矣。晋用楚材，礼失求野，《丹珠藏》中《无畏》、佛护、月称之书犹然存在，青目依《无畏》作释，仍青目本而就正于三家，参定于番、梵颂本，亦千年来未有之胜籍，足以游目骋怀也夫。

参考书目

1.《般若经》
2.《金刚经》
3.《般若波罗蜜多心经》
4.《龙树菩萨传》
5.《提婆菩萨传》
6.《十二门论》龙树著
7.《大智度论》龙树著
8.《百论》提婆著
9.《中观论疏》吉藏著
10.《十二门论疏》吉藏著
11.《大乘玄论》吉藏著
12.《中观今论》印顺著
13.《性空学探源》印顺著

14.《中观论颂讲记》印顺著
15.《随唐佛教史稿》汤用彤著
16.《印度佛学源流略讲》吕澂著
17.《中国佛学源流略讲》吕澂著
18.《隋唐佛教》郭朋著
19.《三论宗纲要》前田慧云著
20.《佛教中观哲学》山雄一著、吴汝钧译
21.《吉藏》杨惠南著
22.《龙树与中观哲学》杨惠南著
23.《般若心经蠡测》于凌波著
24.《三论玄义校释》韩廷杰著

出版后记

星云大师说:"我童年出家的栖霞寺里面,有一座庄严的藏经楼,楼上收藏佛经,楼下是法堂,平常如同圣地一般,戒备森严,不准亲近一步。后来好不容易有机缘进到藏经楼,见到那些经书,大都是木刻本,既没有分段也没有标点,有如天书,当然我是看不懂的。"大师忧心《大藏经》卷帙浩繁,又藏于深山宝刹,平常百姓只能望藏兴叹;藏海无边,文辞古朴,亦让人望文却步。在大师倡导主持下,集合两岸近百位学者,经五年之努力,终于编修了这部多层次、多角度、全面反映佛教文化的白话精华大藏经——《中国佛教经典宝藏》,将佛教深睿的奥义妙法通俗地再现今世,为现代人提供学佛求法的方便途径。

完整地引进《中国佛教经典宝藏》是我们的夙愿,

三年来，我们组织了简体字版的编审委员会，编订了详细精当的《编辑手册》，吸收了近二十年来佛学研究的新成果，对整套丛书重新编审编校。需要说明的是此次出版将丛书名更改为《中国佛学经典宝藏》。

佛曰：一旦起心动念，也就有了因果。三年的不懈努力，终于功德圆满。一百三十二册，精校精勘，美轮美奂。翰墨书香，融入经藏智慧；典雅庄严，裹沁着玄妙法门。我们相信，大师与经藏的智慧一定能普应于世，济助众生。

东方出版社